EDWARD ESPE BROWN

DAS NEUE TASSAJARA KOCHBUCH

THESEUS VERLAG

Titel der amerikanischen Originalausgabe:
Tassajara Cooking
erschienen bei Shambhala Publications, Inc.
Boston, Massachusetts 02116
Übersetzung aus dem Amerikanischen: Ralph Tegtmeier

ISBN 3-85936-017-5

Gesamtherstellung: Schneelöwe, 8961 Haldenwang
Printed in Germany

Kürbis
Möhre
Kohl

Kartoffel
Rettich
Bohnen

gewidmet

dem Mutterboden,
der Leben schenkt

Kochen ist kein Geheimnis.
Je mehr wir von unserem Herzen herauslassen,
desto mehr können wir hineingeben.
Um Kochen lebendig zu machen,
geben wir unser Leben.
Geben wir unser Leben bereitwillig,
so macht es uns keine Mühe.
Waschen, Schneiden, Kochen, Saubermachen,
Wege erforschen, die unserem Leben Leben schenken.
Nicht schon vorher genau wissen,
was und wie etwas zu tun ist,
sondern üben, es zu fühlen,
aus dem Unbekannten heraus,
durch die Wärme und die Sorge,
nicht an einem bestimmten Weg festkleben,
nicht darauf bestehen, es sei der einzige,
auch wenn er recht gut sein mag;
sich öffnen,
um die vielen verschiedenen Möglichkeiten zu spüren,
die versuchsweisen Wege,
um unser Leben mit Leben zu erfüllen.

Unsere linke Hand zu fühlen, unseren Rücken, unsere Zehen,
unser Atmen zu spüren, unsere Bewegungen, unsere Haltung,
das ist unsere Freiheit, das ist unsere Weisheit.
Das Mysterium besteht darin, daß es möglich ist,
etwas zu tun, ohne vorher zu wissen, wie wir es tun müssen.

Inhaltsverzeichnis

Kaltes Wetter 80

Warmes Wetter 112

Einige andere Gemüse 133

Einführung

von Zentatsu Baker-Roshi

Nahrung ist unser gemeinsamer Besitz, der Leib der Welt, unsere Speise der Welt, unser Schatz an Veränderung und Wandlung, an Erhaltung und Fortsetzung. Sie ist Kern der Lehre und Übung des Buddha, die unermeßliche Anstrengung aller Wesen, die uns diese Art zu essen aus ältester Zeit, aus jedem Teil der Welt, aus Vergangenheit und Gegenwart überbracht haben. Es sind die unzähligen anderen Lebewesen, die ständig dabei helfen. Es sind das Wasser, das Sonnenlicht und die Umdrehung der Erde. Es ist unsere Aufnahme des Leids der Pflanzen und Geschöpfe, die wir essen, die wir durch Säubern und Ernten entweder vertreiben oder töten. Es bedeutet Kochen und Essen, Vorbereitung und Saubermachen, Anpflanzen und Bewässern, Austausch und Transport.

Auf diese Weise haben unsere Eltern und Lehrer ihren Körper und Geist an uns weitergegeben, um hier und jetzt die Verwirklichung des Dharma fortzusetzen.

Ehre den Buddhas und Bodhisattvas
und den zahllosen Wesen
für diese Speise und Unterweisung.

Dogen-zenji sagte: „Wir müssen für die Nahrung Sorge tragen, als wäre sie unser eigenes Augenlicht." Und er fuhr fort: „Wenn jemand von Dingen und Menschen beeinflußt wird, dann ist er auch dazu fähig, sie selbst zu beeinflussen. Das reine Handeln des Kochs muß aus der Erkenntnis der Einheit aller Dinge und Wesen hervorgehen; und wenn er klar in das Bewußtsein und die Herzen anderer hineinblicken kann, muß es ihm auch gelingen, aus einem Kohlblatt einen sechzehnfüßigen Buddha hervorzubringen."

Dieses Buch handelt von Ernährung und Kochen, und von Ed Brown, dem Zen Center und der buddhistischen Praxis.

Green Gulch Zen Farm
im Sommer 1973

Am Anfang

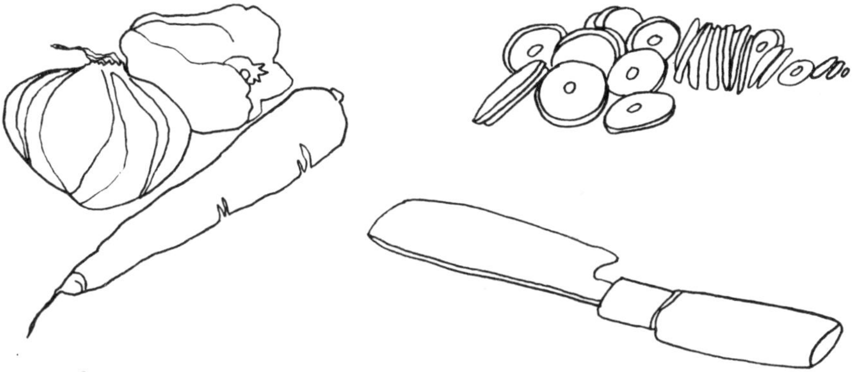

Anfangen und Weitermachen

Wir befolgen Rezepte und hören uns Ratschläge an, dann gehen wir unseren eigenen Weg. Auch ernsthafte Anstrengung genügt manchmal nicht, und die besten Absichten sind noch keine Garantie für den Erfolg. Daran läßt sich nichts ändern, gehen wir also vorwärts, beginnen wir einfach und machen wir weiter: mit uns selbst, mit anderen, mit Pflanzen.

Fangen wir mit dem an, was sich gerade vor uns befindet, und machen wir damit auch weiter.

Um Koch zu sein, muß man kochen. Die Ergebnisse müssen nicht immer perfekt sein, sie müssen nicht die Ansprüche eines imaginären oder auch gewohnten Geschmacks erfüllen. Unsere Kochkunst muß schließlich nicht beweisen, wie gut oder begabt wir sind. Unser eigentlicher Wert liegt nicht in etwas, das gemessen, vermehrt oder herabgesetzt werden könnte. Es geht nur darum, zu ernähren, zufriedenzustellen, Leben zu erhalten. Wir sollten jede Tätigkeit gründlich, mit Tatkraft und Vitalität beginnen. Einfach so! Dahinter steckt nicht das geringste Geheimnis: einfach hineintauchen, sich Zeit nehmen, sich Raum schaffen, Energie eingeben, sich mit warmherzigem Bemühen auf jede Situation einlassen. Der Löffel, das Messer, die Speisen, der Hunger; zerbrochene Teller und zerbrochene Pläne. Wir sollten spielen anstatt zu arbeiten. Lassen wir es arbeiten.

Das Messer

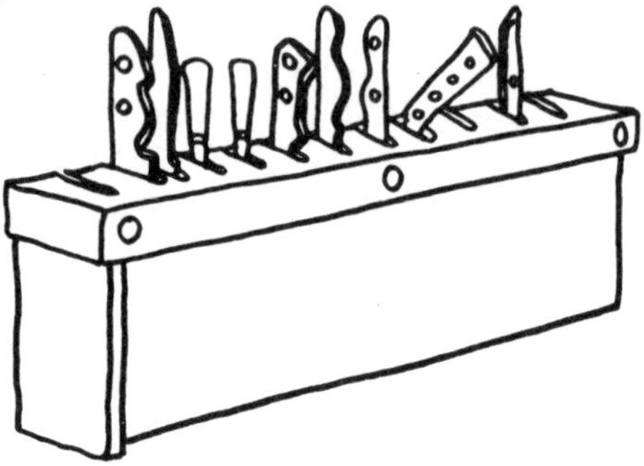

Wenn wir Gemüse mit gewisser Fertigkeit zubereiten wollen, so sollten wir uns ein gutes Messer besorgen, es scharf halten und lernen, wie man es benutzt. Ein billiges Schälmesser ist zwar besser als gar nichts, aber für den allgemeinen Gebrauch in der Küche wird es uns keinen guten Dienst erweisen. Das Messer, das wir auf den meisten Abbildungen in diesem Buch sehen, ist ein japanisches Gemüsemesser. Das ist wirklich ein fantastisches Messer, um Gemüse zu schneiden, denn es ist ausschließlich für diesen Zweck entwickelt worden. Eine ausgezeichnete Alternative dazu ist ein „Kochmesser“ mit gekrümmter Klinge. Solche Messer gibt es in verschiedenen Längen, für den Hausgebrauch genügt jedoch in der Regel eine Länge von 15 cm.

Wie die meisten japanischen Gemüsemesser ist auch diese Art Messer aus Stahl mit Kohlenstoffgehalt hergestellt, also nicht aus rostfreiem Stahl. Kohlenstoff-Stahlklingen lassen sich leichter schleifen, während rostfreie Messer nicht so ohne weiteres gewetzt werden können.

Dafür bleibt rostfreier Stahl jedoch länger scharf und hat auch den Vorzug, nicht mit den Säuren einiger Nahrungsmittel zu reagieren. Dies ist besonders wichtig bei der Arbeit mit Obst und säurehaltigeren Gemüsen wie etwa Tomaten.

Schneiden

Zum Schneiden benötigen wir ein Messer, eine Schneidefläche in bequemer Höhe, etwas zum Schneiden, einen steten Rhythmus der schneidenden Hand, ein offenes Auge für die lenkende Hand. Wir sollten eine Zeitlang geduldig und stetig üben und dabei nicht nur das Messer sondern auch unseren Geist schärfen.

Ich werde nun eine recht detaillierte Anleitung zum Schneiden geben. Selbst wenn wir nicht immer genau in Übereinstimmung mit diesen Unterweisungen schneiden mögen, erhalten wir auf diese Weise doch vielleicht eine gewisse Vorstellung von den Möglichkeiten, die es beim Schneiden gibt.

Die rechte Hand schneidet, die linke Hand führt. Gibt man ihnen Gelegenheit dazu, dann sind die Hände recht gut dazu in der Lage, für sich selbst zu sehen und zu sorgen; deshalb müssen die Augen dabei auch nicht allzu sehr miteinbezogen werden.

Meistens sind wir recht geschickt mit der rechten und ungeschickt mit der linken Hand. Daher liegt der Schlüssel zum schnellen, effizienten und mühelosen Schneiden darin, die Fähigkeit der linken Hand zu entwickeln, das Gemüse zu halten, zu führen und richtig zu legen, während sie das Messer mit Hilfe des obersten Mittelfingerknöchels führt. Die rechte Hand schneidet nur.

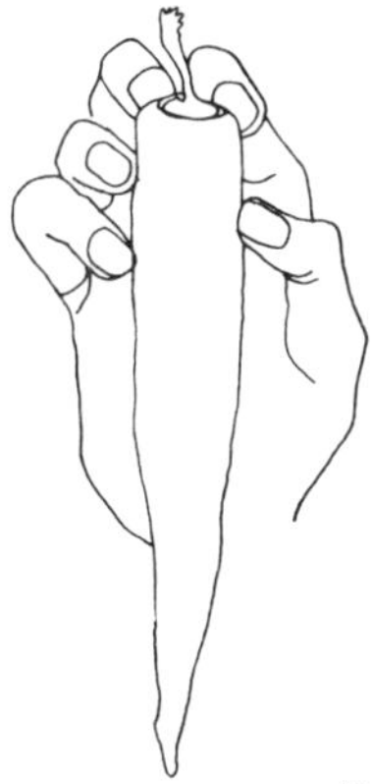

Die linke Hand: Jedes Glied ist gekrümmt und die Fingerspitzen werden vorsichtig, sorgfältig und achtsam ständig eingezogen. Auf diese Weise geraten sich Fingerspitzen und Messerstreich nicht ins Gehege. Aua! Daumen und

kleiner Finger werden gewöhnlich dazu benutzt, um die Kanten des Gemüses zu fassen, während die anderen drei Finger sich zusammengerollt auf seiner Oberfläche befinden. Der oberste Knöchel des Mittelfingers führt vor allem das Messer, so daß er jener Teil der linken Hand ist, der am weitesten vorsteht.

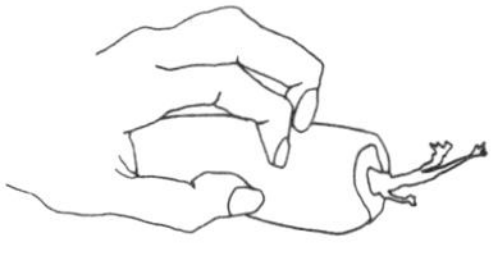

Das Führen des Messers: Die rechte Hand bleibt unbeweglich. Sie soll lediglich schneiden, schneiden und schneiden, dabei wird sie stets vom obersten Fingerknöchel des linken Mittelfingers geführt. Entweder bewegt sich die linke Hand entlang des Gemüses und das Messer folgt ihr nach, indem wir es bis zu dem sich zurückziehenden Knöchel weiterbewegen; oder aber die Linke schiebt das Gemüse Stück für Stück nach und behält dabei ihre eigene Position.

Die linke Hand wird insbesondere auch dazu benutzt, um Blattgemüse, Petersilie, Schalotten und ähnliches an den Enden so zusammenzuhalten, daß sie geschnitten werden können.

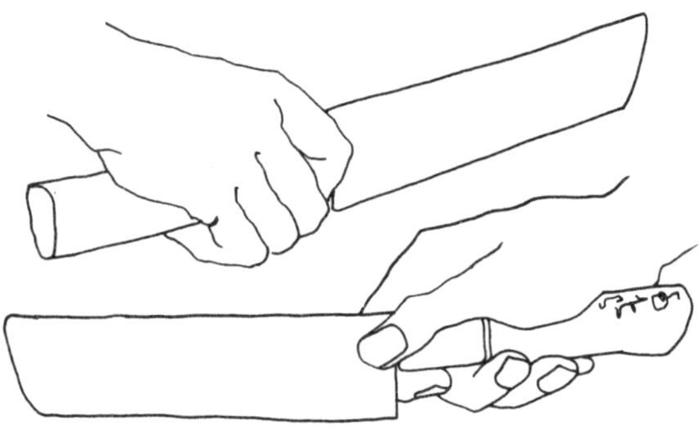

Nun zur rechten Hand: Das Messer wird mit Daumen und Zeigefinger gehalten, wobei die Seiten der Klinge gleich hinter dem Griff gefaßt werden. Versuchen wir es einmal. Eine leichte Bewegung der Finger und des Handgelenks regelt die Bewegung der Klinge.

Mit dem Messer in der Hand gibt es verschiedene Möglichkeiten, den Schnitt zu führen, und es gibt auch einige Grundregeln, die sich auf alles anwenden lassen: Wir halten das Messer senkrecht zur Schnittfläche vor uns in einer bequemen Haltung. Schrägverlaufende Scheiben können wir schneiden, indem wir das Gemüse in einem spitzen Winkel zum Messer halten, nicht aber durch Veränderung der Messerhaltung selbst. Eine andere Grundregel besagt, daß wir in das Schneiden oder Kleinhacken zumindest eine gewisse sägende Bewegung hineinbringen sollten. Sägen bedeutet, daß sich das Messer ebenso vor- oder rückwärts

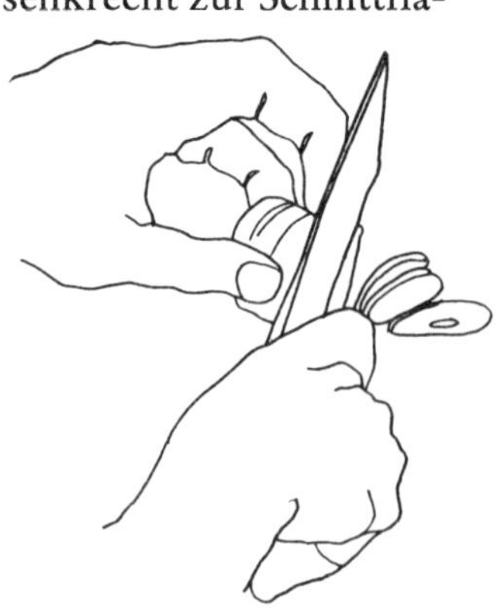

bewegt wie nach unten. Versuchen wir, bei jedem Schnitt oder Hieb zu sägen. „Hieb" oder „Kleinhacken" bedeutet dann, hauptsächlich von oben nach unten mit einem leichten Sägen zu schneiden, „in Scheiben schneiden" bedeutet, hauptsächlich mit einem gewissen Gespür für Auf und Ab vor und zurück zu schneiden. Wir verfahren abhängig davon, welche Methode sich für das besondere Gemüse am besten eignet, an dem wir gerade arbeiten. (Wenn es später im Buch „schneiden" oder „zerteilen" heißt, so meint dies, daß wir so schneiden oder kleinhacken können, wie wir es persönlich vorziehen.)

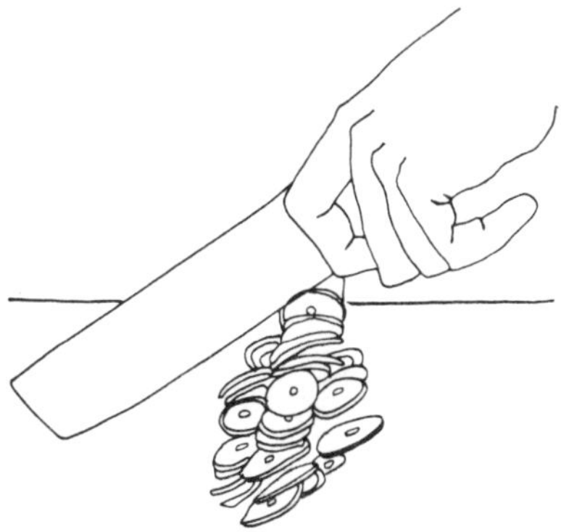

Zwei Arten zu schneiden: Beim Schneiden wird die Spitze (oder Rundung) des Messers auf die Schnittfläche gehalten, während der Rest des Messers hochgehalten wird. Der Schnitt wird ausgeführt, indem wir die Klinge auf uns zu und nach unten ziehen, um sie dann wieder in ihr Gleichgewicht zurückkehren zu lassen (siehe unter *Schalotten*). Wir können den Schnitt aber auch dadurch machen, indem wir das Messer von uns fort und nach unten stoßen und es danach in die erhobene Stellung zurückkehren lassen (siehe unter *Zerschneiden von Mohrrüben in streichholzlange Stücke*).

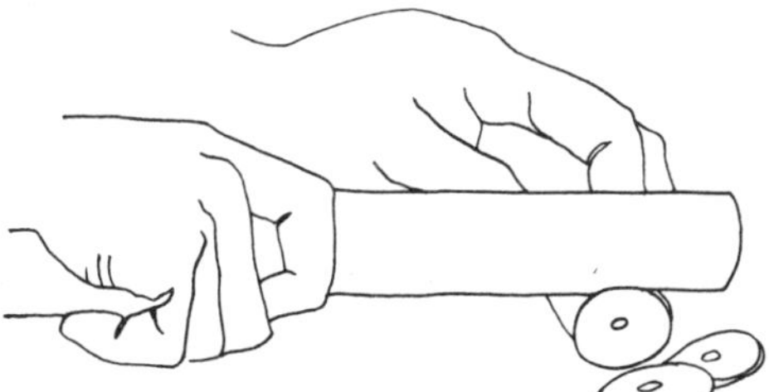

Drei Arten kleinzuhacken: Nach unten und gleich nach vorne. Klinge wieder zurückziehen. (Siehe unter *Sellerie.*)

Nach unten und leicht nach vorne, wieder nach unten und leicht nach hinten. Klinge wieder zurückziehen. Ein kreisendes Gefühl. (Siehe unter *Kartoffeln.*)

Nach unten und leicht auf uns zu. Klinge wieder zurückziehen. (Siehe unter *Rettich.*)

Die Zeichnungen zeigen, wie ich gewöhnlich schneide. Meiner Erfahrung nach lassen sich kleinere (schmalere) Dinge leichter in Scheiben schneiden. Bei zunehmender Größe ziehe ich das Kleinhacken vor. So schneide ich zum Beispiel das dünnere Ende von Mohrrüben und hacke dafür das dickere klein.

Zuerst wird unsere rechte Hand sehr rasch sein, doch sollten wir ihre Geschwindigkeit an die Gangart der führenden linken Hand anpassen. Wir schneiden beständig, gleichmäßig, rhythmisch, das Tempo vergrößern wir erst mit wachsender Übung.

Das Kunststück besteht darin, es einfach versuchen zu wollen und nicht auf jene Stimme zu achten, die uns sagt: „Das ist doch viel zu schwierig!“ oder: „So könnte ich niemals schneiden!“ Geben wir unseren Händen viel mehr Chancen, grenzen wir die Zahl dieser Chancen nicht ein.

Die Pflege der Messer

Das Schleifen

Stumpfe Messer erschweren das Schneiden. Sie sind auch wesentlich gefährlicher als scharfe. Bei ihrer Verwendung muß mehr Druck angewandt werden, wodurch eine geringere Kontrolle möglich ist – die zusätzlich aufgewandte Kraft kann ebenso den Koch wie das Gemüse schneiden. Ein scharfes Messer dagegen schneidet leicht und sauber, und wir müssen damit nicht auf Dinge loshauen, es kann nicht vom Gemüse abprallen, und seine Klinge wird sich deshalb auch nicht so leicht in unsere Hand bohren.

Der Schleifstein: Da der Gebrauch verschiedenster Geräte zum Messerschärfen sich schon allein durch ihre Betrachtung ergibt, konzentrieren wir uns hier darauf, wie wir einen flachen Schleifstein benutzen. Wenn wir mit einem solchen Stein arbeiten, machen wir damit nicht nur unser Messer scharf, wir werden auch enger vertraut mit ihm. Es gibt viele verschiedene Schleifsteinarten, die gebräuchlichsten sind künstlich hergestellt – Emory (Indischer Stein) oder Karborundum (Siliziumkarbid). Diese Steine werden häufig im Doppelpack verkauft, zwei verschiedenartige Exemplare werden Rücken an Rükken zusammengebunden – ein grobkörniger Stein, um den Schliff aufzurauhen, und ein feinerer, um den Feinschliff zu beenden. Arkansas-Naturstein ist härter, schleift schneller und ist weitaus teurer. Er ist besonders zum Schärfen von rostfreiem Stahl geeignet, wie auch zur endgültigen Abrundung eines rasiermesserscharfen Schliffs. Für die meisten Küchenmesser dürfte jedoch ein großer Karborundum – 20 x 5 x 2 cm ist die übliche Größe – völlig ausreichen.

Öl: Alle Steine müssen zusammen mit einem *leichten* Öl verwendet werden. Kerosin eignet sich ausgezeichnet, ebenso Babyöl. Spezialschleiföl ist unnötig teuer, Salatöl dagegen eignet sich nicht für diesen Zweck. Das Öl bindet die winzig kleinen abgeschabten Metallteilchen und verhindert, daß sie sich in der rauhen Oberfläche des Steins festsetzen. Wenn wir gut schleifen, wird sich das Öl schnell und ständig von Metallsplitterchen schwarz färben. Wir sollten das Öl in Maßen, aber nicht zu geizig verwenden und den Stein nach Gebrauch trocken reiben, damit er nicht klebrig wird.

Schleifen: Gemüse lassen sich am besten mit einer sehr feinen Schnittkante schneiden, eher als mit einer spitzwinkligen, wie man sie dazu gebraucht, um es mit Knochen und Knorpeln aufzunehmen. Wenn wir also ein Gemüsemesser schärfen, sollte der Winkel zwischen Klinge und Stein ungefährt 5° oder weniger betragen. Der Schleifvorgang wird dann einen blanken Streifen von etwa 3 mm Breite entlang der gesamten Messerklinge hinterlassen, der sich gleichmäßig vom Heft bis zur Spitze zieht. Kommt es zu Kratzern weiter oben an den Schneidseiten, haben wir das Messer zu flach gegen den Stein gehalten.

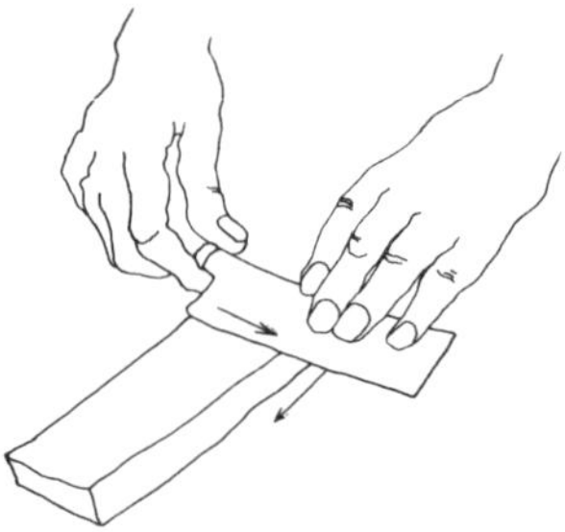

Schleifen ist eine Sache des Gefühls und des persönlichen Stils, wenn wir aber vorher noch keine Messer geschliffen haben sollten, können wir mit folgender Technik anfangen: Wir legen den eingeölten Stein in bequemer Arbeitshöhe auf eine feste Unterlage. Nun setzen wir die Schnittfläche des Messers in flachem Winkel gegen die Oberfläche des Steins und beginnen damit, sie mit sehr dünnen Schnitten zu „schneiden". (Es sollten wirklich *sehr* dünne Schnitte sein!) Dabei können wir das Messer entweder über die Oberfläche ziehen, während wir es gleichzeitig, jeweils eine Messerlänge pro Streich, von einem zum anderen

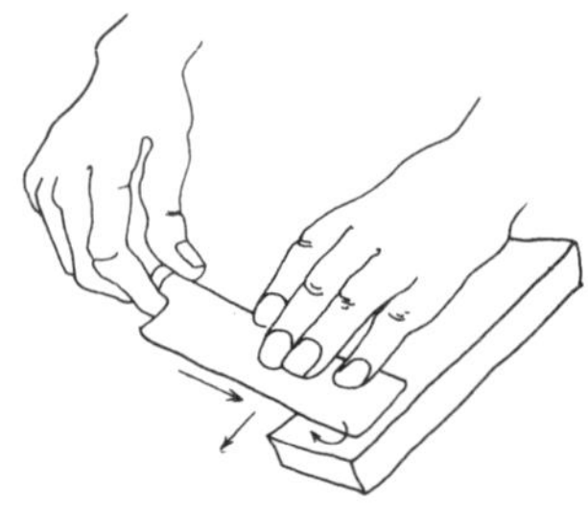

Ende bewegen. Oder wir bewegen das Messer in kleinen Kreisen den Stein hinunter. Haben wir das Ende des Steins erreicht, drehen wir die Klinge um und führen sie wieder auf uns zu, indem wir erst die eine Seite der Schnittkante schärfen und dann die andere.

Bei einem großen Messer ist es oft einfacher, beide Hände zu benutzen, wobei die rechte Hand die Klinge bewegt und die linke Druck ausübt. Wir wenden nur soviel Druck an, um die Schnittkante in Berührung mit dem Stein zu halten und das Öl in angemessenem Tempo schwarz werden zu lassen. Schleifen ist viel eher eine Sache von Zeit und Geduld als von Kraft. Wir sollten auch nicht vergessen, daß stumpfe Messer viel länger brauchen, um wieder scharf zu werden, als Messer, die regelmäßig nachgeschliffen werden. Um unsere Fortschritte zu begutachten, halten wir das Messer mit der Schnittkante nach oben vor uns, so daß das Licht die Schärfe voll einfängt. Im Licht bewegen wir nun die Klinge vor- und rückwärts. Gibt es da irgendwelche hellen Flecke? Eine scharfe Schneide wird so gut wie gar kein Licht reflektieren, während eine Reflektion eine flache Stelle anzeigt. Solange es noch solche „flachen Stellen" gibt, müssen wir weiterhin schleifen und uns dabei auf diese Flecken konzentrieren. Und wie sieht die Spitze aus? Wenn die Klinge einen guten Eindruck macht und sich auch so anfühlt, bearbeiten wir sie auf dem feineren Stein bis zu Ende.

Die Pflege des Messers

Es ist zu unserem eigenen Vorteil und zu demjenigen unseres Messers, es nicht umherliegen zu lassen, vor allem nicht zwischen dem anderen Durcheinander im Spülbecken oder in einer Schublade, wo wir niemals wissen können, ob wir nicht aus Versehen an seinen Schliff geraten und wo die Schnittkante sich rasch an anderen harten Gegenständen abschabt. Es gibt verschiedene Arten von Messerständern, worin die Messer scharf bleiben und kein Unheil anrichten können. Außerdem brauchen wir mit ihrer Hilfe keine Zeit und Energie darauf zu verschwenden, nach den Messern zu suchen – genau dort liegen sie ja.

Bevor wir sie weglegen, säubern wir die Messer sorgfältig, dafür verwenden wir einen Lappen, einen Schwamm oder unsere Hand, um sie abzutrocknen, nicht aber etwa einen Scheuerschwamm. Wenn wir ein bißchen Salatöl auf einem Kohlenstoffstahlmesser verreiben, verhindert dies das Rosten und Anlaufen. Außerdem fühlt es sich damit gut an.

Kochweisen

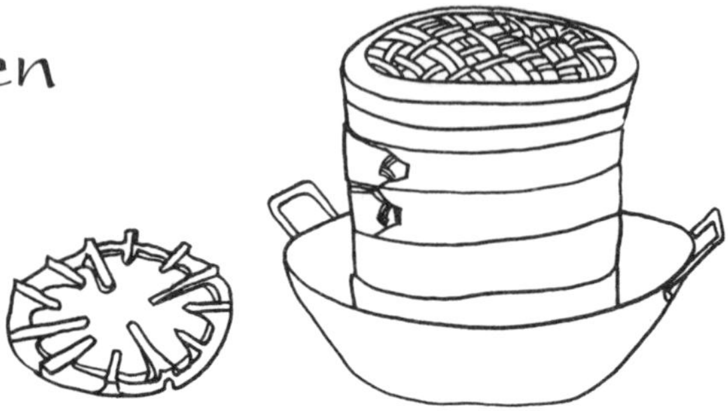

Wenn wir Gemüse lieber kochen wollen anstatt es roh zu essen, gibt es dafür in der Regel mehrere Möglichkeiten und Kombinationen von Möglichkeiten. Hier folgen nun einige unterschiedliche Kochmethoden – oder zumindest meine eigene Erklärung der verschiedenen Bezeichnungen, die wir in diesem Buch verwenden werden.

(Es ist am besten erst herauszufinden, welche Methode wir benutzen werden, ehe wir damit beginnen, das Gemüse zu schneiden.)

Sautieren

Ich verwende dieses Wort in der Bedeutung, Gemüse in Öl zu braten, gewöhnlich auf hoher Flamme. Technisch gesprochen werden die Gemüse nur dann *sautiert,* wenn sie trocken sind und jedes einzelne Stück dauernd, oder zumindest häufig mit dem Boden der Pfanne in Berührung kommt. Werden die Gemüse aufgeschichtet, so „dünsten" die obersten.

Meine Art zu sautieren ist eine Abwandlung der chinesischen „Rühr-Brat-Technik": Zuerst wird die Pfanne erhitzt, dann Öl hinzugegeben. Dabei wird wenig Öl lange reichen, weil es durch die heiße Pfanne dünnflüssiger wird. Auf das Öl wird Salz gestreut und für einen kurzen Augenblick geröstet, ehe das Gemüse hinzugegeben wird. Das Gemüse wenden wir hin und her, damit alles von dem gesalzenen Öl bedeckt wird und nichts anbrennt. Das heiße Öl und die Hitze der Pfanne sorgen dafür, daß die Säfte des Gemüses eingeschlossen werden, während das Salz gleichzeitig einiges von der Flüssigkeit im Inneren des Gemüses herauszieht und so jedem Stück eine feuchte Saftigkeit gibt.

Sautieren ist häufig der erste Schritt in seiner Verbindung mit Dünsten, Sieden oder Backen.

Braten oder Anbraten: Dies ist das gleiche wie Sautieren oder Brat-Rühren, ohne daß jedoch umgerührt würde. Dabei soll etwas angebräunt werden. Allerdings wird bei dieser Methode kein Salz in das Öl gestreut.

Sautieren-Dämpfen: Diese Methode eignet sich gut für mittelgroße Stücke fast jeden Gemüses, besonders aber für jene, die zusätzliche Flüssigkeit brauchen, wie etwa Erbsen. Das Gemüse wird zuerst drei oder vier Minuten lang angebraten wie oben beschrieben, dann gibt man eine kleine Menge Flüssigkeit – Wasser, Brühe, Sojasoße – hinzu und deckt die Pfanne mit einem gut schließenden Deckel ab. Wenn die Flüssigkeit zum Kochen gelangt ist, möglicherweise geschieht dies sogar sofort, stellen wir die Hitze soweit herunter, daß die Flüssigkeit noch ganz leicht kocht, auf jeden Fall aber so niedrig, daß das Gemüse während des Dünstens nicht anbrennen kann. Das Dünsten der meisten Gemüse nimmt ungefähr 4 – 8 Minuten in Anspruch.

Sautieren-Köcheln: Das Gemüse wird 3 – 4 Minuten sautiert und dann, entweder sofort oder später, in eine leicht kochende Flüssigkeit zum Weiterkochen gegeben. Dieser Teil der Arbeit wird 10 – 15 Minuten dauern oder auch länger, falls die Flüssigkeit erst noch erhitzt werden muß. Das vorausgehenden Sautieren gibt dem Gemüse einen gerösteten, nußartigen Geschmack und außerdem ist die gesamte Kochzeit kürzer, als wenn nicht angebraten wurde.

Eine Möglichkeit, Gemüse im voraus zu kochen und es dennoch gut herauskommen zu lassen, besteht darin, gebratenes Gemüse bei niedriger Hitze in eine Soße zu stellen oder, wenn es fast fertig ist, das Gemüse mit der Soße in einen Dampfkochtopf oder einen niedrig geheizten Ofen zu stellen.

Sautieren-Überbacken: Gemüse kann zuerst sautiert und dann in einer Backform in den Ofen gestellt werden, damit es schließlich ganz fertig wird. Mit etwas Flüssigkeit und einem Deckel auf Topf oder

Pfanne kann Gemüse im Ofen dünsten. (Siehe unter *Gebrauch des Ofens* für weitere Information.) Das Sautieren-Überbacken braucht mindestens 15 – 20 Minuten. Dies ist eine weitere geeignete Möglichkeit, Gemüse kurz vor der Hektik der letzten Minuten zuzubereiten.

Köcheln oder Dünsten

Dies bedeutet, daß das Gemüse in etwas Flüssigkeit kocht, die an ihrer Oberfläche nur hier und da einzelne Blasen wirft. Es ist viel sanfter als Kochen, wo sich die gesamte Oberfläche in Bewegung befindet.

Kochen

Das Gemüse kocht in einer siedenden Flüssigkeit. Ich verwende diesen Ausdruck, wenn ich die französische Art des Kochens meine: Das Wasser oder die Brühe wird gesalzen, 1/2 Teelöffel Salz auf 1/4 Liter Flüssigkeit, und dann bis zum Kochen erhitzt. Nun wird das Gemüse hinzugefügt, der Topf bedeckt und die Hitze mindestens so lange hochgelassen, bis die Flüssigkeit wieder kocht. Nun stellen wir die Hitze herunter bis zu einem sanft quellenden anstelle eines wild schäumenden Kochens. Das Gemüse nehmen wir am besten dann heraus, wenn es gerade weich wird und nicht erst dann, wenn es bereits weich ist, weil es auch noch weiterkocht, wenn das Wasser bereits entfernt wurde. Werden Gemüse und Flüssigkeit durch ein Sieb in einen anderen Topf geschüttet, können wir aus der Kochflüssigkeit noch Suppe, Getreidegerichte, Brot oder ein anderes gekochtes Gemüse zubereiten. Befindet sich das Sieb über der Oberfläche des immer noch heißen Wassers, kann das Gemüse 5 Minuten oder länger warmgehalten werden, wenn wir es abdecken. Auch in einer abgedeckten Anrichteschüssel bleibt es noch einige Minuten warm.

Durch Kochen werden Nährstoffe und Aroma verschwendet, wenn

wir die Kochflüssigkeit nicht aufbewahren. Adele Davis wettet zwar, daß nicht eine Hausfrau in einer Million die Kochflüssigkeit aufbewahrt, aber ich persönlich kenne mehrere, und sogar eine, deren Familie die Flüssigkeit als Saft trinkt.

Mit Dampf kochen

Gemüse kocht mit Dampf, wenn es in einem geschlossenen Topf über einer dampfenden Flüssigkeit kocht. Wenn der Topf geöffnet ist und der Dampf entweichen kann, wird es nur leicht gedämpft. Die Dämpfflüssigkeit kann aus Gemüsesaft, Brühe oder Wasser bestehen. Das Gemüse befindet sich darüber, wenn es oben auf anderem Gemüse liegt oder in einer Art von Metall- oder auch Bambuseinsatz ist.

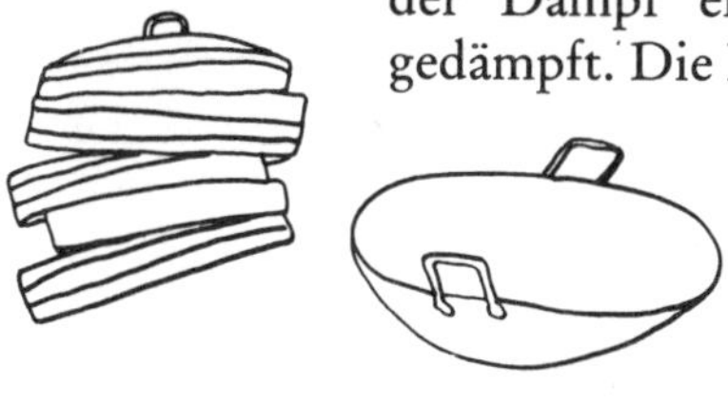

Sobald sich das Gemüse im Dampfkochtopf oder oben auf anderem Gemüse befindet, bestreuen wir es mit Salz.

Gebrauch des Ofens

Wenn etwas im Backofen kocht, nennen wir das im allgemeinen „Backen“. Es ist jedoch nützlich festzustellen, daß alle Kochweisen, über die wir gesprochen haben, ebenso *im* Ofen wie *auf dem* Ofen angewandt werden können. Wenn wir beispielsweise ein Gemüse wie die Kartoffel aufschneiden, die Stücke mit Öl bestreichen und sie backen, läuft dies auf ein „Braten“ im Ofen heraus. Gemüse in einer abgedeckten Backform mit einer kleinen Menge Flüssigkeit werden gedämpft. Gemüse in einer Soße oder Flüssigkeit im Ofen können ebenso leichter oder stärker kochen. So kann sich der Backofen als sehr nützlich erweisen, wenn man dafür sorgen muß, daß die Oberfläche des Herds in letzter Minute nicht ganz so überfüllt und aufmerksamkeitsbeanspruchend ist.

Schmoren

Schmoren bedeutet, daß das Gericht halb mit Flüssigkeit bedeckt ist und im Ofen leicht kocht oder dünstet.

Das Salzen von Gemüse

Salz entzieht dem Gemüse Flüssigkeit. Dies kann man aus mehreren Gründen tun: es macht das Gemüse weich, konserviert (legt sauer ein) und macht mürbe, wie beispielsweise bei der Aubergine oder Eierpflanze. Wird eine mäßige Menge Salz genommen, läßt sich die herausgezogene Flüssigkeit oft für Tunken, Suppen oder Saucen verwenden.

So wird gesalzen: Das Gemüse wird aufgeschnitten und gerade mit soviel Salz bestreut, als wollten wir es sofort essen. Dann wird ein Gewicht auf das eingesalzene Gemüse gelegt. Befindet es sich in einer Schale, legen wir eine kleinere Schale oder einen Teller auf das Gemüse und auf diesen noch ein anderes Gewicht. Letzteres könnte ein Stein, ein schwererer Topf, vielleicht aber auch ein großes Glas Erdnußbutter sein. Das Gewicht ordnen wir so an, daß der obere Teller weiterhin nach unten drückt, wenn das Gemüse weich wird und sich zusammenzieht. Dieser Druck hilft dem Salzen und der Gesamtkochzeit.

Gemüse wird in der Regel 1/2 bis mehrere Stunden gesalzen, hält sich in manchen Fällen in diesem Zustand aber auch Monate.

Das Zerpressen von Kräutern

Frische Kräuter sind herrlich, aber da ich nicht eben häufig neben einem Kräutergarten gewohnt habe, mußte ich zumeist mit getrockneten Kräutern vorliebnehmen. Diese gibt es entweder „ganz“ oder „gemahlen“. Gemahlene Kräuter büßen ihren Geschmack noch schneller ein als ganze getrocknete Kräuter. Wir verwenden ganze getrocknete Kräuter, indem wir sie zwischen der Fläche der einen und dem Ballen der anderen Hand zerreiben. Mörser und Stößel sind ebenfalls gut geeignet, um Kräuter zu zerkleinern, und man kann mit

ihnen auch sehr wirksam Samen, die zum Würzen verwendet werden, zerstoßen, beispielsweise Cumin (Kreuzkümmel), Anis, Fenchel, Koriander und Kardamom.

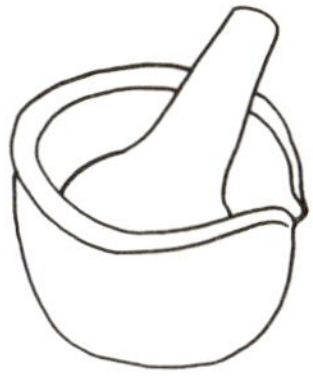

Das Auflösen von Maisstärke

Ein Teelöffel Maisstärke dickt 1 Tasse (ca. 16 Eßlöffel; Anm. d. Übers.) Flüssigkeit an. So wird es gemacht: Die Maisstärke wird in einer kleinen Menge kalten Wassers aufgelöst, weil sie sonst bei direktem Zusammentreffen mit heißer Flüssigkeit Klumpen bilden würde. Maisstärke dickt dann an, wenn die Maisstärke zum Kochen gebracht wird. Wir lassen die Hauptmenge der Flüssigkeit kochen und gießen dann die aufgelöste Maisstärke hinzu, wobei wir sofort mit dem Umrühren beginnen. Sofort kocht auch die Maisstärke und dickt an, völlig ohne Probleme. Wenn es überhaupt ein Problem gibt, dann höchstens jenes, daß Maisstärke sich sehr rasch setzt; wenn sie also nicht aufkocht, nachdem wir sie mit der kochenden Flüssigkeit zusammengebracht haben, müssen wir sie solange rühren, bis sie es tut. Außerdem müssen wir darauf achten, die aufgelöste Maisstärke noch einmal aufzurühren, kurz bevor wir sie zu der heißen Flüssigkeit dazugeben.

Pflanzen

In diesem Buch werden die Gemüse erstens nach den Jahreszeiten eingeteilt, in denen sie reifen, und zweitens danach, welcher Teil der Pflanze eßbar ist: *Wurzel, Stiel, Blätter, Frucht* oder *Keim*. Die Einteilung nach Jahreszeiten ist recht willkürlich, weil mit den modernen Produktions- und Transportmethoden immer öfter mehr und mehr Gemüse an immer mehr Orten verfügbar ist. In der Gruppe *Ganzjährig* werden auch jene Gemüse eingeschlossen, die am leichtesten erhältlich sind, sowie auch jene, die im Spätsommer und Herbst reif sind und während des Winters einigermaßen leicht aufbewahrt werden können.

Kaltwetter-Gemüse sind jene, die bei warmem Wetter in Samen schießen. In einigen Gebieten können diese Gemüse fast während des ganzen Jahres angebaut werden, während andere Gegenden eine Herbst- oder Frühjahrsernte kennen. Dazu gehören auch einige Wurzelgemüse, Spargel, alle Keimgemüse und die meisten Blattgemüse. Grünkohl, der bei warmem Wetter gut gedeiht, ist aus Gründen der Zubereitung unter den grünen Blattgemüsen (kühles Wetter) aufgeführt.

Unter *Sommergemüse* sind all jene „Früchte" zusammengestellt, die sich nach ihrer Blüte entfalten und Samen enthalten. Diese Gemüse bedürfen der Wärme, damit ihre Frucht reif wird. Erbsen, die früheste Sorte, vertragen noch nicht so viel Sonne wie die anderen. Auch grüne Bohnen kommen ziemlich früh, und danach folgen alle anderen.

Gemüse, die zur gleichen Jahreszeit vorrätig sind, lassen sich im allgemeinen gut miteinander kombinieren bzw. es lassen sich daraus gut verträgliche Gerichte zubereiten. Am billigsten und am besten sind sie während ihrer Hauptjahreszeit.

Wenn wir darüber nachdenken, welcher Teil der Pflanze das Gemüse ausmacht, so hilft dies bei der Entscheidung, wie es am besten zuzubereiten sei. Zwar gibt es auch Ausnahmen, doch brauchen Wurzelgemüse im allgemeinen die längste Kochzeit, Blattgemüse dagegen die kürzeste. Auch sind Wurzelgemüse erdig, Blattgemüse luftig und Fruchtgemüse voller Sonne: entsprechend läßt sich einem Gericht Schwere, Leichtigkeit oder Wärme hinzufügen, ebenso einer ganzen Mahlzeit; und vielleicht achten wir auch darauf, bei jeder Mahlzeit oder im Verlaufe einer Woche von jedem etwas zu haben.

Natürlich lassen sich Gemüse auch biologisch einteilen, und gelegentlich werden wir einen Hinweis auf die Verwandtschaftsbeziehung von Gemüsen in diesem Buch geben. Die bei weitem größte „Familie" von Gemüsen sind die Senfpflanzen (Brassica): Broccoli, Blumenkohl, Rosenkohl, Weiß- und Grünkohl, weiße und gelbe Rüben, Kohlrabi und Senfpflanze gehören ebenso zu dieser Familie wie Rettich, Brunnen- und Gartenkresse. Alle diese Gemüse entwickeln, wenn man sie verkocht, einen Geschmack von „gekochtem Kohl". Interessant ist auch, daß Spargel, zusammen mit Zwiebel, Lauch und Knoblauch; zur Familie der Lilien gehört.

	Rund ums Jahr	*Frühling & Herbst (Kaltes Wetter)*	*Sommer*
WURZELN KNOLLEN	Mohrrübe Zwiebel Kartoffel Yams Knoblauch Ingwer	Steckrübe Kohlrübe Rettich Rote Bete	
SCHÖSS-LINGE, BLÄTTER & STENGEL	Schalotte Sellerie Kohl Petersilie	Spargel (nur Frühling) Lattich Grüne Blattgemüse: Spinat Mangold Senfgemüse	(siehe Grünes Blattgemüse)
KEIME	Broccoli Blumenkohl Artischocke		
FRÜCHTE	Winterkürbis		Erbsen Grüne Bohnen Tomate Gurke Sommerkürbis Zucchini Krummhalsiger Gartenkürbis Aubergine Süßer Mais Avocado

GATTUNG	„Familie" (Gruppe)* Gemüse, *Genus*
GRAS	„Gras" Mais, *Zea*
LILIE	„Lilie" Spargel, *Asparagus;* Knoblauch, *Allium;* *Lauch, Allium;* Zwiebel, *Allium*
BUCHWEIZEN	„Buchweizen" Rhabarber, *Rheum;* Sauerklee, *Rumex;* Ampfer, *Rumex*
GÄNSEFUSS	„Gänsefuß" Rote Bete, *Beta;* Mangold, *Beta;* Spinat, *Spinacea*
BRASSICA (KOHL)	„Senf" Broccoli, *Brassica;* Rosenkohl, *Brassica;* Kohl, *Brassica;* Blumenkohl, *Brassica;* Grünkohl, *Brassica;* Kohlrabi, *Brassica;* Senfgemüse, *Brassica;* Steckrübe, *Brassica;* Kapuzinerkresse, *Lepidium;* Rettich, *Raphanus;* Brunnenkresse, *Roripa*
ROSE	„Hülsenfrüchte" Bohne, *Phaseolus;* Saubohne, *Vicia;* Sojabohne, *Glycine;* Linse, *Lens;* Erbse, *Pisum*
MALVE	„Malve" Okra, *Hibiscus;* Ibisch, *Hibiscus*
PETERSILIE	„Petersilie" Mohrrübe, *Daucus;* Knollensellerie, *Apium;* Sellerie, *Apium;* Petersilie, *Petroselineum;* Pastinakwurzel, *Pastinaca*
PHLOX	„Trichterwinde" Süße Kartoffel, *Ipomea* „Nachtschatten" Aubergine, *Solanum;* Kartoffel, *Solanum;* Paprica, *Cupiscum;* Tomate, *Lycopersicum*
KRAPPFLANZE	„Baldrian" Feldsalat, *Valerianella*
KÜRBIS	„Kürbis" Gurke, *Cucumis;* Beutelmelone, *Cucumis;* Wassermelone, *Citrullus;* Flaschenkürbis, *Lagenaria;* Gartenkürbis, *Curcurbita*
GLOCKEN-BLUME	„Korbblütler" (Zichorie) Zichorie (Chicoré), *Chichorium* Endivien, *Chichorium;* Löwenzahn, *Taraxacum;* Lattich, *Lactuca;* Bocksbart, *Tragopogon* (Sonnenblume) Erdbirne, *Helianthus* (Distel) Artischocke, *Cynara*

* nur bei der großen Familie der Korbblütler

Wann gibt es Gemüse?

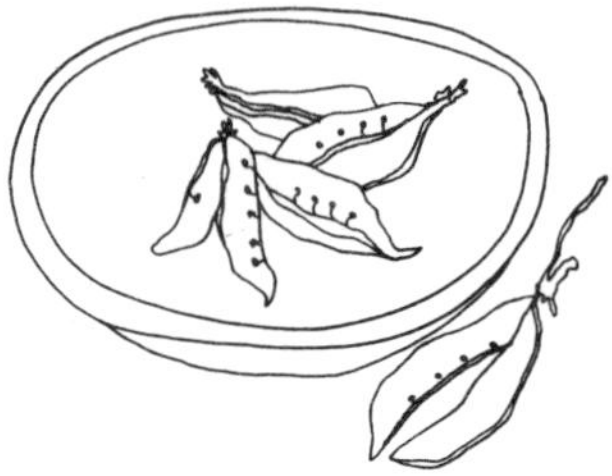

Betrachten wir einmal, was verwendet werden muß. Merken wir uns, was sich im Kühlschrank befindet, und fangen wir mit dem ältesten Gemüse an.

Wann sind Gemüse noch gut? Gemüse sind genau bis zu jenem Zeitpunkt – diesen aber nicht miteingeschlossen – gut, wenn sie zu faulen beginnen. Ist der Prozeß noch nicht allzu weit fortgeschritten, können die schleimenden Teile entfernt werden. Blattgemüse befindet sich auf dem Weg zur Fäulung, wenn es gelb wird. Das ist Gemüse in seinem schlimmsten Zustand. Doch auch wenn es nicht mehr appetitanregend aussieht, kann es immer noch in einer Bohnensuppe verarbeitet oder vielleicht gekocht, durchgesiebt und in eine andere Suppe gegeben oder auch mit einer zusätzlichen (verhüllenden) Sauce angerichtet werden. Oft konnte festgestellt werden, daß Gemüse, die kurz vor ihrem Ende stehen, Aufläufe, Suppen oder gemischten Gemüsegerichten einen ganz besonderen Geschmack verliehen. Lassen wir also unsere Nase entscheiden.

Die nächste Gruppe von Gemüsen ist diejenige, die durch Wasserverlust verwelkt oder schlaff geworden ist. Auch diese können wir noch verwenden. Dazu brauchen die Gemüse kaum eine andere Behandlung als die Hinzugabe von etwas Flüssigkeit. Eine Sauce, eine Salattunke, eine leichte Suppe. Auf diese Weise läßt sich welkes Gemüse häufig zu jedem Zweck verwenden. Schneiden wir die obersten Enden von Wurzelgemüse ab, halten sie sich fest und frisch.

Befindet sich das Gemüse in seiner Blüte, sollten wir so wenig wie möglich mit ihm anstellen. Statt dessen sollten wir es das sein lassen, was es ist, anstatt es zu etwas anderem zu machen. Die einfachen Rezepte, die nun folgen, werden uns hoffentlich ein Hilfe sein, dies zu tun.

Natürlich werden Gemüse nach einer gewissen Zeit auch einmal ungenießbar. Sorgfältiges Planen und reifliche Überlegung können einen solchen Verlust auf ein Minimum beschränken; sollte er dennoch auftreten, geben wir das Gemüse auf dem Weg über den Komposthaufen zurück an Mutter Erde. Manchmal muß sogar ein verpfuschtes Essen dort enden, aber wann wäre ein Gericht schon wirklich verpfuscht? Hier ist das Rezept für eines der besten Blattgemüse, das ich jemals gegessen habe. Ich empfehle nicht unbedingt, dieses Rezept zu wiederholen, aber vielleicht werden wir es einmal sogar völlig ungewollt tun.

Geräuchertes Blattgemüse

Blattgemüse, Zitronenbutter, Öl, Salz

Das Blattgemüse wurde in einem *Wok,* der gewölbten chinesischen Bratpfanne, auf hoher Flamme zubereitet. Dann vergaß man es für kurze Zeit, bis es – oh weh! Es war angebrannt! Großes Entsetzen in der Küche, denn vierzig Leute warteten auf ihr Essen. Also mußte improvisiert werden. Die angebrannten Blätter klebten am Boden der Pfanne, und man holte den Rest hervor, um ihn mit einer Zitronenbutter anzurichten. Alle staunten: „Woher bekommt dieses Gemüse nur seinen herrlichen geräucherten Geschmack, als hätte man es mit einem prachtvollen Riesenschinken zusammen gekocht?" C'est la vie.

Und dann mußten alle verkohlten Blätter aus der Pfanne entfernt werden ...

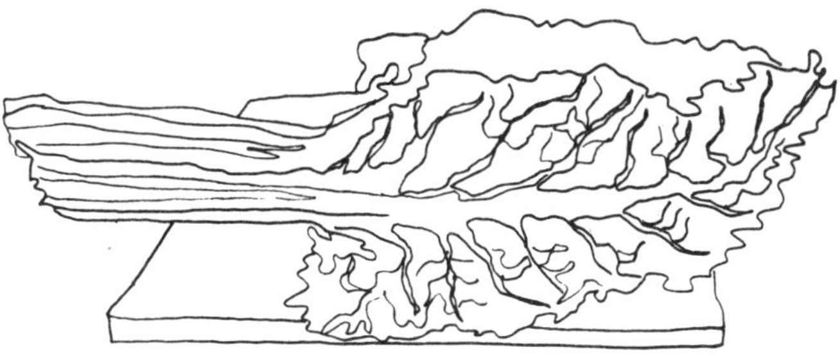

Gemüse kochen

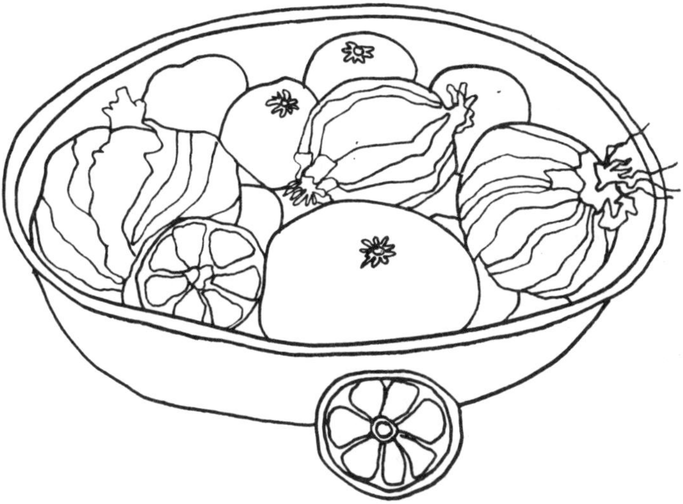

Was immer wir auch tun, aus einer Gurke wird nicht mehr als eine Gurke, aus einem Rettich nicht mehr als ein Rettich. Gurke ist Gurke, Rettich ist Rettich.

Wir können ein Gemüse stärker an einen bestimmten Geschmack anpassen – das ist der übliche Weg, herauszufinden, welchen Geschmack wir haben wollen. Warum aber fragen wir nicht die Gurke, warum nicht den Rettich? Welchen Geschmack würden die gerne ausdrücken?

Gemüse an sich

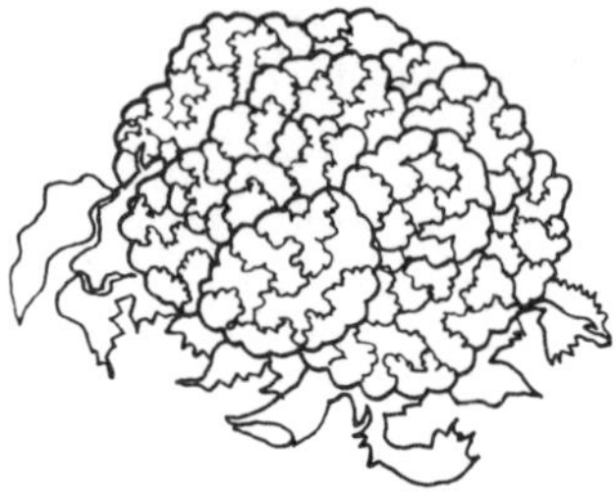

Die einfache Zubereitung von Dingen ist trügerisch schwierig, da es keine Möglichkeit gibt, unsere Fehler zu vertuschen.

Wenn unsere Nahrung immer ausgefallen oder kompliziert ist, dann wird Ausgefallenheit oder Kompliziertheit schließlich zur Gewohnheit, und wir vergessen den vollen, natürlichen, wirklichen Geschmack der Dinge. In einer Welt des selbstgeschaffenen Geschmacks lebend, glauben wir, daß wir alles unserer Phantasie anpassen können. Wir weisen Speisen zurück, die unserem kultivierten Geschmack nicht entsprechen, der immer wählerischer wird, je mehr wir ihn verwöhnen. Schon bald erreichen wir eine recht niedrige Ebene der Toleranz und Bereitschaft, es mit dem Unvertrauten zu versuchen. Sind wir jedoch nicht so wählerisch und vergleichen wir auch nicht immer einen bestimmten Geschmack mit dem, woran wir gewöhnt sind, so können wir den wirklichen Geschmack der Dinge erfahren und schätzen lernen. Die werden zwar nicht immer so schmecken, wie wir es uns vorher vorstellten, können aber dennoch sehr schmackhaft sein.

Als ich noch jünger war, brachten mich Gemüse gewöhnlich zur Verzweiflung, man konnte mich damit über den Horizont scheuchen. Ich konnte das Zeug einfach nicht ausstehen. Schon der bloße Klang des Wortes erweckte in mir unangenehme Gefühle. „*Versuch* es doch wenigstens einmal!“ hieß dann in der Regel der Befehl, dem ich manchmal widerstrebend gehorchte. Ich aß hauptsächlich tiefgekühlte Erbsen und grüne Bohnen. In der achten Klasse führte dann ein Mädchen eine Salatzubereitung mit Sauerrahm und Basilikum vor. Da begann ich, Kopfsalat zu essen. Als ich die High School besuchte, kochte meine Mutter mir einmal Kohl mit Wein, und seitdem aß ich Kohl. Inzwischen hat sich mein Wortschatz an eßbaren Gemüsen erheblich erweitert. Nur bei Rosenkohl habe ich noch immer etwas Vorbehalte, aber trotzdem koche und esse ich ihn.

Die Rezepte in diesem Abschnitt haben nur sehr wenige Mengenangaben. Dafür gibt es mehrere Gründe, hauptsächlich aber will ich jedermann die Fähigkeit zugestehen, dies aus den Dingen selbst herauszuspüren. Gemüse hat verschiedene Größen; Appetite und Geschmäcker sind verschieden. Zahlen können eine ziemlich willkürliche Sache sein. Wenn wir gerne Zwiebeln mögen, tun wir eben mehr davon hinein. Wenn wir Mohrrüben nicht sonderlich lieben, verwenden wir eben weniger davon. „Spinat mit Zwiebeln und Karotten" könnte auch zu „Zwiebeln mit Karotten und Spinat" oder zu „Karotten mit Spinat und Zwiebeln" werden.

Gemüse lassen sich mit Hilfe von Geschmack und Erfahrung sehr viel besser zubereiten als mit Mengenangaben. Wir werden sehr schnell merken, wie hoch die Salatschüssel gefüllt sein muß, um für alle auszureichen, welche Schale (oder welche Kombination von Schalen) gefüllt werden muß, um ein Gemüsegericht zuzubereiten. Kochen wir einfach mehr von einem Gericht, wenn wir und unsere Familie es besonders mögen und davon niemals genug bekommen können. Kochen wir weniger, wenn es ein Gericht ist, das nicht so sehr begeistert oder das wir möglicherweise zum ersten Mal ausprobieren.

Wir sind selbst der Koch. Was ich persönlich vielleicht „gekocht" nenne, mag für jemand anderen „halb roh" bedeuten. Das ist nur eine versuchsweise Bezeichnung. Was ich selbst als „Verkochen" bezeichne, ist für einen anderen vielleicht die liebste Art der Zubereitung. Der Leser sollte nicht für mich, sondern für sich selbst kochen und für jene, die es essen werden.

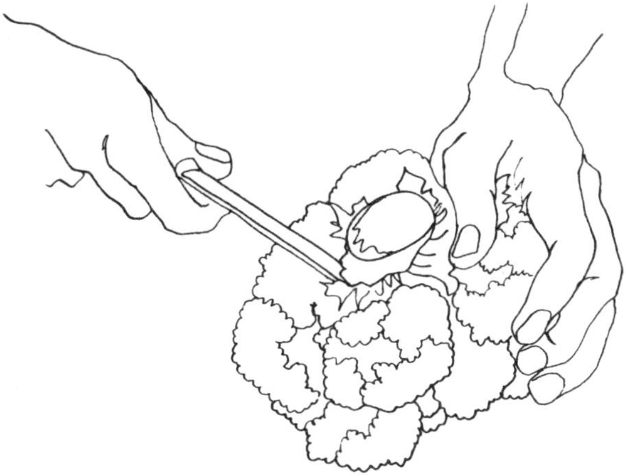

Winter und Ganzjährig

Mohrrüben

Mohrrüben mögen zwar ziemlich gewöhnlich und alltäglich sein, sie sind aber auch sehr wandlungsfähig, billig und werden allzu oft vernachlässigt. Man kann sie für sich alleine zubereiten oder sie in Salate reiben, um diesen Süße und Farbe zu geben; Mohrrüben können mit anderen Gemüsen vermischt oder für Suppen verwendet werden.

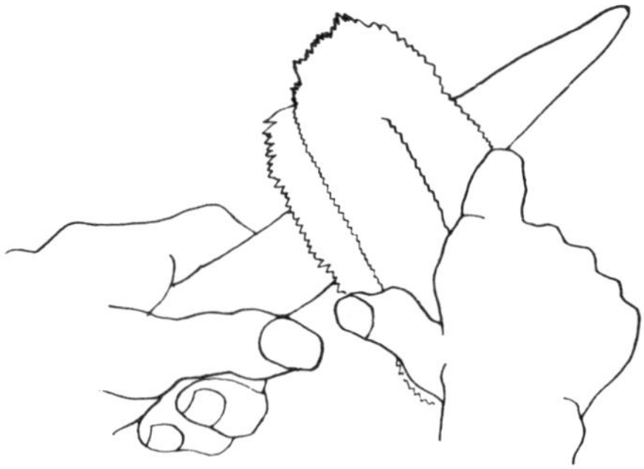

In diesem Buch werden Mohrrüben dazu gebraucht, um an ihnen beispielhaft das Schneiden aller Gemüsearten zu zeigen. Jede Form kann dabei verschiedene Größen haben. Ich schäle Mohrrüben fast nie, dafür schrubbe ich sie gründlich und schneide dafür Stengel und Wurzelenden ab.

Runde oder ovale Scheiben:
Wir können an jedem beliebigen Ende mit dem Schneiden der Mohrrübe beginnen. Wir verwenden den Schnitt, der vor und zurück führt, mit der Messerspitze nach unten, oder einen der von oben nach unten kleinhackenden Schnitte. Letzteres eignet sich besonders gut für die Bearbeitung des dicken Endes der Karotte. Für runde Scheiben wird der Schnitt gerade durch die Mohrrüben gemacht, für ovale Scheiben können wir das Messer in der gleichen Stellung halten, als würden wir gerade durchschneiden, verändern dabei aber den Winkel der Mohrrübe (siehe Abbildungen auf den Seiten 18, 19).

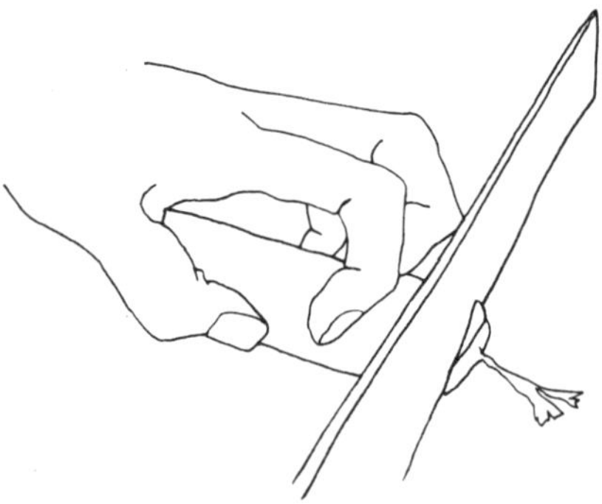

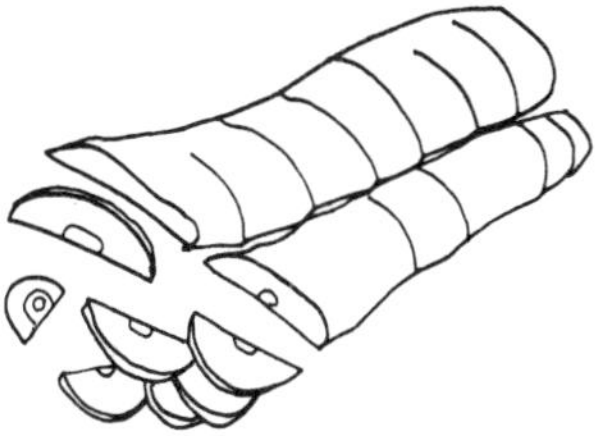

Halbmonde:
Wir schneiden die Mohrrübe der Länge nach in zwei Hälften. Diese schneiden wir dann in kleine Scheiben.

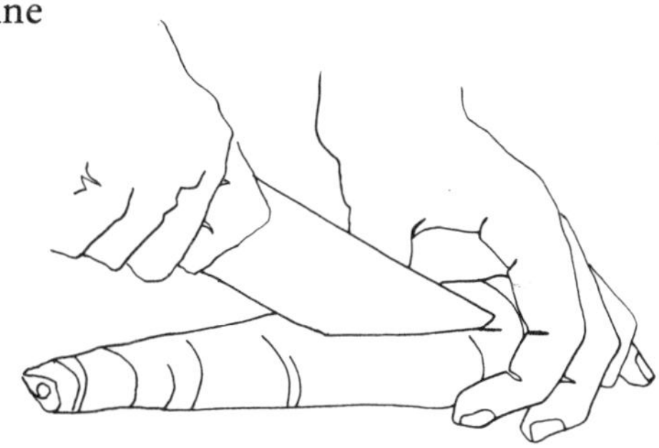

Würfeln:
Wir lassen die Mohrrübe am dickeren Ende ganz, machen zwei oder drei Längsschnitte, dann senkrecht zu diesen noch zwei oder drei weitere. Nun wird die „Tintenfisch"-Karotte kreuzweise in Würfel geschnitten. Mohrrüben lassen sich auch würfeln, indem wir große streichholzförmige Stücke kreuzweise schneiden.

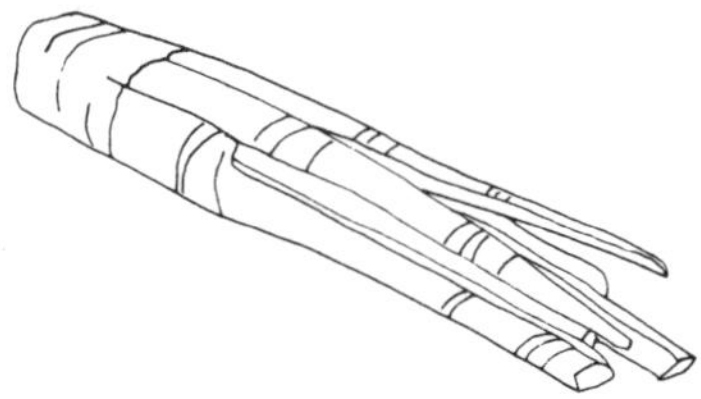

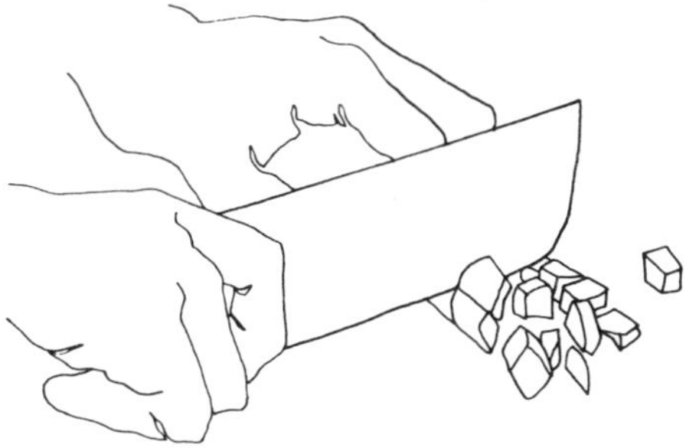

Abschnitte, Streifen und Streichhölzer:

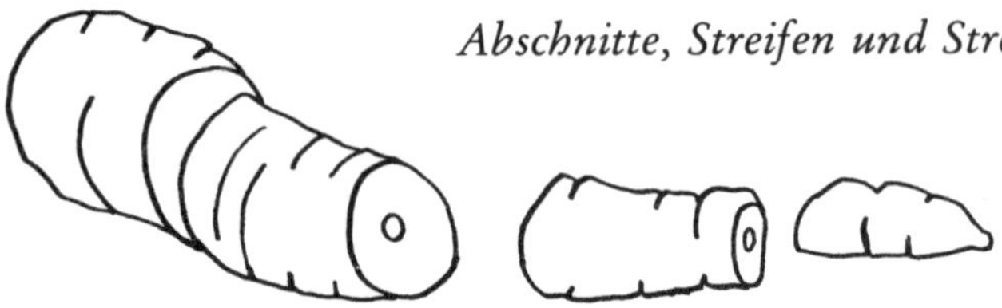

Abschnitte erhalten wir, indem wir die Mohrrübe in gleichmäßigen Abständen mit dem Messer teilen.

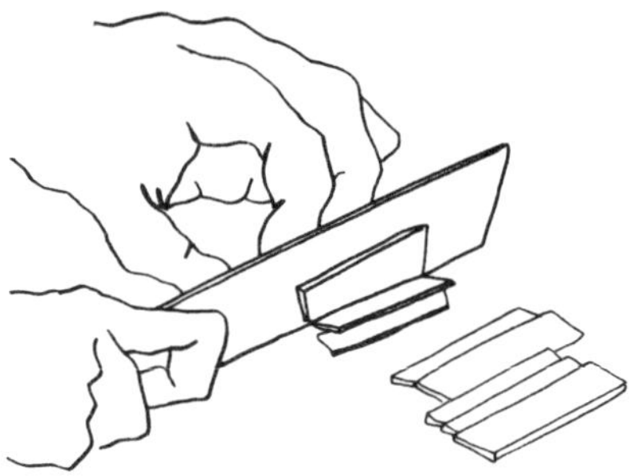

Dann schneiden wir die Abschnitte in Streifen.

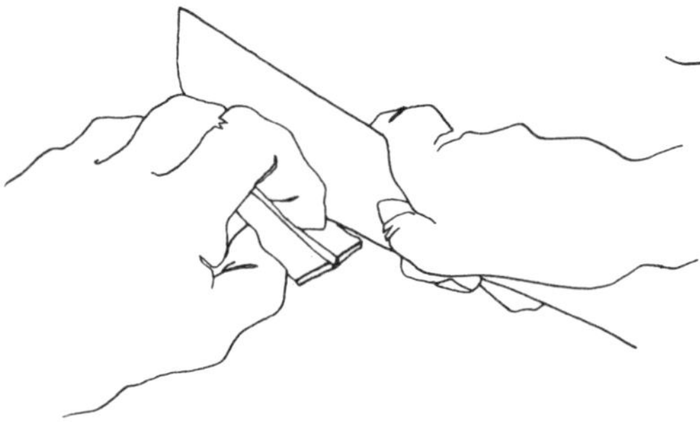

Die Streifen werden in Streichholzform geschnitten.

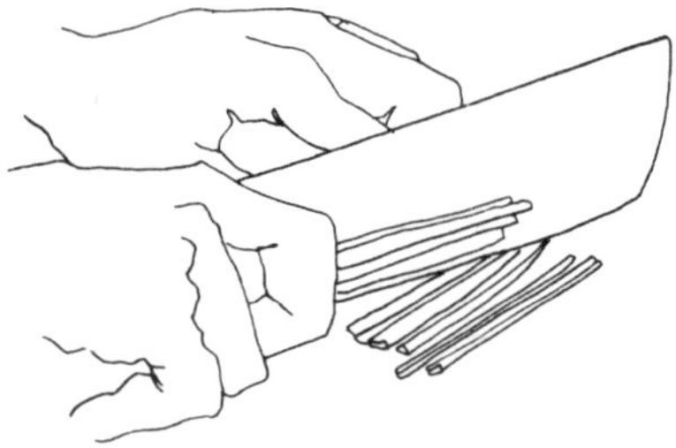

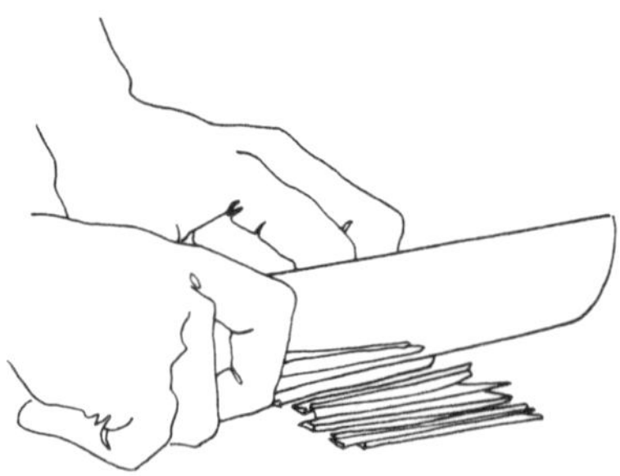

Hier wird der Schnitt von der Messerspitze auf den Tisch, vom Körper fort und nach unten gezeigt.

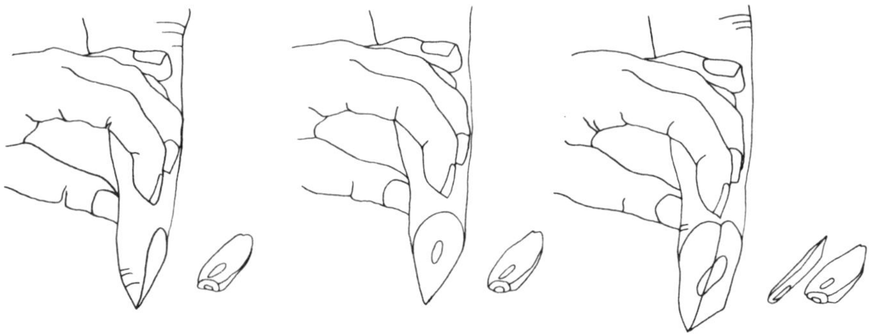

Chinesischer Drehschnitt:
Nach jedem diagonalen Schnitt wird die Möhre gedreht, indem wir unsere Fingerspitzen auf uns zu spazieren lassen. Jeder Schnitt durchschneidet die Oberfläche des vorangegangenen. Diese Stücke können wir groß oder klein, dicker, dünner, länger oder kürzer machen.

Frühstücks-Karotten

Wir kochen die Karotten einfach mit Öl und Salz. Wenn wir im Kopf nicht immer nur irgendwelche komplizierten Fantasien haben, schmecken die Karotten recht gut so. Gut zu jeder Gelegenheit.

Mohrrüben, Öl, Salz, Wasser oder Brühe

Karotten in runde oder ovale Scheiben schneiden oder den Drehschnitt anwenden. 3 – 4 Minuten unter ständigem Rühren anbraten, bis das Zischen nachläßt. Nun fügen wir einige Teelöffel Wasser hinzu, bedecken das Gemüse mit einem fest aufliegenden Deckel und stellen den Herd auf mäßige Hitze.

Bei geschlossenem Deckel lassen wir die Karotten ungefähr 6 Minuten kochen. Sind sie gar? Salzen nach Geschmack. Sind die Frühstücks-Karotten fertig, können wir noch geröstete Nüsse oder Kerne, vielleicht auch Weizenkeime hinzufügen.

Möhrensalat

Mohrrübe, Salz, Zitrone

Wir waschen und reiben die Karotte, bestreuen sie mit Salz und schließlich auch mit Zitronensaft. Alles gut durchmischen.

Zwei Abwandlungen: Möhrensalat mit Rosinen oder Datteln, Nüssen und Apfel. Möhrensalat mit einer rohen Rübe, Schalotte und Nüssen.

Erdhaft und gut zu kauen.

Süß-Saure Mohrrüben in Sauce

1 Teelöffel Öl
1 Teelöffel Tomatensauce oder Ketchup
1 Teelöffel Sherry
1/4 Teelöffel pulverisierter Ingwer oder 1/2 Teelöffel zerriebener Ingwer
1 feingeschnittene rohe Mohrrübe
2 Eßlöffel gehacktes, süßeingelegtes Gemüse
1 Teelöffel Essig
3 Teelöffel brauner Zucker
2 Teelöffel Maisstärke
1/2 Tasse kaltes Wasser

Wir braten den Ingwer und das eingelegte Gemüse kurz in Öl an. Die Maisstärke wird mit Wasser angerührt und mit den übrigen Zutaten vermischt, die Mohrrüben ausgenommen. Diese Mischung geben wir zu dem eingelegten Gemüse und kochen dies solange unter Rühren, bis die Sauce andickt. Dann werden die Möhren dazugegeben und das Ganze wird bis zum Kochen erhitzt. Diese Sauce können wir auch anstelle des Wassers bei der Zubereitung der Frühstückskarotten dazugeben.

Zwiebeln

Zwiebeln! Von unvergleichlichem Zauber, lassen sich Zwiebeln mit fast allem kombinieren, eingeschlossen Wassermelonen: Sie verleihen faden Gerichten Pfiff, versüßen Blattgemüse, machen Saucen kräftiger, würzen Salate. Aber wir müssen auch darauf achten, wem wir das Essen vorsetzen. Vor allem rohe Zwiebeln sind nicht nach jedermanns Geschmack.

Die saftigen konzentrischen Schichten der Zwiebel sind von einer papierähnlichen, ungenießbaren Haut umhüllt. Wie Kartoffeln können auch Zwiebeln in ihrer Schale gebacken werden, aber in der Regel wird die Zwiebel vor dem Kochen oder Essen geschält. Zuerst schneidet man die Enden ab. Dann werden die Schalen von oben nach unten aufgeschnitten und um die Zwiebel herum abgeschält. Ist eine bestimmte Schicht teils saftig, teils

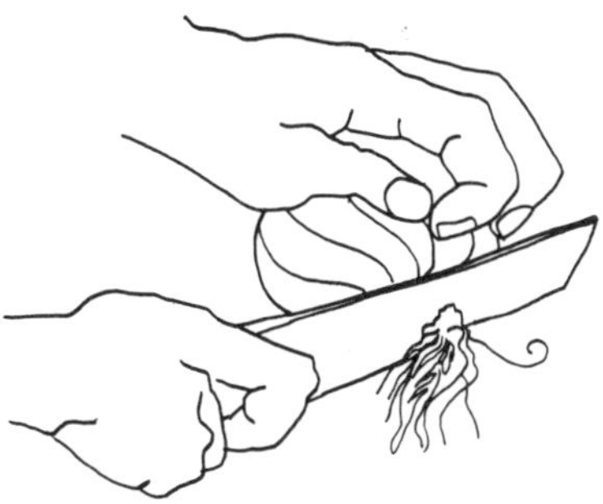

papiern, so ist es meistens am besten, sie vollständig zu entfernen, obwohl man einige kleinere Hautstücke auch einzeln ablösen kann. Nun kann die Zwiebel geteilt, in Scheiben geschnitten, gewürfelt, zerhackt oder gerieben werden.

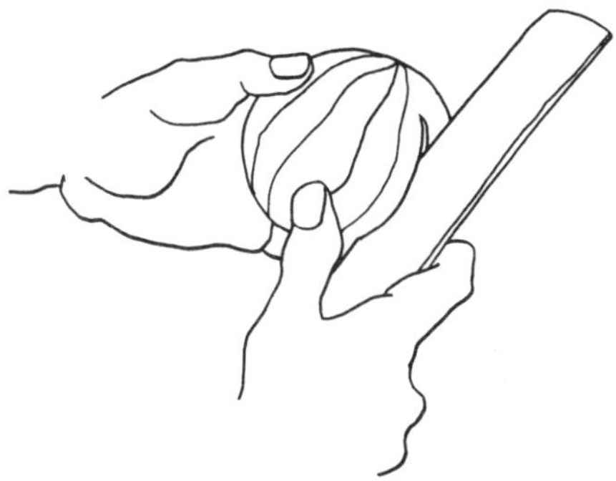

Jetzt wird geweint. Es hilft, zuerst alle Zwiebeln zu schälen und dann erst mit dem Schneiden zu beginnen. Zu den vielen Heilmitteln gegen die Tränen gehört auch, daß wir uns ein Streichholz zwischen die Zähne stecken (ja, ja, meinetwegen auch darauf herumkauen), auf einem Stück roher Zwiebel kauen oder die geschnittenen Stücke in einer bedeckten Schale beiseite zu stellen. Manche Leute meinen, daß Zwiebelschalen zu jenen Gemüseabfällen gehören, die man lieber nicht sammeln sollte.

In Scheiben geschnittene Zwiebeln:
Wir schneiden die Zwiebel entlang ihrer Längsachse in zwei Hälften, legen eine Hälfte mit der flachen Seite nach unten, um parallel zur Mittelachse zu schneiden (oder zu zerhakken). Sind zwei Drittel der Zwiebelhälfte aufgeschnitten, wird der Rest umgedreht, und es wird an der unbeschnittenen Oberfläche weitergemacht. Die Abbildung zeigt, wie der Zwiebelhälftenrest für die letzten Schnitte gehalten werden kann, indem wir ihn nämlich mit dem Zeigefinger ausbalancieren und mit dem Daumen festhalten. Das Messer kann vom Daumenknöchel geführt werden. Es ist sehr nützlich, diesen Griff zu kennen, mit dem wir viele verschiedene Gemüse schneiden, denn oft ist es leichter, das Gemüse herumzudrehen, bevor wir weiterschneiden.

Gewürfelte Zwiebeln:
Wir beginnen mit der halbierten Zwiebel und legen das Wurzelende nach links. Es sollte beim Schneiden intakt bleiben. Wir schneiden parallel zur Mittelachse und in angemessenen Abständen gerade nach unten durch. Dann führen wir eine Reihe von Schnitten mit dem Messer parallel zur Tischplatte aus. Wiederum sollte das linke Ende intakt bleiben. Mit einer *sanften, sägenden* Bewegung sorgen wir dafür, daß uns das Messer nicht plötzlich in die Finger schneidet.

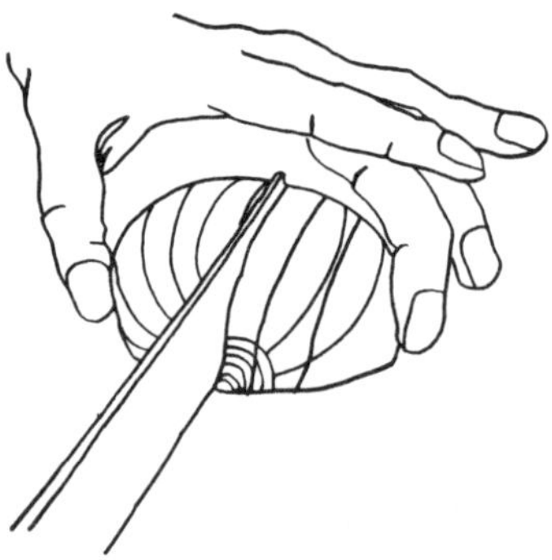

Nun schneiden wir durch alle Schnitte, die wir gemacht haben, gerade durch. Sind Bilder nicht manchmal hilfreich? Wir drehen den unversehrten Teil um, teilen ihn, wenden ihn um 90° und schneiden ihn in Würfel.

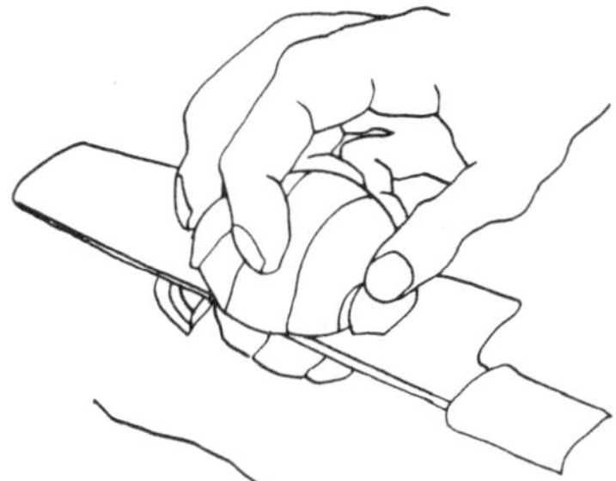

Kleingehackte Zwiebeln:
Als erstes würfeln wir die Zwiebeln so fein, wie wir können. Das ist auch eine gute Vorbereitung für das Kleinhacken, wie es unter „Petersilie“ beschrieben wird.

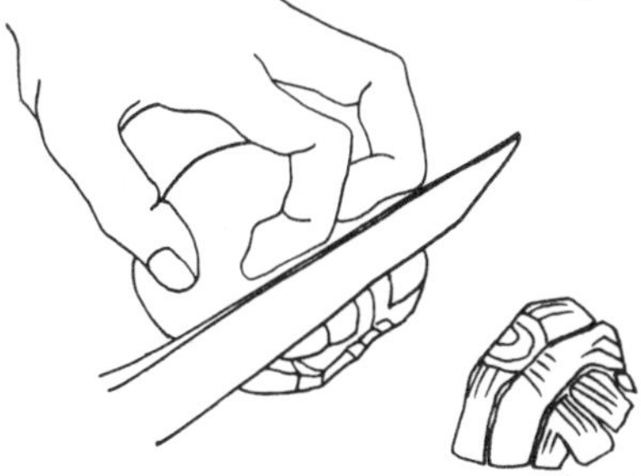

Zwiebeln können lange Kochzeiten vertragen, wodurch ihre Süße und ihre „Fleischigkeit“ gut herauskommen. Gekochte Zwiebeln verlieren ihre stechende Schärfe und vertragen sich gut mit anderen Gemüsen. Wenn wir ein sautiertes Mischgemüse mit Zwiebeln beginnen, scheint das Aroma aller Bestandteile recht gut herauszukommen.

Geriebene Zwiebeln

Diese lassen sich besonders gut zu Salatsaucen (Tunken) verwenden.

Zwiebeln

Wir reiben die Zwiebeln oder hacken sie ganz fein. Dann verwenden wir sie roh in einer Sauce oder Tunke oder braten sie vor dem Gebrauch leicht an.

Geröstete Zwiebeln

Zwiebeln, Öl, Salz

Wir schneiden die Zwiebeln in Stücke oder Scheiben, können sie aber auch würfeln. Dann braten wir sie leicht 2 – 5 Minuten lang an, bei größeren Zwiebelstücken auch länger. Die Zwiebeln werden erst durchsichtig und beginnen dann braun zu werden. Die Zubereitung der Zwiebeln kann auf eine der folgenden Weisen abgeschlossen werden:

Die Zwiebeln 5 – 10 Minuten dämpfen, mit Salz, Pfeffer oder Sojasauce würzen.

Wir geben eine oder zwei andere Gemüsearten hinzu und fahren mit dem Anbraten noch 2 – 3 Minuten fort, bevor wir zum Schluß dünsten.

Die gerösteten Zwiebeln geben wir in eine brodelnde Sauce oder Suppe.

Wir geben die angebratenen Zwiebeln zu Getreide-, Bohnen-, Eier- oder Käsegerichten.

Wir servieren sie als Beilage oder in einer Sauce.

Gebratener Zwiebel-Apfel

Was ist süßer? Die Säure des Apfels paßt gut zur Süße der Zwiebel.

Zwiebeln, Äpfel, Rosinen, Weinessig oder Zitronensaft, Salz, Pfeffer

Wir schneiden die Zwiebeln in Scheiben, die Äpfel ebenfalls entweder in Scheiben oder in Stücke. Von beiden verwenden wir etwa die gleiche Anzahl. Die Zwiebeln werden ca. 10 Minuten lang leicht angebraten, bis sie golden sind. Dann fügen wir Äpfel und Rosinen hinzu, würzen mild mit dem Essig, decken zu und dämpfen, bis die Äpfel leicht weich geworden sind. Dann würzen wir mit Salz und Pfeffer. Anstelle der Rosinen können wir auch etwas Zucker verwenden.

Gebackene Zwiebeln

Diese sind sehr süß und sehr mild, dazu auch saftig.

Zwiebeln

Wir backen die Zwiebeln wie Kartoffeln in ihrer Schale. 30 – 40 Minuten bei ungefähr 175° C. Die Zwiebeln können auch geschält, dann geviertelt oder in dicke Stücke geschnitten werden, um sie in einer kleinen Menge Wasser und/oder Öl zu braten.

Schalotten

Schalotten werden verschiedentlich als grüne Zwiebel, Frühlingszwiebel oder eben als Schalotte bezeichnet; es ist die lange Zwiebelart mit dem weißen Wurzelende und der leicht breiter werdenden grünen Spitze. In den meisten Lebensmittelläden werden diese Zwiebeln bis auf ca. 30 cm heruntergeschnitten, weil das obere Grün schnell welk wird. Alles von dieser Zwiebel ist gut zu essen – mild, und doch „schmissig“. Für Salate können wir das Grün ebenso wie das Weiße schneiden, zum Kochen auch in längere Stücke. Besonders wenn sie diagonal aufgeschnitten werden, stellen die grünen Stücke eine ausgezeichnete (und leuchtendgrüne) Alternative zur Garnierung mit Petersilie dar. Um sie zuzubereiten, werden sie erst gewaschen, dann schneiden wir die Wurzeln ab und brechen alle welken grünen Blätter oder Stengel ab.

Das Zerschneiden von Schalotten: Die Abbildungen zeigen, wie die linke Hand die Zwiebel packt; Daumen und kleiner Finger an den Seiten, die anderen Finger obenauf gekrümmt. Der dargestellte Schnitt ist die sorgfältigste Weise, Schalotten zu schneiden. Die Spitze (oder die Rundung) des

Messers wird auf den Tisch gehalten, und der Schnitt wird ausgeführt, indem wir das Messer nach unten und auf uns zu ziehen. Die an die Tischplatte stoßende Spitze durchschneidet die Zwiebel an einer Stelle, so daß es keine Kette von Zwiebelscheiben gibt, die zusammenhängen, weil sie unvollständig durchgeschnitten wurden. Ein langer Diagonalschnitt bringt dekorative grüne Ellipsen hervor. Schalotten können zum Dekorieren und Würzen von Gemüsen, Getreiden, Kartoffeln, Eiern, Käse, Suppen, Salaten, Hauptgerichten – ja zu allem verwendet werden.

Lauch

Lauch, eine weitere Form der Zwiebel, sieht wie große Schalotten aus. Mild und süß, wird er oft in *Quiches* gebraucht. Wir benutzen die ganze Pflanze, zubereitet und geschnitten wie Schalotten, manche Köche gebrauchen jedoch nur den weißen Teil.

Kartoffel-Lauch-Suppe

Der in Scheiben geschnittene Lauch wird gut sautiert, ehe er zum Rest des Gerichts hinzugegeben wird.

3 Teile feingeschnittene Kartoffeln,
2 Teile geschnittener Lauch oder Zwiebeln,
Milch oder Rahm, Gewürze, Öl oder Butter

Der Lauch wird 10 Minuten lang in Öl sautiert. Wir geben ihn zu den Kartoffeln, zusammen mit genügend heißem Wasser, um alles zu bedecken. Wir kochen leicht bis zum Garen, ungefähr 30 Minuten lang. Dann geben wir Rahm oder Milch hinzu, bis die gewünschte Dicke erreicht ist. Gewürzt wird mit Salz, Pfeffer, Knoblauch, bei Bedarf auch mit Muskatblüte. Kann heiß oder kalt serviert werden. Kalte Kartoffelsuppe mit großen Gurkenmengen ist ein wahrer Hochgenuß im Sommer.

Lauch für Vier

4 – 12 Stangen Lauch, abhängig von ihrer Größe
Butter, Wasser, Salz, Pfeffer

Wir schneiden die Blätter ab und lassen etwa 5 cm vom Grün stehen. Die Wurzeln werden entfernt. Der Länge nach in Hälften schneiden und waschen. Butter zerlassen und den Lauch mit der flachen Seite nach unten hineinlegen, um ihn einige Minuten anzubraten. Dann geben wir 1 Tasse Wasser, Salz und Pfeffer hinzu. Wir bedecken den Lauch und lassen ihn 10 Minuten leicht dünsten.

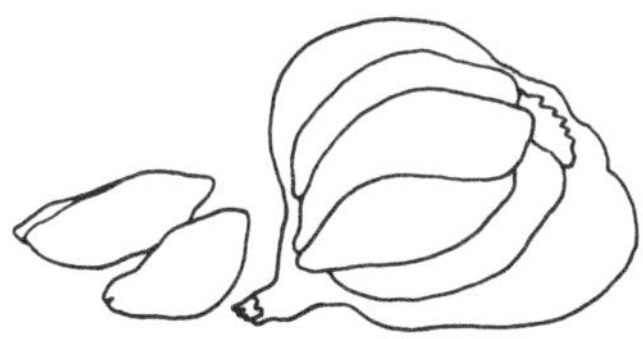

Knoblauch

Knoblauch ist wirklich ein wundervolles Gewürz, um den Geschmack abzurunden –, eines „das die unangenehmen Gerüche aufhebt“, wie der Chinese sagen würde, und dafür die angenehmen unterstützt. Wie die Zwiebel, mit der er verwandt ist, wird Knoblauch durch langes Kochen süßer und verliert viel von seiner Kraft. Knoblauch, der eigentlich in der Welt der Tomaten und Teigwaren zu Hause ist, fühlt sich auch in der Welt der Sojasauce wohl. Er ist der übliche Aufpäppler für etwas fade Gerichte, ob das nun Suppen, Saucen oder Aufläufe sein mögen, ein guter Koch wird sich nicht übermäßig auf ihn verlassen.

Wenn wir Knoblauch benutzen, brechen wir die einzelnen Zehen aus der Zwiebel heraus. Für die meisten Gerichte werden nur 1 oder 2 Zehen benötigt. Manche Knoblauchpressen sind so konstruiert, daß man zum Auspressen des Safts die Zehen noch in ihren Schalen hineingeben kann, aber ich ziehe das Abschälen dennoch vor. Wenn wir mit dem Messergriff oder der Breitseite der Klinge auf die Zehe klopfen, löst sich die Schale leichter. Ebenso wenn wir die Enden der Zehe wegschneiden oder abbrechen. Ist keine Knoblauchpresse vorhanden, müssen wir die Knoblauchzehe so fein wie möglich zerhacken, besonders wenn wir sie roh verwenden wollen.

Ingwerwurzel

Ingwerwurzel wird in einigen Rezepten erwähnt. Sehr oft wird sie verwandt wie Knoblauch, um nämlich verschiedene Gerichte zu beleben. Sie kann fein zerrieben, geschnitten oder zerhackt werden, man kann sie auch in einer Knoblauchpresse auspressen.

Kartoffeln

Kartoffeln sind wunderbar weich, sanft und füllend. Besonders nach einer strengen Diät mit braunem Reis waren Kartoffeln für mich immer ein besonderes Festessen: milde, erdig und teigähnlich. Einmal habe ich es übertrieben, als ich völlig unzertrennbare gebackene Kartoffeln auftischte – Pech gehabt.

Wir essen Kartoffeln immer in der Schale – auch Kartoffelbrei mit kleinen Hautflecken schmeckt gut. Vor dem Kochen abschrubben.

Das Schneiden von Kartoffeln:
Um Kartoffeln in große Stücke zu schneiden, halbieren wir sie zuerst der Länge nach. Die Hälften legen wir mit der Schnittfläche nach unten und schneiden sie, ebenfalls der Länge nach, ein- oder zweimal durch. Dann schneiden wir die Kartoffel kreuzweise in Stücke.

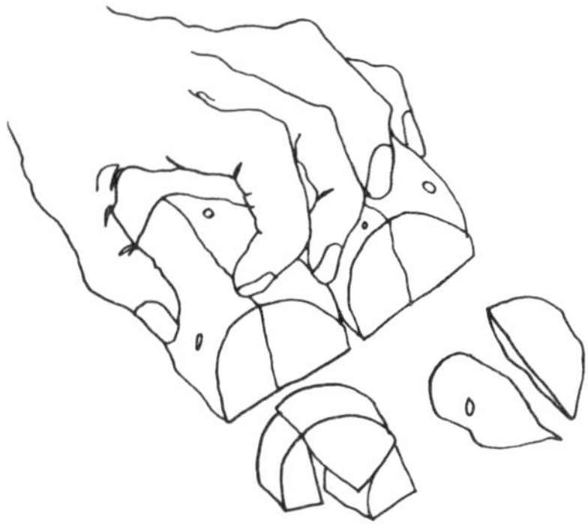

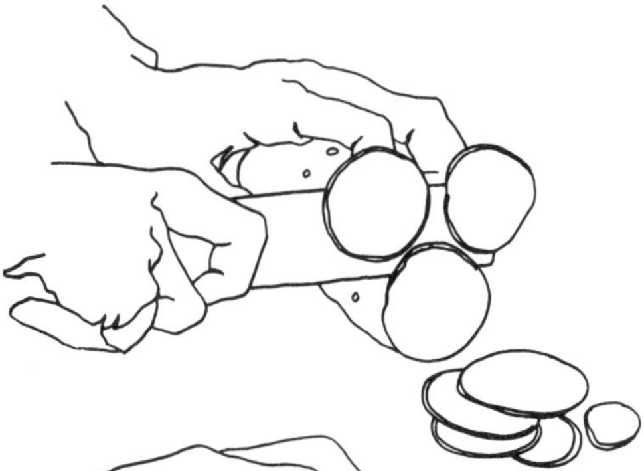

Kartoffeln in runde Scheiben schneiden:
Die Abbildung zeigt ein Beispiel für den Hack-Schnitt, bei dem wir nach unten und vom Körper fort und dann wieder nach unten und auf den Körper zu schneiden.

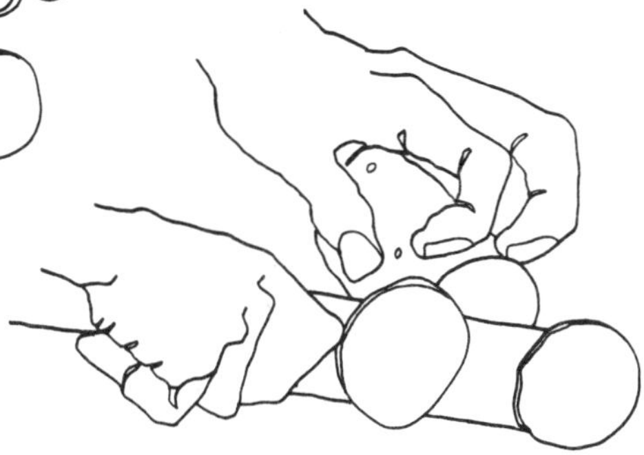

Yams und Süßkartoffeln

Yams und Süßkartoffeln lieben wir sogar noch mehr als gewöhnliche Kartoffeln. Sie sind von tiefem Gelborange mit süßem, reichhaltigem Aroma, und man kann sie auf die gleiche Weise zubereiten wie Kartoffeln, wenngleich man sie in der Regel etwas anders würzt. In den folgenden Rezepten können wir statt Yams auch immer Süßkartoffeln lesen, natürlich auch umgekehrt.

Bratkartoffeln wie zu Hause

Kartoffeln, Öl, Salz, Pfeffer

Kartoffeln waschen und in dünne Scheiben schneiden; wir können sie auch zu Streifen verarbeiten oder reiben. Kleinere Stücke garen gründlicher und werden schneller braun als größere.

Reichlich Öl verwenden. Die Kartoffeln solange braten, bis sie braun und weich geworden sind, danach würzen. Wir können die Pfanne auch zudecken, damit die Kartoffeln gleichzeitig dünsten und braten können. In diesem Fall wenden wir sie regelmäßig um.

Gebratene Yams wie zu Hause

In Scheiben geschnittene Yams, Öl, Salz oder Sojasauce
(geröstete Sonnenblumenkerne)

Wir verfahren wie bei üblichen Bratkartoffeln. Sind die Yamscheiben weich geworden, fügen wir Sojasauce hinzu und bestreuen das ganze großzügig mit gerösteten Sonnenblumenkernen. Für gebratene Yams mit Zwiebeln braten wir die Yams zusammen mit in Scheiben geschnittenen Zwiebeln. Läßt sich auch mit Yoghurt servieren.

Bratkartoffeln aus dem Ofen

Es ist gut, dieses Rezept zu kennen. Die Kartoffeln kommen gut gebräunt aus dem Ofen, ohne soviel Mühe zu machen wie das Zubereiten von Pommes frites.

Kartoffeln, Öl

Wir schneiden die Kartoffeln in Pommes-frites-Stücke. Dies geht wie bei den Streichholz-Mohrrüben, indem wir die Kartoffeln zuerst der Länge nach halbieren. Die Hälften legen wir mit der flachen Seite nach unten, ehe wir sie in Streifen, und diese dann in kleine Stücke von Streichholzlänge schneiden. Die geben wir auf ein Backblech, und zwar nach Möglichkeit in nur einer Schicht. Mit Öl bepinseln und bei 200° C ungefähr 40 Minuten backen. Mehrmals mit Öl bestreichen und schließlich mit Salz bestreuen.

Auf die gleiche Weise können wir auch Kartoffelhälften braten. Diese schneiden wir der Länge nach entzwei und legen die Hälften mit der Schnittfläche nach oben auf ein Backblech. Nun bestreichen wir mit Öl, streuen Salz darüber und backen. In den letzten 5 Minuten können wir auch feingeschnittenen oder geriebenen Käse daraufgeben.

Dampfkartoffeln und Gemüse

Diese können oben auf der Flamme oder Heizplatte, aber auch im Backofen gekocht werden.

Kartoffeln, Mohrrüben, Zwiebeln, Wasser, Öl, Gewürze

Alle Gemüse werden in Stücke geschnitten. Diese geben wir in eine Kasserole oder eine Backform. Wir fügen einige Eßlöffel Wasser und Öl hinzu. Danach mit Salz, Pfeffer und Kräutern bestreuen. Zudecken und etwa 30 Minuten lang dämpfen oder backen. Anstelle von Mohrrüben können wir auch Winterkürbis verwenden.

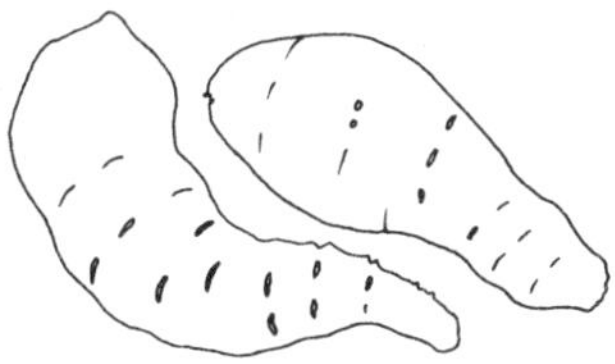

Dampf-Yams und Gemüse

Yams, Mohrrüben, Äpfel, (Zwiebeln, Winterkürbis)

Dieses Gericht wird wie die Dampfkartoffeln mit Gemüse aus dem obigen Rezept zubereitet.

Schlichte Yams und etwas mehr

Yams, Wasser, Salz

Die Yams werden geputzt, um dann kreuzweise in Hälften oder Drittel geschnitten zu werden. Dann vierteln wir sie der Länge nach. Auf einem Backblech, das etwa 5 mm mit Wasser bedeckt ist, auslegen. Abdecken und backen, bis die Yams weich geworden sind, ungefähr 40 – 60 Minuten.

Eine weitere Zubereitungsmethode: Yams mit Öl bestreichen und backen, wie bei den Bratkartoffeln aus dem Ofen beschrieben.

Und noch eine: Die Yams in einer Schicht von 5 mm Höhe backen, die zu gleichen Teilen aus zerlassener Butter und Orangensaft besteht. Mehrmals feucht bestreichen.

Gebackene Kartoffeln

Wir waschen die Kartoffeln, trocknen sie und reiben sie mit Butter oder Öl ein. Bei 175° – 200° C werden sie 1 Stunde gebacken oder solange, bis sie gabelweich sind. Je größer die Kartoffeln, desto länger die Backzeit.

Kartoffelbrei

Kartoffeln, Milch, Buttermilch oder Sauerrahm, Salz, Pfeffer

Wir schneiden die Kartoffeln in Hälften oder dritteln sie, um sie dann in leicht gesalzenem Wasser zu kochen, bis sie weich geworden sind. Das Wasser gießen wir ab und bewahren es für Suppe auf. Kartoffeln zerdrücken und mit Milch, Buttermilch oder Sauerrahm vermischen. Dann mit Salz und Pfeffer würzen. Wenn wir Knoblauch mögen, geben wir welchen hinzu – in Kartoffelpüree schmeckt er fantastisch.

Abwandlungen:
Wir mischen geriebenen Käse zwischen die Kartoffeln oder streuen ihn oben darüber.

Wir mischen Cashew- oder Walnußstücke darunter. Die verbinden sich sehr harmonisch mit den Kartoffelschalen.

Verwenden könnten wir auch ferner: sautierte Pilze, Petersilie, Schalotten, gewürfelte und angebratene Zwiebeln, Sellerie, Mohrrüben, grünen Paprika, gekochte Erbsen oder Getreidekörner.

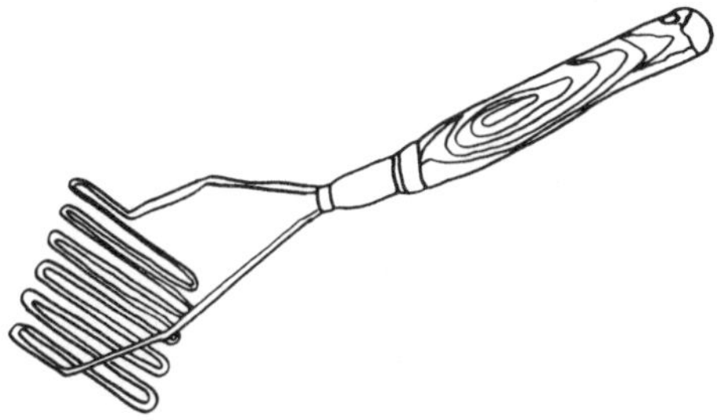

Yam-Brei

Wir können die Zutaten in eine Kasserole schichten oder vermengen und sofort servieren.

Gekochte oder gebackene Yams, Butter,
(gemahlene Orangenschale)

Die Yams werden zusammen mit Butter, Salz und Pfeffer püriert. Dann geben wir die Orangenschale hinein und würzen mit Zimt. Nun wird serviert.

Abwandlungen:
Mit gewürfelten Zwiebeln und Pilzen, Orangen- und Bananenscheiben in einer Kasserole schichtweise auslegen. Obenauf Butterflocken geben und bei 175° C 1/2 Stunde lang überbacken.

Wenn wir die Yams mit *Tahin* (Sesambutter) zerdrücken, können wir obenauf geröstete Sesamsamen streuen.

Kartoffelbrei in der Schale

Wir backen die Kartoffeln im Ganzen. Wenn sie gar sind, holen wir sie aus dem Backofen. Nun halbieren wir sie der Länge nach und höhlen das Innere aus, wobei die Schale ganz bleibt. Wir zerdrücken die ausgehobene Masse und verarbeiten sie nach einem der oben angeführten Rezepte für Kartoffelpüree, um sie dann wieder in ihre Schalen zu füllen, wobei wir sie vielleicht mit Paprika oder geriebenem Cheddarkäse bestreuen können. Wir lassen sie im Ofen rösten, damit sie noch heiß auf den Tisch kommen können.

Yam-Pastete

Gekochte Yams werden zerdrückt und mit gebratenen Zwiebeln vermengt. Die Masse würzen wir mit Salz oder Sojasoße, Pfeffer und möglicherweise auch Muskatblüten oder Muskatnuß. In eine Pastetenform geben. (Siehe S. 282.) Ungefähr 30 Minuten backen. Die Oberfläche können wir mit gehackten Nüssen garnieren.

Yams in halber Schale

Pürierte Yams werden mit Orangensaft, Butter, Orangenschale, Zimt und Gewürznelken vermischt. Die Masse geben wir in ausgehöhlte Orangenhälften. Kurz überbacken.

Kartoffelsalate

Diese können mit Mayonnaise oder einer Öl- und Essigsauce angemacht werden. Wenn sie noch heiß sind, saugen die Kartoffeln die Sauce auf.

Kartoffeln, Sauce (Tunke) nach Wahl
Gemüse und andere Zutaten nach Wahl: geriebene Mohrrüben, in Scheiben geschnittener Sellerie, hartgekochtes Ei, geriebener Käse, feingeschnittene Zwiebeln, in Scheiben geschnittene Schalotten, Petersilie, schwarze Oliven, Piment, in Dill eingemachtes Gemüse, in Scheiben geschnittener Rettich (das Gericht mit Zutaten möglichst nicht überladen)

Die vom Kochen noch heißen Kartoffeln werden in Stücke geschnitten. Wir vermischen sie mit einer reichlichen Menge Tunke. Letztere können wir auch mit Senf, Curry, Estragon oder Majoran zusätzlich würzen. Die angemachten Kartoffeln werden kaltgestellt. Wir bereiten die anderen Zutaten vor und mischen sie ebenfalls darunter. Einige der Wahlzutaten können auch zum Garnieren verwendet werden.

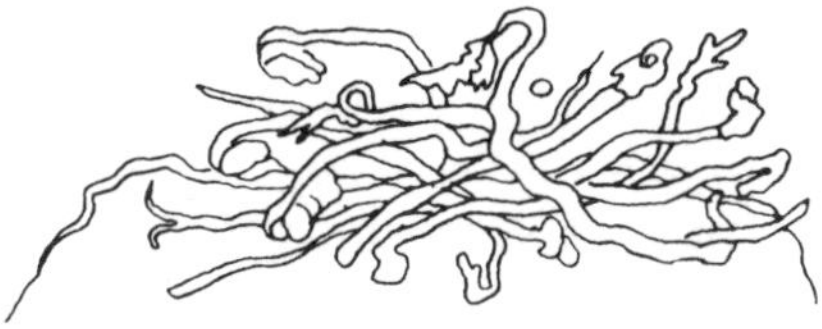

Sprossen

Sprossen können sich zu jeder Jahreszeit aus Bohnen, Getreidekörnern und verschiedenen Samen wie Luzernen, Griechischem Heu, Rettich, Senf, Sesam und Sonnblume bilden. Die kleinen Schößlinge bersten geradezu vor Energie, ebenso vor Vitaminen und Proteinen. Strotzend vor Feuchtigkeit, sind sie auch weich, ohne erst aufgeschnitten werden zu müssen. Wenn wir sie zu Hause anpflanzen, was gar nicht schwierig ist, erhalten wir auf diese Weise das frischeste Gemüse, das man sich nur vorstellen kann.

Am einfachsten keimen Mungo-Bohnen (welche die wohlbekannten „chinesischen Bohnensprossen" hervorbringen), Luzerne und Griechischer Heusamen sowie Linsen. Auch Hafer, Weizen und Roggen-

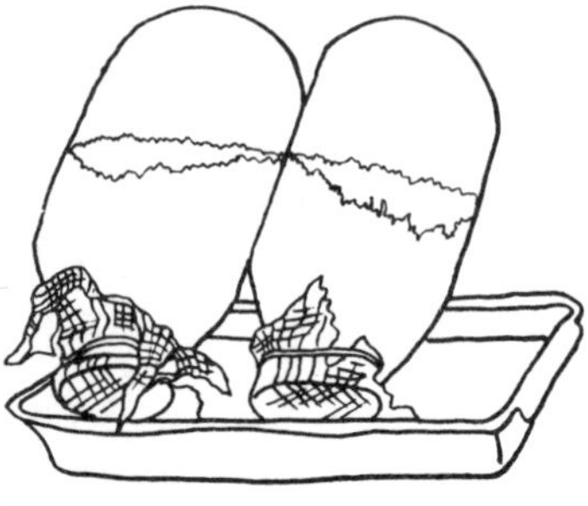

sprossen lassen sich ziemlich einfach züchten, doch sagt ihr Geschmack nicht jedem zu. Sojabohnen lassen sich zum Sprießen bringen, wenn die nichtkeimenden Bohnen im Verlaufe des Keimungsvorgangs sorgfältig aussortiert werden.

Keimende Samen müssen in einer dunklen, feuchten und warmen Umgebung gehalten werden. Zuerst weichen wir die Samen über Nacht ein. Das Wasser gießen wir ab und heben es für irgendeine andere Verwendung beim Kochen auf. Dann geben wir die Samen in ein Gefäß mit weiter Öffnung. Die Öffnung bleibt offen oder wir bedecken sie mit einem Seihtuch oder einem anderen luftdurchlässigen Gewebe. Die Flaschen legen wir beiseite und bewahren sie an einem dunklen, warmen Platz auf – in einer Vorratskammer oder einfach mit einem Handtuch bedeckt. Damit die Samen feucht bleiben, müssen wir sie einmal am Tag wässern: Wir bedecken sie mit lauwarmem Wasser, lassen das Wasser durch leichtes Schütteln darüberfließen und schütten es dann durch das Seihtuch oder in ein Sieb. Wenn die Samen sich nach dem ursprüglichen Einweichen voll im Wasser befinden sollten, neigen sie eher zum Faulen als zum Sprießen, deshalb müssen wir die Spülflüssigkeit sorgfältig ablaufen lassen. Die Abbildung zeigt zwei Flaschen mit Sprossen, die zum Entwässern umgestülpt sind.

Samen können auch in einer Servierplatte, auf einem Teller, in einer Schale oder in einem Krug keimen. Wir legen einen Deckel darauf, damit die Feuchtigkeit nicht verdunsten kann. Das Spülwasser wird durch ein Sieb abgegossen. Eine andere Methode des Keimenlassens besteht darin, Papiertücher unter und über die eingeweichten Samen auf der Anrichteplatte zu legen. Wir müssen die Samen feuchthalten und vor Lichteinwirkung schützen. Diese Methode dauert zwar etwas länger, dafür ist aber auch kein Spülen notwendig.

Wenn man die Sprossen vor dem Essen einige Stunden lang ins Sonnenlicht legt, werden sie grün, was darauf hindeutet, daß Chlorophyll und Vitamin C vorhanden sind. Samen brauchen zwischen 3 und 5 Tagen, um zu keimen. Luzernensprossen haben den höchsten Nährwert, wenn sie zwischen 2 und 3 cm lang sind; man kann sie aber auch noch essen, wenn sie schon wesentlich länger sind und sogar schon die ersten Blätter erscheinen – das ergibt einen guten „Luzernensalat“.

Linsensprossen sind am besten bei einer Länge von 5 cm, Soja- und Mungobohnensprossen bei 7 – 8 cm.

Selbstgezüchtete Mungobohnensprossen sind dunkler als die im Handel angebotenen, die chemisch gebleicht werden.

Getreidesprossen sind am besten, wenn sie die gleiche Länge wie das Korn haben. Längere Getreidesprossen können kleingehackt oder in Broten verwendet werden.

Wenn die Samen nicht sprießen sollten, liegt dies daran, daß sie alt, beschädigt oder gespritzt sind.

Sprossen sind schmackhaft und erfrischend, wenn man sie roh ißt. Man kann sie zu jedem Salat dazugeben, entweder in einem Stück in der Mitte oder unter alles andere gemischt. Belegte Brote werden durch Zugabe von Sprossen feuchter, frischer und leichter. Nur Bohnensprossen eignen sich wirklich zum Kochen. Alle anderen sind ziemlich zart und vertragen nur kurze Kochzeiten – wir sollten sie am Ende dazugeben oder als Garnierung für Suppen und gemischte Gemüsegerichte.

Luzernensprossen

Sehr beliebt in Salaten und auf Broten; Luzernensprossen geben auch eine ausgezeichnete Beilage mit Bohnen ab. Abschmecken können wir sie mit Zitronensaft, der mit Honig gesüßt wurde. Wie wäre es für eine kräftigere Zwischenmahlzeit oder einen Salat mit:

Luzernensprossen mit Bananen und Nüssen

Luzernensprossen, Bananen, Walnüsse

Die Banane wird zerdrückt, um eine Sauce für die Luzernensprossen zuzubereiten. Wenn notwendig, verdünnen und würzen wir sie mit Zitronensaft und vermischen sie mit den Sprossen und Walnußstücken.

Abwandlungen:
Wir können auch in Scheiben geschnittene Äpfel und Rosinen diesem Gericht hinzufügen.

Anstelle von Luzernensprossen können wir auch Sprossen von Griechischem Heu verwenden.

Wir können auch andere Nüsse oder Samenarten verwenden.

Angebratene Bohnensprossen

Bohnensprossen, Sellerie, Pilze, Öl, Salz, Sojasauce

Sellerie und Pilze werden zerschnitten. Der Sellerie wird ungefähr 2 Minuten lang unter ständigem Rühren angebraten, bevor wir Pilze und Sprossen dazugeben. Wir rühren gut durch, geben einige Eßlöffel Wasser oder Brühe und etwa 1 Eßlöffel Sojasauce hinzu. Bei geschlossenem Deckel 2 – 3 Minuten dämpfen. Danach würzen und servieren.

Abwandlungen:
Bohnensprossen, Zwiebeln und Sellerie.

Sprossen, Paprika und Mohrrüben.

Sprossen, Spargel und Pilze.

Diese Gerichte können ebenso mit zermahlenem frischem Ingwer (1/2 Teelöffel) oder Knoblauch (1 Zehe), einigen Prisen Zucker oder einigen Tropfen dunklen Sesamöls gewürzt werden. Fügen wir mehr Brühe hinzu, kann diese mit Maisstärke angedickt werden, die wir in etwas kaltem Wasser auflösen. 1 Teelöffel Maisstärke dickt 1/3 Tasse Brühe an.

Bohnensprossen in der Suppe

Die Bohnensprossen werden in den letzten beiden Minuten mitgekocht.

Linsensprossen

Vor einigen Jahren war die dreißig Kilometer lange, ungepflasterte Straße nach Tassajara zwei Monate lang völlig unterspült. Dies war uns ein mächtiger Ansporn, Nahrungsmittel zu konservieren und alles möglichst effizient zu nutzen. Es stand auch alles hoch im Kurs. Damals begannen wir zum ersten Mal damit, Keimlinge zu züchten. Wir gaben 2 Tassen Linsen zu etwa 4 Litern Sprossen. Wir aßen sie fast jeden Tag zum Mittagessen, für sich allein oder mit Wildgemüsen gemischt: Sauerampfer, Lattich, Sandkraut, Hirtentäschel. Die Tunke bestand aus Essig und Honig, eine Ausnahme bildeten jene Gelegenheiten, wenn mal ein paar Zitronen oder Apfelsinen auftauchten. In derartiger Beschränkung lebend, war uns alles köstlich. Vielleicht sind Linsensprossen nicht so besonders gut, wenn man auch etwas anderes zur Verfügung hat, aber ich esse sie immer noch recht gern.

Linsensprossen, die etwas kräftiger sind als Mungobohnensprossen, vertragen es auch, etwas länger gekocht zu werden, wir können aber für ihre Zubereitung dieselben Rezepte verwenden. Eine empfehlenswerte Kombination erreichen wir durch Zugabe von Zwiebeln und gerösteten Sonnenblumenkernen, Gewürz mit Sojasauce und Ingwer.

Kohl

Wie jedes andere Gemüse ist auch Kohl immer nur das, was wir daraus machen. Wir sollten ihn nicht zu Brei verkochen und auch nicht mit klumpiger süßer Mayonnaise anrichten. Essen wir ihn roh, so wird er am besten ganz feingeschnitten, und zum Anfang geben wir etwas Salz hinzu. Gekocht kann er gut sautiert oder leicht gedämpft werden. Roher Kohl hat einen natürlichen, leicht pfeffrigen Geschmack, der kräftig und erfrischend ist. Rotkohl ist etwas schärfer als Grünkohl und verleiht grünen Salaten oder Mischgemüsen Farbe. Chinakohl (auch bekannt als *hakusai* oder *nappa*) besitzt ein sehr mildes Aroma und ist sehr saftig und zart.

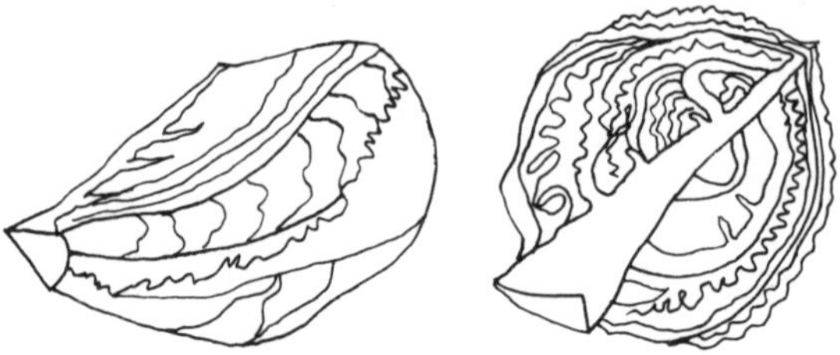

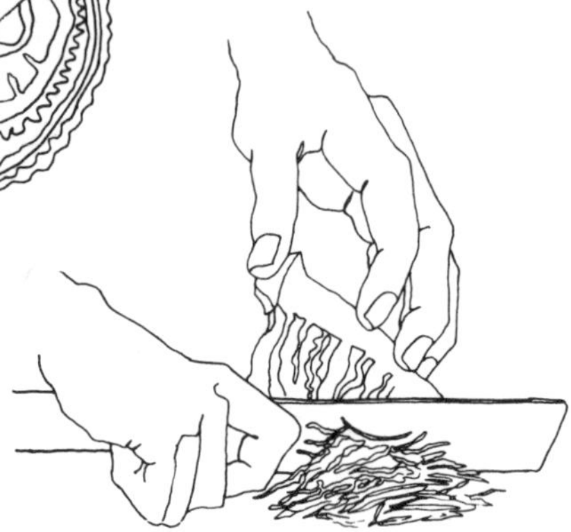

Bei der Zubereitung entfernen wir die welken oder verschmutzten äußeren Blätter. Diese können wir waschen und für Brühe verwenden, oder kleinschneiden und mit dem restlichen Kohl zubereiten.

Zuerst vierteln wir den Kohl der Länge nach durch den Kern hindurch. Ich persönlich schneide die Viertel gerne mit den beiden Schnittflächen nach oben liegend, aber einige Leute finden das unhandlich. Wir sollten selbst feststellen, wie wir am besten zurechtkommen. Wir schneiden den Kohl für Salate und zum Sautieren parallel zum Kern oder über das Kopfende in dünne Streifen, zum Dämpfen oder für Suppen dagegen in größere Keile. Der Kern oder das Herz des Kohls ist ebenfalls roh oder gekocht eßbar, sofern er dünn geschnitten wird.

Feingeschnittener Kohlsalat

Können wir Kohl schneiden? So fein, wie wir es nur fertigbringen, ohne uns dabei selbst zu schneiden. Das macht das Gericht aus.

Kohl, Salz

Wir schneiden den Kohl in dünne Streifen. In den vorangehenden Anleitungen finden wir genauere Hinweise dazu. Nun bestreuen wir ihn mit Salz und drücken ihn solange mit den Händen, bis einige Flüssigkeit hervorkommt. Wenn dies nach 1 – 2 Minuten noch nicht geschehen ist, fügen wir etwas mehr Salz hinzu und versuchen es erneut.

Feingeschnittener Kohlsalat mit Orange und Grün

Kohl, Mohrrüben, Petersilie, Salz

Wir bereiten den Kohl wie für den feingeschnittenen Kohlsalat zu. Dann waschen wir die Möhren und schneiden sie in kleine streichholzgroße Stücke. Als nächstes wird die Petersilie feingehackt. Nun werden Möhren und Petersilie unter den Kohl gemischt. Wenn nötig, fügen wir noch etwas mehr Salz hinzu.

Feingeschnittener Kohlsalat Grün und Weiß

Kohl, Sellerie, Rübe, Salz

Wir gehen ebenso vor wie oben; der Sellerie wird in dünne, bumerangförmige Stücke geschnitten, die Rübe in kleine Streichholzstücke.

Feingeschnittener Kohlsalat „nach Feinschmecker Art“

Kohl
Andere Möglichkeiten: Rotkohl, Chinakohl, Sellerie, Spinat, Mangold, Rübe, Mohrrübe, Petersilie, Schalotte, Zucchini, Gurke, Spargel, grüne Bohnen, grüne Paprikaschoten und anderes Gemüse, das sich dünn schneiden läßt; dazu Sprossen, die nicht zerschnitten werden müssen.

Dünn schneiden, leicht salzen und mit den Händen bearbeiten, bis es saftig wird. Zum Würzen: Thymian, Basilikum, Estragon, Majoran; ein bißchen von einem oder auch zweien nach Geschmack hinzugeben.

Sofort-Pickles

Feingeschnittener Kohlsalat, Knoblauch, Ingwer, Cayenne-Pfeffer (oder Tabasco-Sauce)

Wir bereiten einen feingeschnittenen Kohlsalat zu und geben Knoblauch und Ingwer nach Geschmack hinzu. Roter Paprika oder Tabasco-Sauce nach Geschmack. Kann mit gerösteten Sesamsamen garniert werden.

Gebratener Kohl

Kohl, Öl, Salz, wenig Wasser

Der Kohl wird ziemlich fein geschnitten, dann braten wir ihn einige Minuten unter ständigem Umrühren an, bis er leicht zusammenfällt. Wir geben einige Teelöffel Wasser hinzu, decken den Topf ab und lassen kurz dünsten.

Abwandlungen:
Mit Sonnenblumenkernen oder Sesamsamen.
Mit Parmesankäse.
Mit Sojasauce, Knoblauch, Ingwer, angedickt mit Maisstärke.

Kohl Sauternes

Ich mochte Kohl nie, bis meine Mutter ihn mit Wein kochte.

Kohl, Öl, Salz, Sauternes (weißer Bordeauxwein)

Der Kohl wird zubereitet wie im vorigen Rezepts, anstelle des Wassers verwenden wir jedoch weißen Bordeaux.

Gebratener Tomaten-Kohl

Kohl, Tomaten, Schalotten oder Petersilie, Öl, Salz

Auch dieses Rezept wird zubereitet wie gebratener Kohl. Die Tomaten werden zerteilt, die Schalotten in Scheiben geschnitten. Nachdem wir den Kohl kurz angebraten haben, geben wir Schalotten und Tomaten hinzu, bedecken alles und lassen es einige Minuten lang kochen, bis die Tomaten heiß geworden sind.

Rotkohl und Äpfel

Rotkohl, Äpfel, brauner Zucker, Essig, Salz und Pfeffer

Der Kohl wird in ziemlich große Keile geschnitten. Die Äpfel schneiden wir in Scheiben. Kohl kurz anbraten, ehe die Äpfel hinzugegeben werden. Nun fügen wir den braunen Zucker und den Essig hinzu, um den Geschmack süß-sauer zu machen. Leicht salzen und pfeffern.

Bei geschlossenem Deckel ungefähr 5 Minuten garen. Heiß servieren.
Dieses Gericht wird auch häufig überbacken. Dazu backen wir es 1/2 Stunde oder länger in einer geschlossenen Backform. Diese Ausführung ergibt einen deutlich schlafferen Kohl.

Gedämpfter Kohl

Ein ungewöhnlich mildes Vergnügen.

Kohl

Den Kohl vierteln und in große Keile zerschneiden. Es ist nicht erforderlich, die Blätter abzutrennen. In einen Dampfkochtopf geben und 3 – 5 Minuten lang kochen.
Gedämpfter oder sautierter Kohl kann mit Zitronenhonigbutter angerichtet, mit Kümmel gewürzt und mit gerösteten, kleingehackten Nüssen garniert werden.

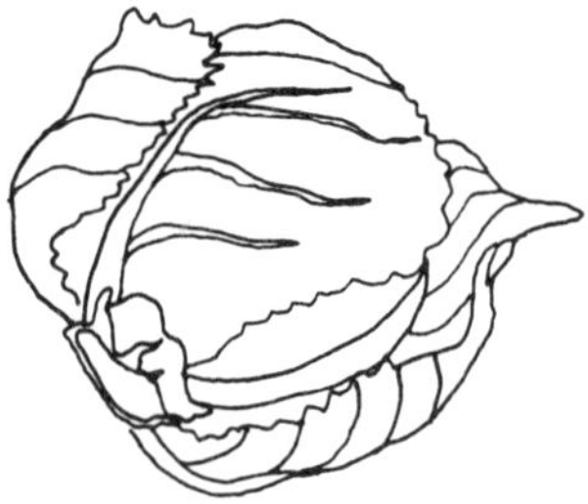

Sellerie

Sellerie ist bemerkenswert zäh, fest und knackig, kann aber auch ein sanftes, üppiges Grün ohne Fasern sein. Sellerie wird hauptsächlich als Beilage verwendet und macht Gemüse wie Blumenkohl, Kartoffeln, Kürbis, aber auch Suppen, Aufläufe und Salate anziehend grün und schmeichelt ihnen. Wie Mohrrüben und Zwiebeln kann Sellerie aber auch Hauptbestandteil des Essens sein. Sellerieblätter sind sehr gut genießbar, und wenn wir sie kleinhacken wie Petersilie würzen sie das Gericht. Vor allem für Salate wird Sellerie am besten dünn geschnitten, und am schönsten ist er in bumerangförmigen Stücken. (Je dünner der Sellerie geschnitten ist, desto weniger holzig ist er und desto besser läßt er sich auch kauen.)

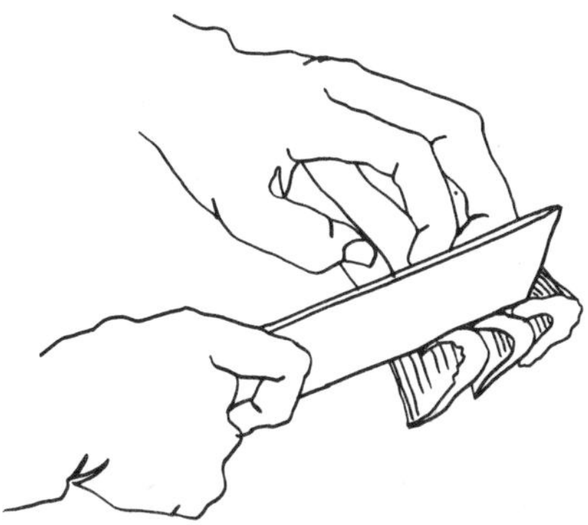

Um Sellerie zuzubereiten, brechen wir die einzelnen Stangen auseinander und waschen sie gründlich, wobei wir die inneren Flächen mit den Daumen sauberreiben. Die Blattseite zeigt nach rechts, wenn wir die Hauptstange nehmen und die Nebenzweige abschneiden. Dann drehen wir das Wurzelende nach rechts und schneiden die Stangenenden weg. Um *Bumerang-Stücke* zu erhalten, halten wir die Stangen am Rand fest und schneiden diagonal. Für Selleriestücke in *Komma-Form* legen wir die Stangen flach hin und schneiden diagonal. Wenn wir saftige, weiche Stücke für Salat erhalten wollen, schneiden wir dünn in der Diagonalen. Sellerie schmeckt gut in feingeschnittenem Krautsalat.

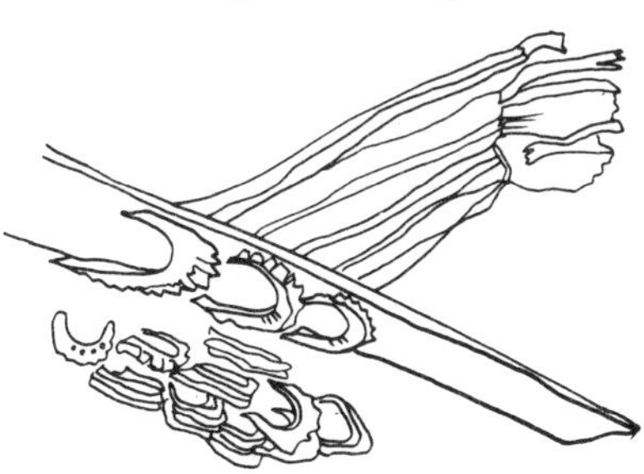

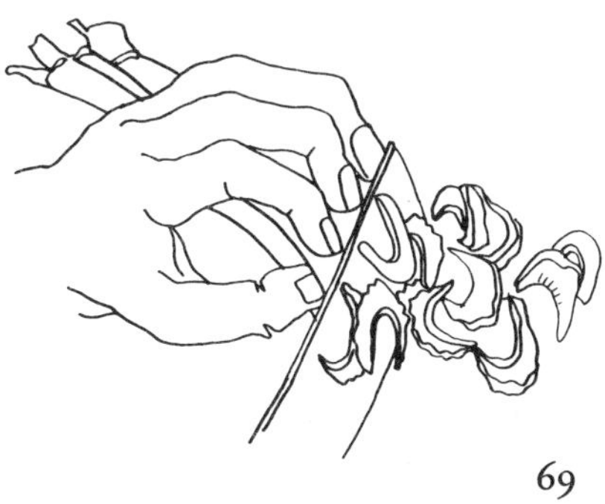

Orangen-Sellerie-Salat

3 Stangen Sellerie, 2 Apfelsinen (1/2 Saft, 1 1/2 Stücke), 1 Apfel, Salz

Wir waschen den Sellerie und schneiden die Blätter ab. Nun halten wir die Stangen am Rand und schneiden in dünne, diagonale Stücke. Leicht salzen. Wir pressen 1/2 Orange aus, schälen die restlichen und schneiden sie in Kreise oder Halbkreise. Der Apfel wird gewaschen und geviertelt. Wir schneiden die Kerne heraus und schneiden den Apfel in Scheiben. Nun wird alles miteinander vermischt. Fehlt noch irgend etwas? Vielleicht streuen wir etwas kleingehackte Sellerieblätter obenauf.

Schnellgebratener Sellerie

Sellerie, Öl, Salz

Wir schneiden Sellerie in Scheiben und braten ihn unter ständigem Wenden an, bis er weich ist. Nach Geschmack geben wir Salz oder auch etwas Sojasauce darüber.

Sellerie mit Quark

Um für dieses Gericht größere Stücke schneiden zu können, dennoch aber zähe Fasern zu vermeiden, legen wir den Sellerie flach hin und schneiden ihn in lange Diagonale. (Der Sellerie liegt nicht ganz parallel zum Messer.)

5 Stangen Sellerie, Öl, Salz, 60 Gramm Quark,
heißes Wasser, Gewürze

Der Quark wird mit 1/4 Tasse heißen Wassers vermischt. Wir würzen mit Salz, Pfeffer und Kräutern nach Geschmack. Das ist unsere Sauce. Nun kochen wir den Sellerie wie im vorangegangenen Rezept. Wir vermischen ihn mit der Sauce oder geben ihn in eine Anrichteschüssel und füllen die Sauce darüber.

Gekochter Sellerie „Wunderbar"

Sellerie, Butter und Rahm oder Milch, Salz und Pfeffer

Der Sellerie wird in bumerangförmige Stücke geschnitten, dann geben wir ihn in einen zugedeckten Topf mit ebenso viel Wasser, daß er gerade bedeckt ist, und kochen ihn. Ist er weich geworden, gießen wir das meiste Wasser für Brühe ab und fügen Butter und Rahm, Salz und Pfeffer nach Geschmack hinzu.

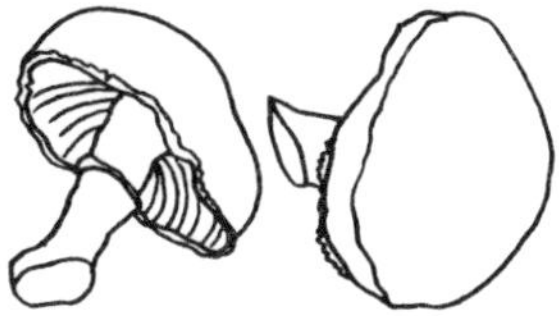

Pilze

Pilze sind in Wirklichkeit natürlich kein Gemüse sondern Schwämme. Sie wachsen am liebsten auf Moder. Ich glaube, daß die meisten Vegetarier Pilze lieben müßten, besonders wenn sie vorher Fleischesser waren, denn Pilze haben eine gewisse fleischähnliche Qualität. Besonders die getrockneten Pilze haben eine Kaukonsistenz wie Fleisch. Der Preis für 1 Pfund Pilze erscheint zwar auf den ersten Blick recht hoch, dafür gibt es aber auch eine ganze Menge Pilze und diese können, wie Knoblauch, eine ganze Weile reichen. Ein paar Pilze können fast jedes Gemüsegericht gut ergänzen. Ich glaube, ich habe Pilze schon mit jedem Gemüse mit Ausnahme von roter Bete verwendet. Darüber hinaus gibt es Pilzsoßen, Pilzsuppen, Pilzfüllungen und gefüllte Pilze.

Pilzliebhaber bestehen darauf, daß Pilze nicht gewaschen werden dürfen; wenn überhaupt, so soll man sie mit einem feuchten Tuch abwischen. Ich ziehe es dennoch vor, sie kurz zu baden und die Köpfe leicht mit dem Daumen abzureiben.

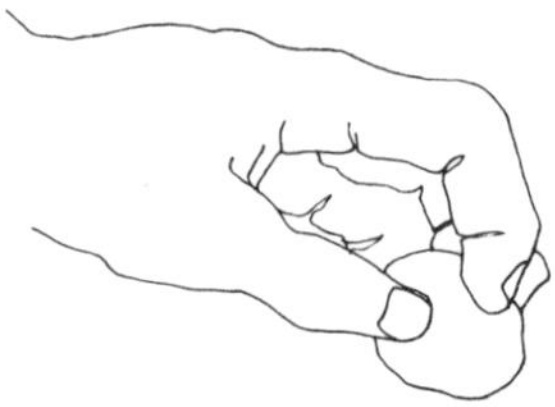

Pilze können mit dem großen einzelnen Blatt einer Reibe geschnitten werden, ebenso mit einem Messer, wie abgebildet. Dabei wird der kleinhackende Schnitt verwendet, also nach unten und leicht zum Körper hin (siehe Abb.). Wenn die Stile aufgrund des Alters gedunkelt sind, können wir sie in Brühe für Suppe geben oder kleinschneiden, braten und anderen Gerichten beifügen.

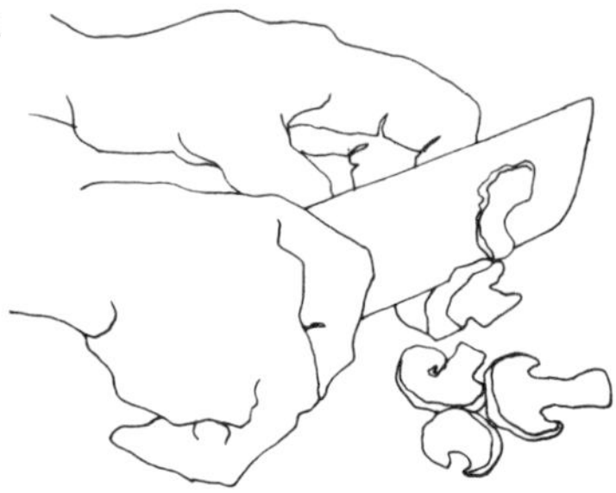

Pilze brauchen nicht lange gekocht zu werden. Sie sind schon nach 3 – 4 Minuten gebräunt und nach 5 Minuten fertig gedämpft. Gibt man sie in letzter Minute in Suppen, tanzen sie hübsch an der Oberfläche umher. Mischen wir Pilze in Kartoffel- und Getreidegerichte, Füllungen und Aufläufe, vertragen sie auch eine längere Kochzeit.

Rohe Pilze in Salaten

Für Kopfsalat, Kraut- und andere Salate können rohe Pilze in Scheiben geschnitten oder geviertelt werden. Wenn wir sie in Scheiben schneiden, erhalten wir wunderschön aussehende Stücke, während geviertelte Pilze gut zum Kauen sind.

Sautierte Pilze

Pilze, Öl (Butter), Salz

Wir schneiden die Pilze in Scheiben oder vierteln sie. Dann bereiten wir sie in Butter oder Öl 3 – 4 Minuten lang zu. Wir würzen mit Salz und Pfeffer. Dann streuen wir Petersilie, Kresse oder Schalotten darüber. Zur Abwandlung können wir auch einige geröstete, kleingehackte Nüsse hinzufügen oder die Pilze mit etwas Sauerrahm vermischen und leicht erhitzen. Kleinere Mengen sautierter Pilze können dazu verwendet werden, andere Gemüsegerichte zu verzieren, wir können sie aber auch zu Getreide, Brotwürfeln oder Kartoffelfüllungen geben.

Sautierte Pilze mit Sherry

Nachdem wir die Pilze 2 Minuten lang in einer reichlichen Menge Butter oder Öl sautiert haben, streuen wir einige Löffel Mehl darüber. Das Mehl wird eingerührt und wir braten ein paar Minuten weiter. Nun wird großzügig mit Sherry gelöscht, so daß wir eine Sauce, aber keine Suppe erhalten. Ungefähr 2 Minuten lang köcheln lassen.

Sautierte Pilze mit Zwiebeln

Zwiebeln und Pilze sind eine ausgezeichnete Begleitung für andere Gemüsearten, Getreide und Eier. Die Zwiebel wird ein paar Minuten sautiert, ehe die Pilze (wie oben beschrieben) dazugegeben werden. Schmeckt gut mit Bohnensprossen.

Marinierte Zwiebeln und Pilze

Zwiebeln, Pilze, Essig-Zucker-Sherry, oder Sake-Sojasauce

Bei diesem Rezept lassen wir die Pilze ganz oder schneiden sie in große Stücke. Wir geben die Marinade an die sautierten Zwiebeln und Pilze und lassen einige Minuten lang köcheln. Dann nehmen wir sie vom Feuer und lassen sie abkühlen. Bitte beachten, daß dieses Gericht auch heiß serviert werden kann, wenn die Marinade mit Maisstärke angedickt wird, die wir vorher in Wasser aufgelöst haben. (1 Eßlöffel Maisstärke und 1 Eßlöffel kaltes Wasser pro Tasse Marinade.)

Pilzsauce

Wir geben kurz angebratene Pilzscheiben zu der weißen Sauce (siehe S. 253).

Pilzsuppe

Wir verdünnen die Pilzsauce (obiges Rezept) mit heißer Milch, bis sie Suppenkonsistenz erreicht.

Über getrocknete Pilze

Getrocknete Pilze habe ich in italienischen und fernöstlichen Lebensmittelläden gefunden. Es gibt im Prinzip zwei verschiedene Arten, beide werden aber auf die gleiche Weise zubereitet. Die orientalische Sorte ist kleiner und muß etwa 30 Minuten in warmem Wasser eingeweicht werden. Sind die europäischen Pilze in Streifen geschnitten, werden sie ungefähr ebenso lange eingeweicht. Sind sie ganz, dauert es zwei oder drei Stunden, bis sie aufgeweicht sind.

Das Wasser, in dem wir die Pilze eingeweicht haben, sollten wir auf jeden Fall aufheben. Am Boden der Einweichschüssel wird sich etwas Schmutz befinden, daher gießen wir die Flüssigkeit nach Herausnehmen der Pilze sorgfältig ab oder filtern sie durch ein Papierhandtuch. Diese Einweichflüssigkeit ergibt einen aromatischen Zusatz für das Gericht aus getrockneten Pilzen selbst, oder auch für eine andere Suppe, Sauce, Getreide oder Auflauf. Nach dem Einweichen können wir die Pilze ganz verwenden oder in Scheiben schneiden. Die orientalische Pilzsorte wird 10 Minuten lang gekocht, während die europäische Sorte 20 Minuten oder länger braucht. Wenn wir sie nicht anders verwenden wollen, lassen wir sie in der Einweichbrühe oder in einer Sauce köcheln. Dann können wir sie als Alleingericht servieren oder einem anderen Gericht beigeben.

Eine Trockenpilzsauce

Diese kann zu vielen Gerichten serviert werden, beispielsweise zu grünem Blattgemüse, Spargel, tiefgekühlten Erbsen, Broccoli, Zwiebeln, Auberginen, grünen Bohnen, Mohrrüben oder Zusammenstellungen aus diesen.

10 – 12 getrocknete Pilze (orientalische), Schalotte,
zerriebener Ingwer, Wasser zum Einweichen,
1 Eßlöffel Maisstärke, in 1 Eßlöffel kalten Wassers aufgelöst,
Salz, Zucker, Sojasauce, Sherry oder Sake

Die Pilze werden eingeweicht und die Einweichbrühe aufgehoben, wie oben beschrieben. Nun schneiden wir die eingeweichten Pilze in Streifen. 1 Tasse der Flüssigkeit wird mit Salz, dann Sojasauce, Wein und Zucker gewürzt. Falls wir beide verwenden wollen, werden der Ingwer (etwa 1/2 Teelöffel) zerrieben und die Schalotten (etwa 3 Stück) zerteilt. Die Pilze werden 2 Minuten lang unter Rühren angebraten, dann weitere 2 Minuten zusammen mit dem Ingwer und den Schalotten. Nun mischen wir die gewürzte Flüssigkeit hinzu, erhitzen schnell und lassen 10 Minuten sanft köcheln. Unter die brodelnde Flüssigkeit mengen wir mit kräftigem Rühren die Maisstärke, die wir zuvor in dem kalten Wasser aufgelöst haben. *Anmerkung:* Die Brühe läßt sich auch einfach mit Zucker und Sojasauce würzen.

Petersilie

Petersilie kann als Zutat, als Gewürz und als Garnierung verwendet werden. Sie macht sich ausgezeichnet in Suppen, besonders in solchen, die übermäßig süß scheinen, etwa Suppen aus Zwiebeln, Mohrrüben oder Yams, ferner in Suppen, die vielleicht zu scharf oder zu fade sein könnten.

Petersiliensträußlein sind eine beliebte und viel zu häufig verwandte Garnierung. Schalotten, Brunnenkresse, grüne Paprikaschoten, Sellerie, Gurken und Luzernensprossen können, kunstvoll geschnitten und arrangiert, den gleichen Zweck erfüllen.

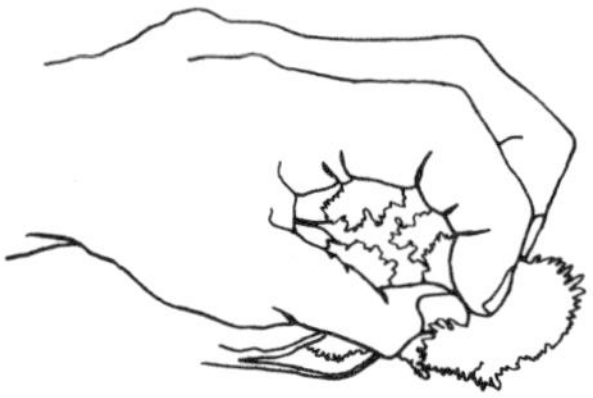

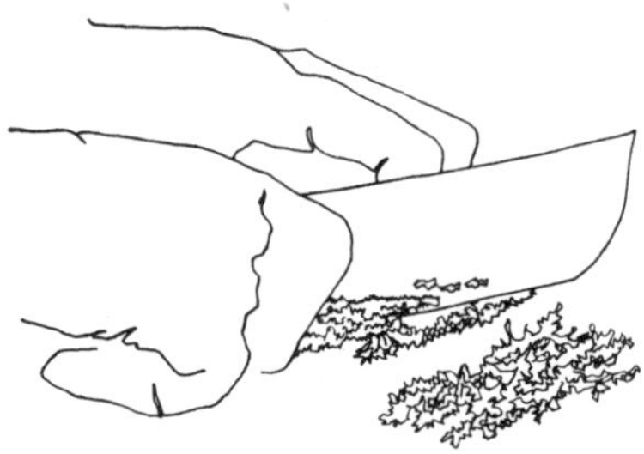

Kleinhacken:
Die Petersilie, oder welches Gemüse auch immer kleingehackt werden soll, wird zunächst so fein wie möglich geschnitten. Im Fall von Petersilie werden einige Stengel zusammengebunden und dann kreuzweise feingeschnitten. Die kleingeschnittenen Stücke werden aufgerichtet, um sie zu zerhacken. Verwenden wir ein gebogenes Messer, so wird es durch den Petersilienhaufen nach oben und unten bewegt. Die obere Kante der Klinge wird dabei in die Richtung geneigt, in die sich das Messer bewegt. Jeder Schnitt führt vom Schneidenden weiter fort oder kommt ihm immer näher. In regelmäßigen Abständen wird das verstreute Häuflein zum weiteren Kleinhacken aufs neue zusammengetan. Benutzen wir ein japanisches Gemüsemesser mit gerader Klinge, so können wir die Spitze nach Belieben nach unten halten oder auch nicht.

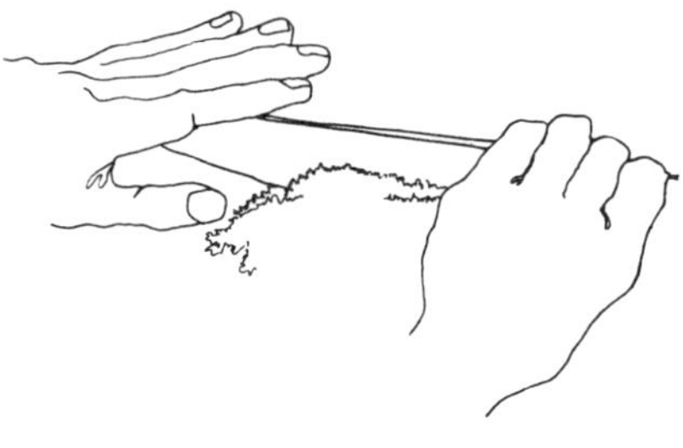

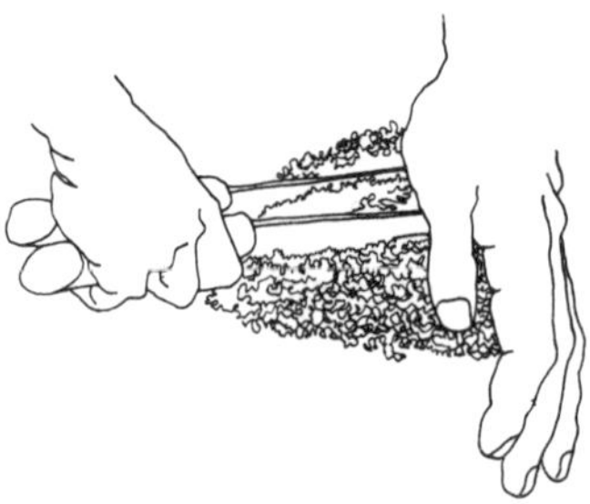

Müssen wir viel kleinhacken, können auch 2 Messer auf einmal verwendet werden oder sogar 2 Messer in jeder Hand.

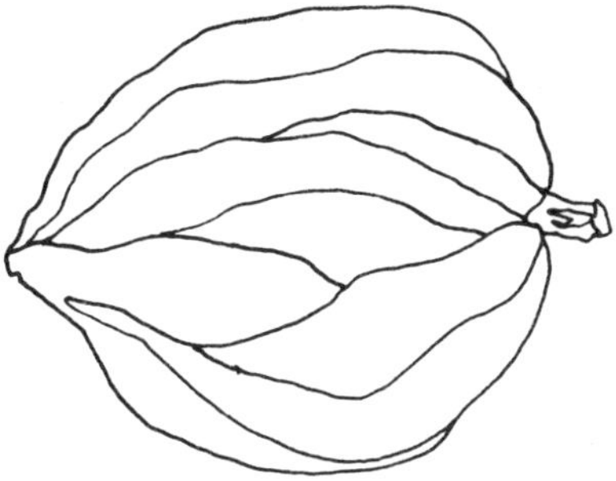

Winterkürbis

Winterkürbis wird im Herbst geerntet, und wenn seine rauhe äußere Schale unversehrt bleibt, hält er sich einige Monate lang durch den Winter hindurch. Dazu gehören viele verschiedene Sorten, aus denen sich herzerwärmende Suppen und Gemüsegerichte machen lassen, ebenso Pasteten. Sie sind weich und saftig und gehören zur befriedigendsten Nahrung für die Winterzeit, denn sie sind wie ein Stück sommerliche Sonne, wenn sie gekocht werden. In der Regel werden sie gedämpft oder gebacken, oder man wendet eine Kombination von beidem an. Ist die Schale sehr zäh, kann der Kürbis auch gegessen werden, indem wir das Fruchtfleisch mit einem Löffel aushöhlen. Dünnere Schalen können mitgegessen werden.

Gedämpfter Winterkürbis

Kürbis, Salz, Wasser

Auf den Boden einer Pfanne geben wir etwa 1 cm Wasser. Wenn es zweckmäßig ist, kann der Kürbis ganz bleiben. Sonst schneiden wir ihn auf, entfernen die Kerne und zerteilen ihn in mundgerechte Stücke, bevor wir ihn ins Wasser geben. Wir streuen etwas Salz darüber, erhitzen bis zum Kochen und lassen dann weiter köcheln. Wir decken den Kürbis ab und lassen ihn solange kochen, bis er weich ist, ungefähr 30 – 40 Minuten.

Überbackener gedünsteter Winterkürbis

Kürbis, Salz, Wasser

Dies ist das gleiche Rezept wie das obige, nur geben wir den Kürbis in eine Backform anstelle einer Pfanne. Wir gießen ein bißchen Wasser auf den Boden, legen einen Deckel (oder Aluminiumfolie) obenauf und überbacken 50 – 60 Minuten bei 175° C.

Überbackener Winterkürbis

Kürbis, Öl (Butter oder Margarine)

Wir schneiden den Kürbis auf, entfernen die Kerne und geben die Stücke in eine Backform. Reichlich mit Öl oder zerlassener Butter begießen und 40 – 60 Minuten – je nach Größe der Stücke – bei 175° C backen. Alle 10 oder 15 Minuten übergießen wir die Stücke wieder, um zusätzlich Feuchtigkeit und Aroma zu entfalten.

Dieses Rezept läßt sich mit ganzen Kürbissen zubereiten. Wir begießen sie mit Öl und backen sie solange, bis wir sie mit Messer oder Gabel durchstechen können. Kann bei Tisch wie ein Braten aufgeschnitten werden.

Abwandlungen zum Übergießen:
Gleiche Teile Öl und Orangensaft.

2 Teile Öl, 1 Teil Zitronensaft,
Zucker oder Honig nach Geschmack.

Einige Spritzer Zimt, Muskat oder Nelken in der Flüssigkeit für das Übergießen.

Kürbissuppe

Kürbis, Zwiebeln, Salz, Öl, Wasser, Croutons, Zimt, Muskat

Der Kürbis wird aufgeschnitten, die Kerne und der zähe, fasrige Teil des Inneren werden entfernt. Nun schneiden wir den Kürbis in etwa 2 cm große Würfel. Die Zwiebel wird in Scheiben geschnitten und einige Minuten angebraten, ehe wir den Kürbis dazugeben. Etwa 5 Minuten sautieren, umrühren und 1 Tasse Wasser hinzugeben, dann einen Deckel darüberlegen und 40 – 50 Minuten lang köcheln lassen, bis der Kürbis ziemlich weich ist. Jetzt kann der Kürbis oder ein Teil davon zerdrückt werden, um die Suppe anzudicken. Wir geben der Zwiebel-Kürbis-Mischung noch etwas mehr Wasser hinzu, um sie suppenähnlicher zu machen. Erhitzen und würzen mit Salz, Zimt und Muskat. Die Suppe kann mit Croutons (gerösteten Weißbrotstücken) garniert werden.

Weitere Winterkürbissuppen

Winterkürbis, Zwiebeln, Salz, Öl, Wasser,
Zimt, Muskat, Croutons, (Tomatenmark)

Bei dieser Suppe verfahren wir wie im vorigen Rezept beschrieben, es sei denn, wir sind im Zweifel darüber, ob die Haut des Kürbis nach dem Kochen tatsächlich weich genug sein wird, um sie verzehren zu können. Gekochte Kürbishaut ist dünn genug, um gegessen werden zu können, aber es gibt auch manche Sorten, welche eine recht zähe Haut haben, die über 2 mm dick werden kann. In diesem Fall läßt sich die Haut ohne Mühe nach dem Kochen entfernen. Wir schneiden den Kürbis in größere Teile, je 6 – 8 cm im Quadrat, und lassen sie in geringer Menge Wasser weichkochen; dann sollen sie sich abkühlen und wir entfernen die Haut, indem wir den Brei abkratzen. Wir können das Kürbisfleisch zerteilen oder zerstampfen, geben es in die Kochflüssigkeit und fügen etwas mehr Wasser hinzu. Gewürzt wird mit Salz, Zimt, Muskat und, wenn gerade vorhanden, möglicherweise auch Tomatenmark. Mit Croutons garniert servieren.

Kaltes Wetter

Rote Bete

Hat man Rote Bete einmal aufgeschnitten oder gekocht, so färben sie alles, was mit ihnen in Berührung kommt – Hände, Messer, Schneidebrett, Eiweiß und Kartoffeln werden rosarot; und – ein erstaunlicher Effekt – sogar Sellerie und Karotten röten sich etwas nach längerem Kontakt mit diesem Gemüse.

Sie sind jedoch nicht nur rot, sondern haben ein süßes, erdiges Aroma, kräftig und ergiebig. Die Süße wird erst durch das Kochen hervorgebracht. Rohe rote Bete wird nur selten in Salat gerieben. Sie schmeckt dann ganz einfach wie Erde, was zwar nicht unbedingt schlecht sein muß, dennoch ist es üblich, sie zuerst zu kochen und dann zu reiben. Die Blätter und die roten Stengel sind durchaus genießbar, sie schmecken zart und mild. Wir können sie zusammen mit Rote Bete oder als getrenntes Gemüsegericht kochen. Die Kochzeit hängt von der Größe der Rote Bete ab und wird kürzer sein, wenn sie zuerst aufgeschnitten wurde. Rote Bete ist eines der wenigen Gemüse, die es vertragen, auch dann noch weitergekocht zu werden, wenn sie schon weich sind, dabei aber immer noch viel von ihrem köstlichen Geschmack behalten. 2 Pfund Rote Bete ohne Blätter reichen für 4 Portionen.

Gekochte Rote Bete

Dies ist in der Regel der erste Schritt, Rote Bete zuzubereiten, danach können wir beliebig viel mit ihnen anfangen, je nach Notwendigkeit oder freier Phantasie. Die Rote Bete hat eine Haut oder Schale, die die meisten Säfte während des Kochens im Inneren zurückbehält, wenn sie nicht am Stengel oder der Wurzel abgeschnitten wurde. Deshalb bürsten wir die Rote Bete ab so gut wir können und lassen sie mit der Wurzel und ungefähr 1 cm Stengel heil. Wir geben sie in Salzwasser, bis sie ganz oder halb bedeckt sind, verschließen mit dem Deckel und lassen so lange köcheln, bis das Gemüse gabelweich ist. Das dauert 1/2 – 1 Stunde für kleinere und bis zu 2 Stunden für größere Rote Bete. In einem Dampfkochtopf brauchen wir nur etwa 2 cm Wasser und eine Kochzeit von 12 – 18 Minuten, je nach Größe.

Sind sie getrocknet und genügend abgekühlt, um sich anfassen zu lassen, so erwartet uns eines der sinnenfreudigsten Vergnügen beim Kochen: die Haut abzuziehen. Ein sanfter Ruck löst die Stengel, und wenn wir dann die Rote Bete selbst drücken, springt das leuchtende Innere heraus – glatt, schlüpfrig und warm plumpst es uns genau in die Hand.

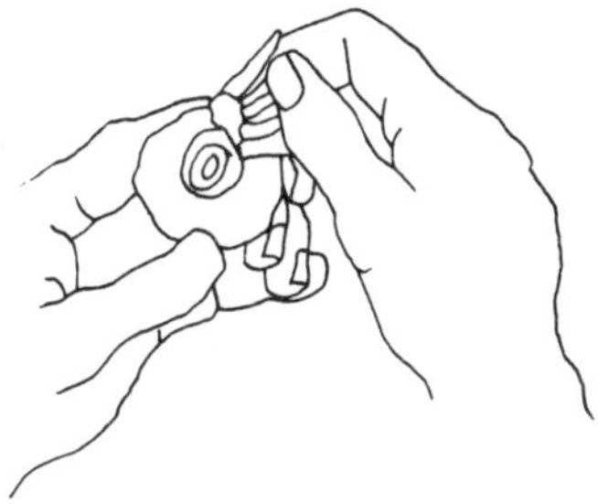

Als nächstes schneiden wir die Rote Bete in Scheiben oder in Stücke. Ich mache es am liebsten so, daß jedes einzelne Stück etwas von der runden Form der ganzen Frucht wiedergibt – zum Beispiel schneide ich die Rote Bete entzwei, lege die Stücke mit der flachen Seite nach unten und schneide sie dann in Halbkreise. Wir können die ganze Rote Bete aber auch in Achtel schneiden.

Dann wird die geschnittene Rote Bete wieder mit etwas Butter, Salz und Pfeffer erhitzt.

Weitere Möglichkeiten:
Leicht mit Essig oder Zitronensaft *anmachen.*

Mit Zimt und Nelken, mit Knoblauch oder mit Ingwer *würzen.*

Mit kleingehackter Petersilie, dünn geschnittenen Schalotten, Brunnenkresse oder vielleicht mit geriebenem Käse (Parmesan oder Jack) *garnieren.*

Sautierte Rote Bete

Rote Bete läßt sich auch sautieren. Wir schneiden Wurzeln und Stengel ab. Nun wird die Rote Bete gebürstet. Die Haut ist eßbar, wir brauchen uns also nicht die Mühe zu machen, sie abzuschälen. Die Rote Bete wird in Scheiben oder kleine Stücke geschnitten. 5 Minuten sautieren, dann etwas Flüssigkeit hinzugeben, abdecken und weitere 5 – 10 Minuten lang dünsten lassen. Alle bereits erwähnten Würzvorschläge können hier Verwendung finden. Wir können auch andere Gemüse damit kombinieren, etwa Zwiebeln, Kohl, Blattgemüse und Mohrrüben.

Rote Bete-Knollen und -Blätter

Gekochte Rote Bete, Stengel und Blätter derselben

Die Rote Bete wird wie im Grundrezept gekocht und geschnitten. Stengel und Blätter werden kreuzweise in 2 cm große Stücke geschnitten. Wenn wir die vorbereitete Rote Bete wieder erhitzen, geben wir die Blätter dazu, bedecken alles und lassen es einige Minuten dämpfen. Dann rühren wir gut durch, würzen, und kochen noch weitere 2 – 3 Minuten gar.

Rote Bete mit Sauerrahm

Dies ist ein altes, bewährtes süßsaures Gericht.

Rote Bete (mit oder ohne Blätter),
Sauerrahm (oder Joghurt oder Quark, mit Buttermilch verdünnt)

Wir fügen die Sauce hinzu, wenn wir die Rote Bete wieder aufwärmen oder wenn die Blätter untergerührt werden. Kleingehackte Zwiebeln, Meerrettich und Schnittlauch eignen sich ebenfalls gut für dieses Gericht.

Gebackene Rote Bete

Alle oben erwähnten Möglichkeiten lassen sich auch mit diesem Rezept verbinden.

Rote Bete

Wir bereiten die Rote Bete wie zum Kochen vor und lassen Wurzel und 1 cm Stengel daran. Bei 175° C 1/2 – 1 Stunde backen. Leicht abkühlen lassen, Haut entfernen und servieren.

Rote-Bete-Blätter

Abgesehen davon, daß wir sie einige Minuten mit den Rote-Bete-Wurzeln kochen können, können wir sie auch wie andere grüne Blattgemüsesorten zubereiten.

Rettich

Rettich hat einen sehr herzhaften, scharfen Geschmack, der dem von Steckrüben vergleichbar ist. Abgesehen davon, daß er im Ganzen als Appetitanreger serviert werden kann, läßt sich Rettich auch in Scheiben schneiden und zu fast jedem Salat dazugeben: Kopfsalat, Krautsalat, Kartoffeln, Bohnen, Gemüse, Mais. Einige Leute finden es leichter, beim Schneiden Stengel und Blätter daran zu lassen, damit sie ihn besser festhalten können.

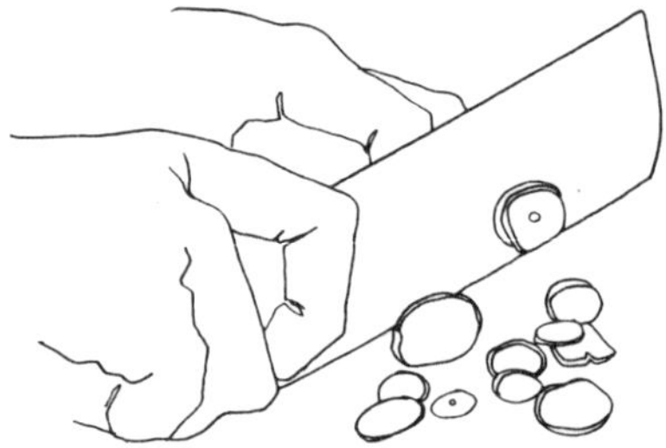

Die Abbildung zeigt den kleinhackenden Schnitt, der nach unten und leicht auf den Körper zu ausgeführt wird. Rettich kann auch wie Steckrüben oder Möhren gekocht werden, er braucht dafür aber weniger Zeit. Rettichscheiben geben eine ausgezeichnete Garnierung für viele Suppen ab, wenn wir sie etwa 1 Minute vor dem Anrichten dazugeben. Weißer Rettich, auch als Eiszapfen-Rettich oder *Daikon* bekannt, ist recht scharf, in Salaten kann er folglich auch ein ziemlicher Volltreffer sein, man kann ihn aber auch wie Mohrrüben kochen.

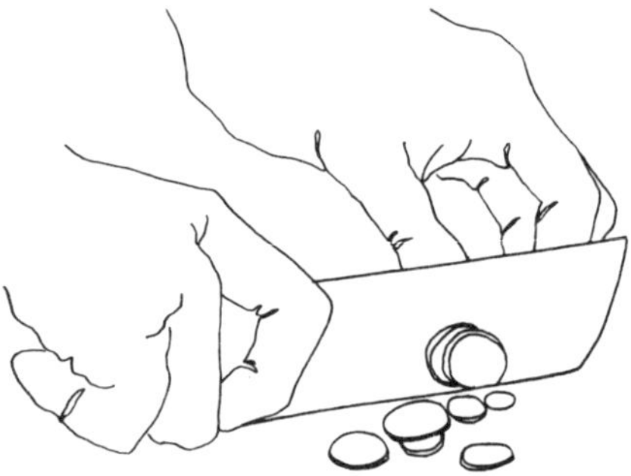

Rettichsalat

Rettich, in Scheiben geschnitten,
grüne Paprikaschote, in kleine Späne geschnitten,
Mohrrübe, gerieben, Essig, Sojasauce, Honig oder Zucker

Der Essig wird nach Geschmack gesüßt und mit Sojasauce gewürzt. Dann mischen wir die Gemüse darunter.

Rettich-Rosinen-Salat

Bei diesem Salat werden die Rettiche und einige ihrer Blätter verwendet.

1 Dutzend Rettiche, 1/4 Tasse Rosinen, 3 – 4 Rettichspitzen, Öl, 1/3 Mohrrübe, Essig, 1 Dutzend Kopfsalatblätter, Sojasauce

Die Rettichblätter sind etwas zäh, daher sollten wir sie möglichst dünn schneiden. Wir salzen sie ein und pressen sie zusammen, während der Rest des Salats zubereitet wird (Beschreibung siehe S. 28). Der Rettich wird in runde Scheiben, die Mohrrübe in kurze Streichholzstücke, der Kopfsalat in kleine Stücke geschnitten (oder gerissen).

Wir mischen die Sauce – Öl, Essig, Sojasauce zu ungefähr gleichen Teilen – und vermischen alles miteinander.

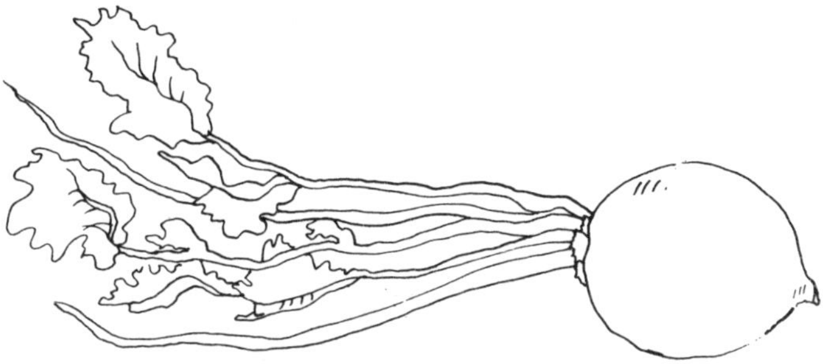

Steckrüben und gelbe Kohlrüben

Bei beiden handelt es sich natürlich um Wurzelgemüse: Die Steckrübe ist rund und weiß und weist auf der Schale häufig eine purpurähnliche Tönung auf, die gelbe Kohlrübe ist eher oval geformt und orangebraun. Ißt man sie roh, haben sie wie Rettich bisweilen einen scharfen, herzhaften Geschmack. Werden sie weichgekocht, haben sie einen sauren, milden Geschmack mit einem leichten Biß. Kochen wir sie zu Brei, werden die am stärksten riechenden, durchdringendsten Geschmacksstoffe herausgezogen, was zwar in Ordnung ist, aber nicht nach jedermanns Geschmack, wie etwa bei sehr lange gekochtem Kohl. Es folgen nun mehrere Arten, sie zuzubereiten.

Rüben-Pickles

Hierbei handelt es sich um eine japanische Art der Zubereitung von eingelegtem Gemüse, ursprünglich wurde dazu Seetang verwendet.

Steckrüben, Salz, Zitronenschale und -saft, Zucker oder Honig, Kombu-Seetang (kann auch weggelassen werden)

Dies ist ein weiteres Rezept, bei dem wir beweisen können, wie gut wir das Schneiden beherrschen. Wir waschen die Rüben und schneiden Wurzeln und Blätter ab. Nun werden sie in so dünne runde Scheiben geschnitten wie möglich. Halbkreise sind zwar weniger vollständig, tun es aber auch. Die Scheiben legen wir mit ungefähr 1/2 Teelöffel Salz für jeweils 1 mittelgroße Rübe in eine Schale und salzen sie etwa 1/2 Stunde oder länger unter Druck ein (siehe S. 28). (Das können wir auch über Nacht tun.) In der Zwischenzeit schälen wir 1 Zitrone mit einem Gemüseschäler und schneiden die Schalenstreifen in cirka 1/2 cm große Stückchen. Der Seetang wird 20 Minuten eingeweicht und ebenfalls in Stücke von 1/2 cm Größe geschnitten. Hat sich nach dem Einsalzen eine Menge Flüssigkeit bei den Rüben gebildet, gießen wir diese ab und heben sie für eine Suppenbrühe auf. Den Zitronensaft mischen wir mit Zucker oder Honig nach Geschmack und mengen dann alles gut untereinander. Die Rüben schmecken aber auch nach dem Einsalzen unter Druck recht gut.

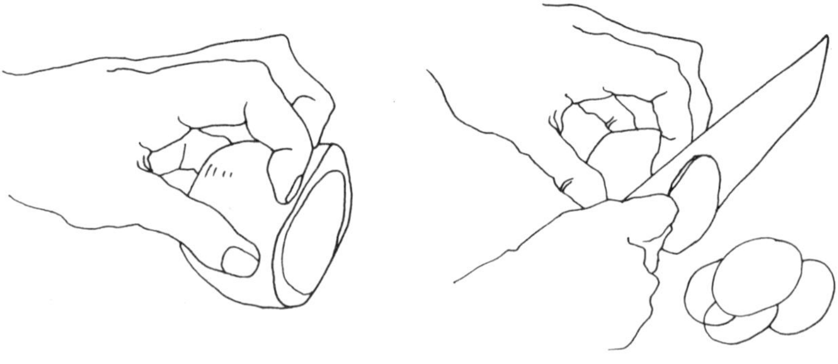

Gebratene Steckrüben oder gelbe Kohlrüben

Eine naturgemäße Zubereitung für kleine Rüben, die eine Menge Blätter haben.

Rüben, Rübenblätter, Öl, Salz und Pfeffer

Wir waschen die Rüben, halbieren sie und schneiden sie in Scheiben. Nun werden die Blätter gewaschen, in 2 cm große Stücke geschnitten und von den Rüben getrennt gehalten. Die Rüben werden 3 – 4 Minuten unter ständigem Umrühren angebraten. Nun stellen wir auf mittlere Hitze herunter, geben die Blätter hinzu und decken den Topf ab. Wir lassen 4 – 5 Minuten kochen. Gelegentlich schauen wir noch einmal nach. Sind die Rüben in Ordnung? Stimmt die Temperatur? Sind die Rüben vielleicht noch nicht ganz weich?

Abwandlungen:
Ob wir die Mohrrüben zusammen mit Blättern zubereiten oder nicht, kurz vor dem Anrichten können wir in jedem Fall geriebenen Cheddar darüberstreuen.

Mohrrüben, Steckrüben und die Blätter passen gut zusammen. Wir braten zuerst die Mohrrüben ein paar Minuten an, dann fahren wir fort wie oben beschrieben.

Wie wäre es einmal mit Zwiebeln und Sellerie zusammen mit gelben Kohlrüben? Wir braten zuerst die Zwiebeln an, dann den Sellerie für kurze Zeit, und schließlich verfahren wir wie oben.

Scharfer *Baku-Rei Rupfgrünsalat*:
Wir verwenden all die vielen kleinen abgerupften Wurzelstücke und das eßbare Grünzeug. Anbraten in Olivenöl. Nachdem die Blätter anfangen zusammenzufallen, würzen wir das Gericht mit Essig, Salz und Pfeffer. Nun lassen wir weitere 1 – 2 Minuten dünsten. Schmeckt auch gut mit Zwiebeln und gerösteten Sesamsamen.

Geröstete Steckrüben oder gelbe Kohlrüben

Steckrüben und/oder gelbe Kohlrüben, Öl oder Butter

Wir waschen das Gemüse, trocknen es ab und bestreichen es mit Öl oder zerlassener Butter. Nun geben wir es auf ein Backblech oder in eine Form und backen es bei 175° C ungefähr 30 Minuten. Läßt sich vor dem Anrichten mit zerriebenem Käse und/oder kleingehackter Petersilie garnieren.

Gebackene Rüben oder gelbe Kohlrüben

Steckrüben (gelbe Kohlrüben, Zwiebeln, Mohrrüben),
weiße oder braune Sauce (siehe unter „Saucen")

Wir waschen die Rüben und schneiden sie in Viertel, Sechstel oder Achtel. Falls wir Zwiebeln und Mohrrüben verwenden, schneiden wir diese in große Stücke. Nun stellen wir die Sauce her, geben die erhitzte Sauce und das Gemüse in eine eingefettete Backform und backen bei 175° C 25 – 30 Minuten lang.

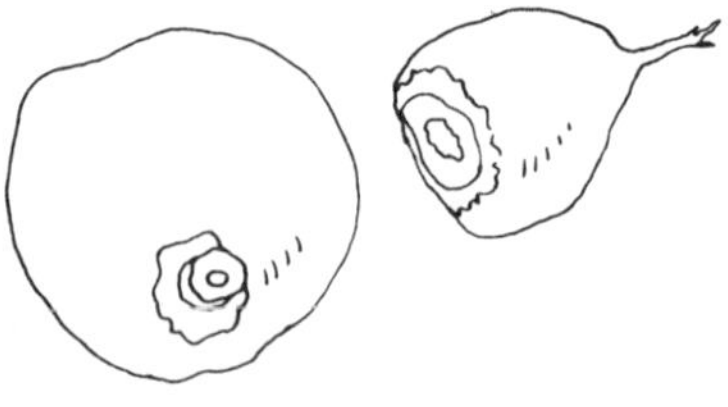

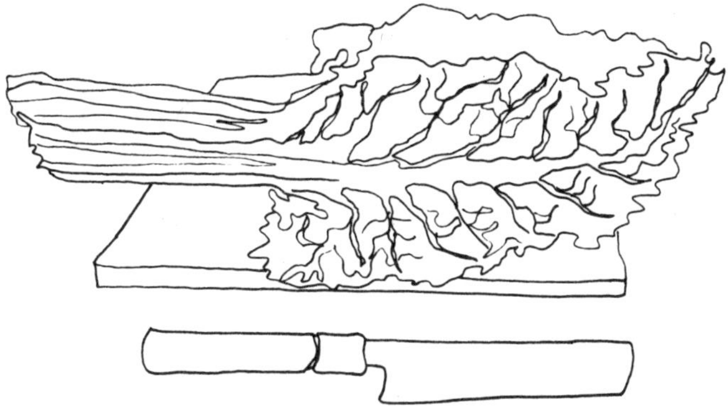

Grünes Blattgemüse

Hier geht es hauptsächlich um Mangold und Spinat, die vermutlich die beiden am weitesten verbreiteten Blattgemüse sind; wir können aber auch alles Gesagte auf die meisten anderen Blattgemüse anwenden. Das Grüne von roter Bete (eines der zartesten) und von Rüben, Kohl- und Senfblätter, Grünkohl (wahrscheinlich das zäheste Blattgemüse) und *Bok Choy* sind häufig erhältlich. Von diesen ist nur der Spinat wirklich appetitanregend genug, um roh gegessen werden zu können. Die meisten anderen sind etwas bitter oder streng im Geschmack, doch lassen sich auch andere Geschmacksrichtungen stärker hervorheben, je nachdem wie wir sie zubereiten.

Blattgemüse fällt beim Kochen recht stark zusammen. Wenn wir also am Schluß die gleiche Menge wie bei anderem Gemüse zur Verfügung haben wollen, müssen wir von etwa der drei- bis vierfachen Menge rohen Gemüses ausgehen. Wir haben allerdings festgestellt, daß in der Regel ungefähr die gleiche Gewichtsmenge an Blattgemüse wie von anderem Gemüse gegessen wird.

Wenn wir Blattgemüse mit anderem Gemüse kombinieren, können wir das andere Gemüse zuerst in einer Pfanne anbraten und dann in einen größeren Topf umfüllen. Dann ist genügend Platz vorhanden, um das Blattgemüse zum Dämpfen auf das andere Gemüse zu schichten.

Mangold und Spinat

Spinatblätter verleihen Salaten eine zarte Markigkeit, während Mangold zäher ist und leicht den Mund zusammenzieht, wenn man ihn roh ißt. Spinatblätter haben dünne, leicht zu kauende Stiele, Mangoldblätter dagegen sitzen auf einem breiten, faserigen weißen Stengel. Es gibt auch eine herrlich schöne Mangoldsorte auf einem roten Stengel mit roten Rippen, die bis in die grünen Blätter hineinreichen. Wollen wir diese allein zubereiten, so werden die Blattgemüse wohl am besten gedämpft, man kann sie jedoch auch sautieren oder kurz kochen. Da sie oft leicht bitter schmecken, lassen sich Blattgemüse versüßen, indem man sie mit Zwiebeln, Mohrrüben, Bananen oder ähnlichem kocht; mit Eiern zubereitet, ergeben sie ein Hauptgericht.

Spinatsalat

Für Salat können wir Spinat aufrollen und in sehr dünne Scheiben schneiden oder auch in recht kleine Stücke reißen, wobei auch die Stiele geschnitten werden. Wir können ihn zusammen mit anderen Salatblättern verwenden. Wird er alleine benutzt, verträgt er eine Rahmsauce, etwas kleingehacktes hartes Ei oder auch ein wenig geriebenen Käse. Kleingehackte Zwiebeln können ebenfalls gut sein, wenn wir und unsere Gäste sie mögen. Eine weitere Möglichkeit ist die Zugabe von geriebenen Mohrrüben und Zitronensaft. Kleine Tomatenstücke ergänzen den Salat auf farbenfrohe Weise.

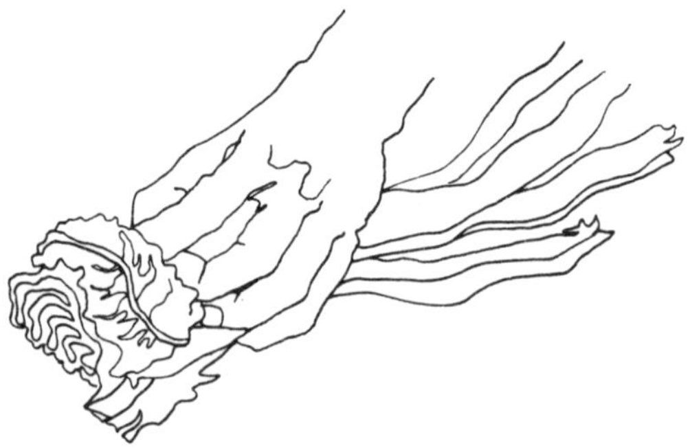

Ganzer gedämpfter Spinat

Wenn er auf diese Weise zubereitet wird, ist Spinat besonders wohlschmeckend und elegant. Komischerweise merken die meisten Leute dann gar nicht, daß es sich um Spinat handelt. Ich habe schon Bemerkungen gehört wie: „Oh, wie wunderbar das schmeckt ... Was ist das nur?“ Einmal sagte jemand: „Ich glaube, das sind vielleicht Löwenzahnblätter.“ Für ein solch einfaches Gericht sind derlei Reaktionen häufig erstaunlich. Bei der Zubereitung müssen wir einige Einzelheiten besonders beachten.

Spinat, Salz, zerlassene Butter oder Margarine, Zitronenkeile

Wir waschen den Spinat und bemühen uns dabei, alle Stengel in die gleiche Richtung zeigen zu lassen. Auch im Dampftopf werden die Blätterhaufen wieder so angeordnet, daß die Stengel in dieselbe Richtung zeigen. Wir streuen etwas Salz darüber und heben dabei hier und dort ein paar Blätter in die Höhe. Der Spinat wird knappe 2 – 4 Minuten gedämpft. Auf einer erhitzten Platte richten wir ihn mit den Zitronenkeilen (aus denen wir zur besseren Wirkung auch die Kerne entfernen sollten) hübsch an. Nun geben wir noch etwas zerlassene Butter über den Spinat und servieren ihn sofort.

Gedämpfter Spinat-Salat

Spinat

Wir dämpfen knappe 2 – 3 Minuten. Dann stellen wir den Spinat kalt. Wir geben etwas Öl oder Zitronensaft oder Sojasauce darüber oder vermischen mit einer üblichen Salatsauce. Das Gericht läßt sich auch mit geriebener, gekochter Roter Bete und leicht gedünstetem Blumenkohl anrichten.

Anderes gedämpftes Blattgemüse

Bei den meisten anderen Blattgemüsen werden die Stiele oder Stengel längere Kochzeit brauchen als die Blätter. Wenn wir also die Blätter kreuzweise in kleine Stücke von etwa 2 cm Länge schneiden, können wir die Stengel schon 3 Minuten länger dämpfen, ehe wir die Blätter hinzugeben.

Grün, Orange und Zwiebel

Wieder gedämpftes Blattgemüse – diesmal auf einem Lager aus Mohrrüben und Zwiebeln.

Blattgemüse, 1 Zwiebel, 1 Mohrrübe, Öl, Salz

Wir waschen die Blätter und zerschneiden sie in 2 – 5 cm große Stücke. Die Zwiebel wird in Scheiben geschnitten, die Möhre in kleine Stücke. Zwiebel 1 Minute sautieren, dann die Gemüsestengel und die Mohrrübe hinzugeben und weitere 3 – 5 Minuten sautieren. Wir stellen auf kleine Hitze und geben das Blattgemüse hinzu oder soviel davon, wie sich bequem unterbringen läßt. Abdecken und 1 Minute dämpfen, dann den Topf wieder öffnen, die Blätter einrühren, den etwaigen Rest hinzugeben und weitere 2 – 3 Minuten dämpfen lassen.

Grün, Orange und Pilze

Hierbei runden Mohrrüben und Pilze das Blattgemüse ab.

Blattgemüse, 1 Mohrrübe, einige Pilze (vielleicht 1/2 Dutzend?), Öl, Salz

Die Mohrrübe wird 3 – 5 Minuten sautiert, dann geben wir für 1 weitere Minute die Pilze hinzu. Schließlich folgt das Blattgemüse, wie oben beschrieben.

Spinat mit Bananen und Sesam

Spinat oder andere Blattgemüse, 1 – 2 Bananen, geröstete Sesamsamen oder andere Nüsse/Kerne

Das Blattgemüse wird gewaschen und zerteilt. Wir schneiden die Banane in Scheiben und rösten die Sesamsamen. Das Gemüse wird unter ständigem Umrühren und Hinzugabe von weiterem Blattgemüse gebraten, bis alles in den Topf paßt. Wir schmecken die Würzung ab, geben die Bananen hinzu, legen einen Deckel darauf und warten gerade solange, bis die Bananen heiß geworden sind. Darüber streuen wir die gerösteten Sesamsamen – vielleicht ziehen wir auch kleingehackte geröstete Haselnüsse vor?

Spinat auf Aprikosen-Tour

Die Feinschmecker werden sich die Haare raufen: „Wie konntest du nur!“ – und sich die Lippen lecken: „Wir lieben dich.“ Oh, je, oh, je.

Blattgemüse, Aprikosen

Irgendwie paßt der Sesam nicht so gut zu diesem Gericht. Wir bereiten es wie im vorigen Rezept zu, teilen aber die Aprikosen in Viertel oder Sechstel. Wir können auch gedünstete Trockenaprikosen oder Aprikosen aus der Dose verwenden.

Ei, Ei, Blattgemüse

Die Eier können sichtbar sein oder verschwinden, in jedem Fall bekommt das Gemüse durch sie einen herzhaften Geschmack.

Blattgemüse, Öl, Salz, Pfeffer, Eier

Das Gemüse wird sautiert und gedämpft, bis es fast gar ist. Etwas zerschlagenes Ei darunterrühren. Mit wenig Ei und viel Rühren mischt es sich gut unter wie ein Gewürz. Mit mehr Ei und weniger Rühren läßt sich das Produkt mit einem Omelette vergleichen. Wir können zusammen mit den Eiern einige Teelöffel Sojasauce hinzugeben. Wenn wir Zwiebeln mögen, können wir sie bei der Zubereitung als erstes anrösten oder auch etwas kleingehackte Schalotte als Garnierung darüberstreuen.

Blattgemüse, nussig

Zubereitung wie mit Bananen; gilt als gute Eiweißkombination und ist äußerst schmackhaft. Wir können es auch mit Mandeln, Walnüssen, Erdnüssen, Haselnüssen usw. wie auch mit Sonnenblumenkernen oder Sesamsamen versuchen.

Ein paar weitere „Ideen in Grün"

Spinat:
Zwiebel, Zitronensaft, Muskat, Salz und Pfeffer.

Senfgemüseblätter:
Zuerst 5 Minuten kochen, dann weitere 5 Minuten mit Pilzen. Mit Eischeiben garnieren.

Löwenzahnblätter:
Olivenöl; Knoblauch: Koblauch 1 Minute anbräunen, dann die Blätter und Pilze 5 Minuten sautieren und dünsten.

Kopfsalat (Lattich)

Es gibt viele verschiedene Kopfsalat- bzw. Lattichsorten. Ebenso gibt es zahlreiche peinlich genaue Beschreibungen, wie wir daraus Salat machen können. Was folgt, sind die allgemeinen Grundlagen.

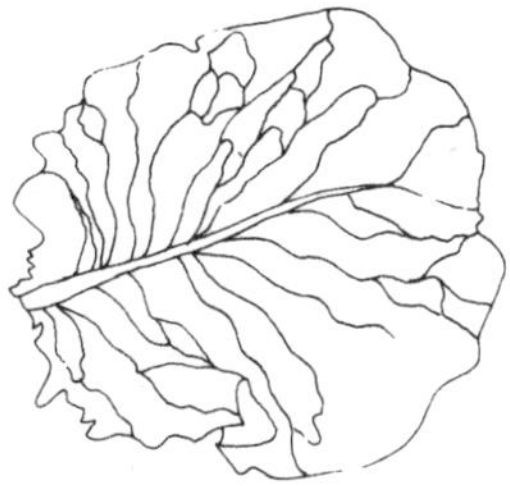

Die allgemeine Grundlage besteht darin, daß irgend jemand gerne Kopfsalat oder Lattich essen will. Warum also nicht einfach die Erde von ihm abspülen und den Salat servieren? Wenn wir selbst und die anderen, die mit uns essen, den Salat so mögen, brauchen wir nicht weiterzulesen, denn nichts könnte einfacher sein. Vielleicht sollten wir aber auch ein wenig Salz hinzufügen, um den natürlichen Geschmack zu unterstreichen. Wenn wir Salz hinzufügen, wird dem Salat damit Wasser entzogen. Er wird schlaff und verliert seine Knackigkeit. Bei Kohl ist das angebracht, aber Kopfsalatblätter, die ja viel feiner sind als Kohl, haben keine Knackigkeit mehr übrig, die sie unbeschadet einbüßen könnten. Deshalb müssen wir den Salat zuerst mit Öl überziehen. Dann kann das Salz nicht halb so schnell eindringen. Nun wird der Salat aber von dem vielen Öl zusammengeklebt. Öl wiederum wird durch Essig verdünnt, es gibt dem ganze Gericht auch ein wenig Pep und schmeckt gar nicht schlecht. Die Grundsauce besteht also aus Öl, Essig und Salz. Darüber hinaus können wir es mit weiteren Möglichkeiten versuchen, diese Sauce zu erweitern, zu beruhigen oder zu besänftigen. Mehr darüber im Kapitel über Salate. Kümmern wir uns jetzt um den Kopfsalat.

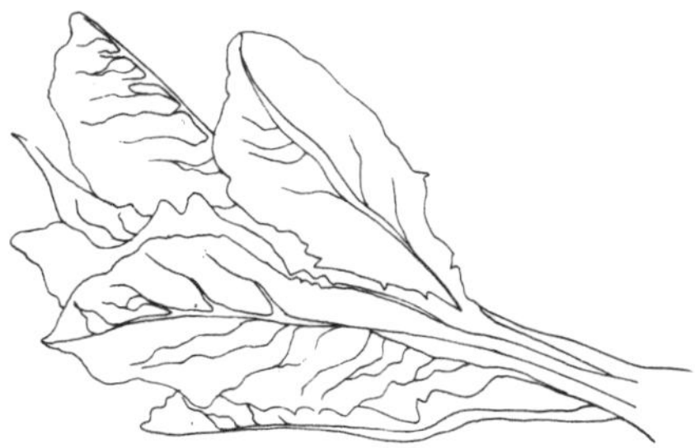

Wenn wir einige Aufmerksamkeit und Energie auf unsere Beschäftigung legen, dann ist keine Zeit und kein Vorsatz mehr dafür da, darüber zu murren, wie langweilig sie doch sei.

Waschen und Trocknen des Kopfsalats:
Schmutz ist eines der unappetitlichsten Dinge, die den Kopfsalat garnieren können. Er bremst und behindert das Kauen erheblich. Es kann vorkommen, daß nur die äußeren Salatblätter gewaschen werden müssen. Häufig sitzt der Schmutz hier in den Falten versteckt oder am Ende der Stengel, und oft empfiehlt es sich, jedes Blatt einzeln unter fließendem Wasser zu waschen, weil ein längeres Einweichen dem Kopfsalat Aroma und Nährstoffe entziehen würde. Wollen wir im großen Stil kochen, ist das natürlich ziemlich umständlich. Um Zeit und Wasser zu sparen, halten wir mehrere Blätter gleichzeitig ins Wasser. Wir nehmen ein schwimmendes Blatt in jede Hand und während wir die Innenseiten der Stengel mit dem Daumen abreiben, fahren wir damit durch das Wasser. Nun entfernen wir sie aus dem Wasser, schütteln sie kurz ab und legen sie zum weiteren Abtropfen in ein Sieb. Als erstes wird das ganze Blattbündel gewaschen, dann nehmen wir den Salat aus dem Sieb, schütteln das Wasser ab, reißen die Blätter in kleinere Stücke oder zerschneiden sie mit einem rostfreien Messer, das nicht durch Berührung mit dem Salat anläuft.

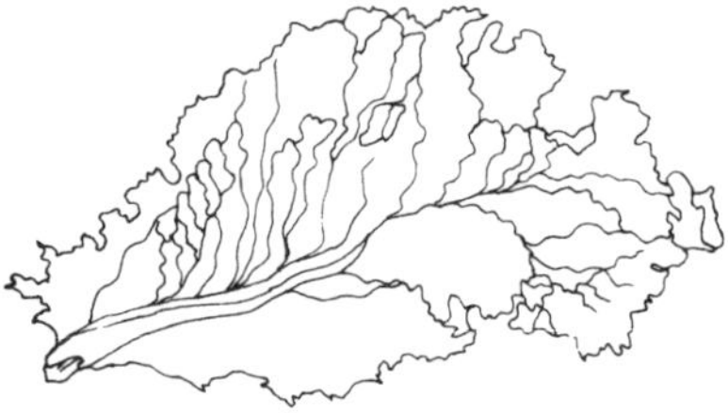

Nasser Kopfsalat verwässert die Sauce, und an feuchten Blättern bleibt das Öl nicht hängen, deshalb müssen wir ihn gut trocknen. Dies geschieht am besten, indem wir ihn hin- und herdrehen. Ein selbstgefertigter Beutel aus Käsetuch (Seihtuch) eignet sich zwar am besten dafür, wir haben aber auch schon mit einem Geschirrtuch oder einem gebrauchten Zwiebelsack gearbeitet. Der Salat wird in den Beutel gegeben und kräftig in einem Bogen geschwungen, so daß das Wasser abspritzt. Den getrockneten Salat bewahren wir, mit einem feuchten Tuch abgedeckt, im Kühlschrank auf. Er wird sogar noch knackiger sein, wenn wir ihn 1/2 Stunde ins Tiefkühlfach stellen können, aber nicht solange, bis er tatsächlich gefroren ist.

Hier folgen nun einige Abwandlungen für das Zubereiten des Salats:

Salatzubereitung in zwei Schritten

Eine einfache Möglichkeit, täglich Salat zuzubereiten.

Oliven- oder anderes Salatöl, Essig oder Zitronensaft,
Salz, Pfeffer, (Kräuter)

Zuerst vermischen wir den Salat mit dem Öl. Wir beginnen mit 1 oder 2 Eßlöffeln, rühren gut um und achten darauf, daß jedes Blatt auch etwas abbekommt. Ist der Salat genügend geölt, träufeln wir den Essig und den Zitronensaft darüber, um dann mit Salz, frisch gemahlenem Pfeffer und nach Wunsch auch mit einer Prise Kräuter zu bestreuen. Gut unterheben. Wenn wir richtig vorgehen, gibt es zum Schluß auf dem Boden der Schüssel oder des Tellers keine Pfütze mit Salatsauce mehr, und die Sauce verleiht dem Salat etwas Spritziges, ohne ihn gleich zu erschlagen. Zur weiteren Verfeinerung können wir Knoblauchzehen im Salatöl und marinierte Kräuter im Essig aufbewahren.

Orientalische Salatsauce

Sojasauce eignet sich als hervorragender Ersatz für Salz. Für diese Salatsauce verwenden wir Reisweinessig, einige Tropfen dunkles Sesamöl und Sojasauce.

Zitronensalat

Dies ergibt einen leichten, erfrischenden, schlicht schmeckenden Salat. Am Anfang mag er etwas fremdartig wirken, aber die gesüßte, duftende Zitrone führt in einen ganz reinen Salatgeschmack hinein.

Kopfsalat, Zitronensaft, Honig

Der Zitronensaft wird nach Geschmack gesüßt und gründlich gemischt. Zum Probieren tauchen wir ein Salatblatt hinein. Dies ist eine wunderbare Sauce für eßbares Wildgemüse wie Sandkraut, Hirtentäschel und Sauerampfer. Sie kann auch aus Essig und Zucker zubereitet werden.

Milchtunke

Wir beginnen mit einem Molkereierzeugnis und spielen weiter. Hoffentlich ist dies ein weiterer einfacher, freudebereitender Weg, um Salat anzurichten.

Sauerrahm, Öl, Buttermilch, Essig oder Zitronensaft,
Hüttenkäse, Knoblauch, Ricottakäse, Salz, Pfeffer,
Quark, Kräuter, Joghurt, Senfpulver

Wir verwenden eines oder mehrere der Milcherzeugnisse. Wenn wir beispielsweise Quark verwenden, können wir diesen mit Buttermilch aufweichen und verdünnen. Wir geben Essig nach Geschmack hinzu und beginnen nur mit 1 oder 2 Teelöffeln. Nun ergänzen wir mit Öl, um größere Festigkeit zu erzielen. Dann folgen Salz, Pfeffer, Knoblauch, Kräuter usw. nach Geschmack. Die Milchtunke braucht nicht allzu kompliziert auszufallen. Wir können auch etwas Zucker oder Honig hinzugeben.

Nußbuttersauce

Nußbutter, Öl, Essig, Salz oder Sojasauce, Pfeffer

Wir verfahren wie bei der Milchtunke im vorigen Rezept.

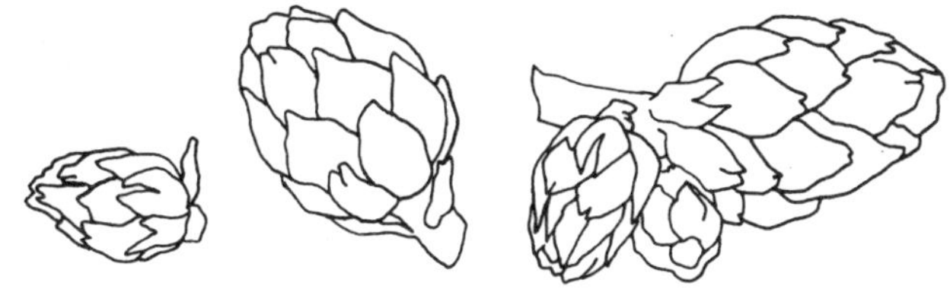

Artischocken

Artischocken sind eines der auffälligsten und aristokratischsten Gemüse, trotz (vielleicht aber auch gerade aufgrund) der Tatsache, daß man das meiste von ihnen fortwirft. Sie werden entweder ganz angerichtet oder man entfernt, wenn sie klein sind, die äußeren Blätter und serviert den inneren Teil als „Artischockenherzen". Ganze Artischocken werden meistens gekocht oder gedünstet, während die Herzen auch sautiert, frittiert oder für Salate eingelegt werden können. Roh werden sie nicht gegessen, können aber heiß oder kalt serviert werden.

Um Artischocken zu waschen, halten wir sie am Stiel und schwenken sie kräftig im Wasser von oben nach unten. Wir können einige der zäheren äußeren Blätter entfernen. Der Stiel wird mit den unteren Blättern abgeschnitten. Die Artischocken können so gekocht werden, wie sie jetzt sind; wir können aber auch das obere Viertel bis Drittel der Blätter mit Messer oder Schere herausschneiden. Wird der Stiel geschält, kann er mit dem Rest gekocht oder gegessen werden.

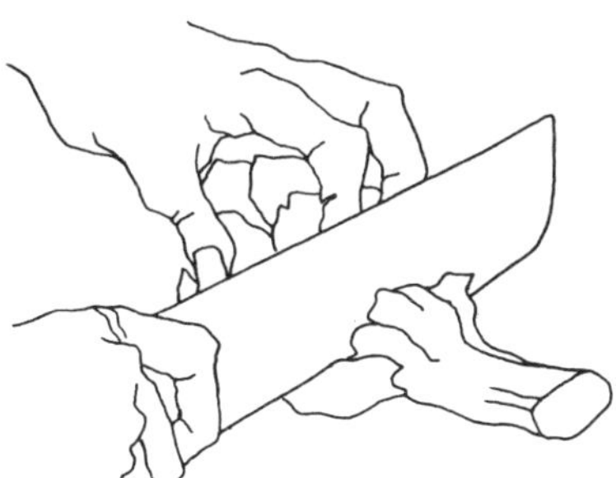

Gedämpfte oder gekochte Artischocken

Meistens werden Artischocken auf diese Weise zubereitet. Sie sind zu zäh, um aufgeschnitten und gebraten zu werden, obwohl sie sich immerhin überbacken lassen. Die gewaschenen und geschnittenen Artischocken werden behutsam in kochendes Salzwasser gegeben oder in einem Dampfkochtopf angeordnet. Wenn wir sie in der Flüssigkeit kochen, decken wir sie zu, bringen das Wasser zum Kochen und stellen dann die Hitze wieder klein. Wir lassen 40 Minuten köcheln, oder bis sich die äußeren Blätter mühelos entfernen lassen. Beim Dämpfen brauchen die Artischocken wahrscheinlich zwischen 40 und 60 Minuten, um gar zu werden. Wir schauen in gewissen Abständen nach, um sicherzugehen, daß sich im unteren Teil des Dampfkochtopfs noch Wasser befindet.

Zur freien Auswahl:
Wollen wir die Artischocken hübsch anrichten? Es ist mit am einfachsten, den oberen Teil der Blätter abzuschneiden, so daß die Spitzen der Artischocken weitgehend eben sind. Wir lockern die Blätter und spreizen sie auseinander, um zwischen die einzelnen Schichten Kräuter zu streuen. Dafür können wir Basilikum verwenden, Estragon, Thymian oder vielleicht auch Majoran bzw. Oregano. Auch ein einzelner Kräuterduft wird alles recht gut durchdringen. Eine weitere Möglichkeit besteht darin, die Kochflüssigkeit zu würzen. Hierzu geben wir den Saft einer Zitrone bei, etwas Zwiebel und/oder Knoblauch, etwas Sellerie, einen Teil von einem Lorbeerblatt und jedes andere Gewürz, das uns zusagt.

Wenn wir die Artischocken heiß esssen, tauchen wir die Blätter in zerlassene Butter oder Mayonnaise, ehe wir sie in den Mund stecken, oder wir werfen zuvor einen Blick auf die weiteren Vorschläge im Abschnitt „Spargel“.

Spargel

Frischer Spargel ist eine wunderbare Delikatesse und nur für kurze Zeit gegen Ende des Frühlings erhältlich, wenn die frischen Sprößlinge der Spargelpflanze geerntet werden. Wir können die Schnittenden der Schößlinge in Wasser legen, damit sie ihre Frische behalten. Diese Enden sind häufig weiß und zäh beim Kauen. Wir können sie entfernen, indem wir sie so nahe wie möglich am Ende ergreifen und abbrechen. Der Schößling wird genau an der weichen Eßmarkierung durchbrechen. Nun können wir ihn roh verzehren oder im Ganzen kochen oder dünsten, er läßt sich aber auch zum Sautieren aufschneiden. Spargel sollte nur solange gekocht werden, bis er weich geworden ist. Auch kurz vorher schmeckt er recht gut, er ist dann saftig und leicht knusprig. Ob heiß oder kalt, Spargel wird für gewöhnlich mit Mayonnaise angerichtet, aber es gibt noch viele andere Möglichkeiten.

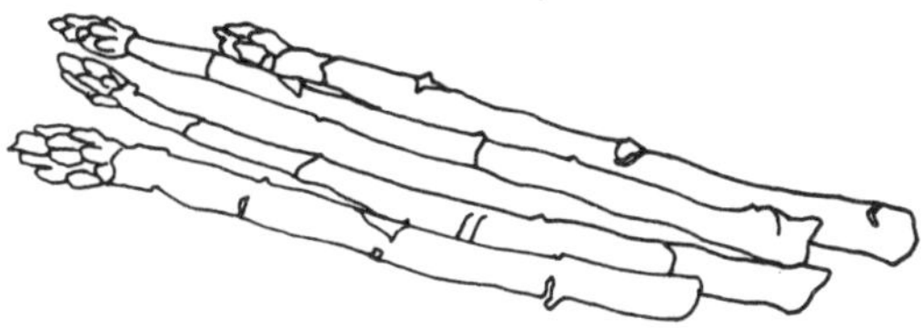

Spargel in Salaten

Spargel verleiht Salaten einen saftigen, fast markigen Geschmack. Er kann einfach roh in Scheiben geschnitten und hinzugegeben oder auch kurz gekocht oder gedämpft werden und dann in Salatstücke geschnitten werden.

Spargel-Grundrezept

Spargel

Wir bereiten den Spargel zu, wie oben beschrieben. Er wird in kochendes Wasser gelegt, und wenn das Wasser wieder zu kochen beginnt, stellen wir auf kleine Hitze, so daß der Spargel köchelt. Soll der Spargel kalt angerichtet werden, ist eine gewisse Knackigkeit besonders appetitanregend, deshalb kochen wir den Spargel nur 2 – 8 Minuten, abhängig davon, wie knackig wir ihn mögen. Um ihn abzukühlen, breiten wir ihn auf einer großen Platte aus. Heißer gekochter oder gedämpfter Spargel schmeckt gut mit zerlassener Butter, Zitronensaft oder vielleicht auch mit einer Sauce aus Quark/Rahmfrischkäse (siehe unter „Saucen“). Zum Eintunken von kaltem Spargel können wir folgendes versuchen:

Spargel mit Zitronenmayonnaise

Um die Mayonnaise zuzubereiten, geben wir Zitronensaft nach Geschmack hinzu. Das verändert die Mayonnaise auf erstaunliche Weise. Eine reizvolle Möglichkeit des Anrichtens besteht darin, die Mayonnaise an einem Ende einer Servierplatte anzuordnen, und den Spargel so zu legen, daß er auf sie zuschwimmt.

Spargel mit Quark oder was Ihr wollt

Mayonnaise ist nicht das einzige, worin wir Spargel eintunken können.

Spargel, Quark/Rahmfrischkäse,
Sauermilch oder Milch oder Joghurt, Zitrone?

Wir kochen den Spargel wie im vorigen Rezept. Der Quark oder Rahmfrischkäse wird weichgemacht, indem wir ihn mit einem Löffel oder einer Gabel bearbeiten und bis zur Konsistenz von Mayonnaise durch Hinzugabe von Sauerrahm, Milch oder Joghurt in kleinen Portionen verdünnen. Wenn wir Zitronen mögen, geben wir auch etwas Saft davon hinzu. Salz und Pfeffer sind ebenfalls erlaubt. Wir können auch mit Joghurt oder Sauerrahm beginnen. In jedem Fall können auch Kräuter verwendet werden, wenngleich es nicht immer möglich sein wird, das bereits hergestellte Meisterwerk noch zu übertreffen, indem wir etwas Neues hinzufügen. Am Anfang können wir mit etwas Basilikum oder Estragon, Majoran oder Oregano, Thymian oder Dill experimentieren. Kleingehackte Petersilie oder Brunnenkresse gefällig?

Spargel mit Guacamole

Hier vermischen sich Dunkel- und Hellgrün.

Spargel, Guacamole

Wir bereiten den Spargel wie im Grundrezept zu und richten ihn mit einer Guacamole-Tunke an (siehe „Avocado“).

Einfaches Spargel-Grundrezept

Zum Sautieren läßt sich Spargel in gerade oder diagonale Stücke schneiden. Er wird erst zerschnitten und dann sautiert.

Spargel, 1 kleine Zwiebel, 1 Mohrrübe, Öl, Salz

Wir bereiten den Spargel vor. Dann schneiden wir ihn in ovale Stücke und lassen die Knospen am weichen Ende ganz. Spargel kann auch mit dem chinesischen Drehschnitt zerschnitten werden. Wir schneiden die Zwiebel in Scheiben oder Würfel, die Mohrrübe in Ovale, Halbkreise mit dem Drehschnitt o. ä. Die Zwiebel wird ungefähr 1 Minute sautiert, dann geben wir die Mohrrübe hinzu und braten sie gemeinsam mit der Zwiebel noch weitere 1 – 2 Minuten. Nun geben wir den Spargel hinzu. Wir rühren ihn etwa 1 Minute lang mit Zwiebel und Mohrrübe um, fügen einige Eßlöffel Wasser bei, decken ab und drehen auf mittlere bis niedrige Hitze. 2 – 5 Minuten kochen, bis der Spargel weich ist. (Je kleiner die Stücke, desto kürzer die Kochzeit.)

Abwandlungen:
Spargel, einfach und fantasievoll

Mit Pilzen: Wir bereiten alles zu, wie im obigen Rezept beschrieben. In den 3 letzten Minuten des Kochens werden die Pilze dazugegeben.

Mit Käse: Wir streuen etwas Käse über den Spargel, wenn er bereits in der Servierschüssel liegt. Wir können es auch einmal mit Zwiebeln, Mohrrüben, Spargel und Cheddar versuchen, oder mit Zwiebeln, Mohrrüben, Spargel, Pilzen und Parmesan. Alles, was wir gerade da haben oder gerne mögen.

Mit Nüssen: Dies ist natürlich unser einfaches Spargel-Grundrezept, mit Nüssen ergänzt. Wir brauchen die Anweisungen nur entsprechend abzuwandeln.

Broccoli

Broccoli ist ebenfalls ein Mitglied der großen Kohlfamilie und ergibt ein frisches, saftiges Essen. Die blumenähnlichen Broccoli-Spitzen gehen von einem dicken Hauptstengel aus. Beides ist eßbar, aber das Äußere des Hauptstengels ist meistens zäh und faserig. Wird dieser Stengel in millimeterkleine Scheibchen geschnitten, fällt die Faserigkeit nicht weiter auf. Wir können aber auch die zähere Außenschicht des Stengels abschälen. Dazu beginnen wir am unteren Ende des Stengels und schneiden ihn in runde Scheibchen, bis die Spitzen sich lösen.

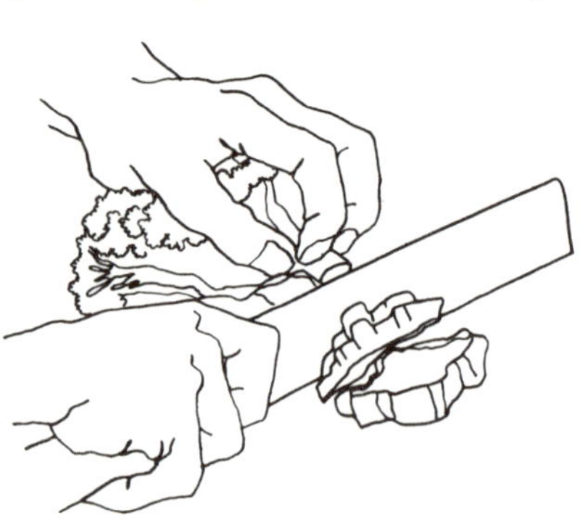

Broccoli kann auch der Länge nach geschnitten werden, wie es die Abbildung zeigt. In Streifen geschnitten und roh angerichtet, erhalten wir aus dem Inneren des Hauptstiels eine besonders schmackhafte Salatdelikatesse.

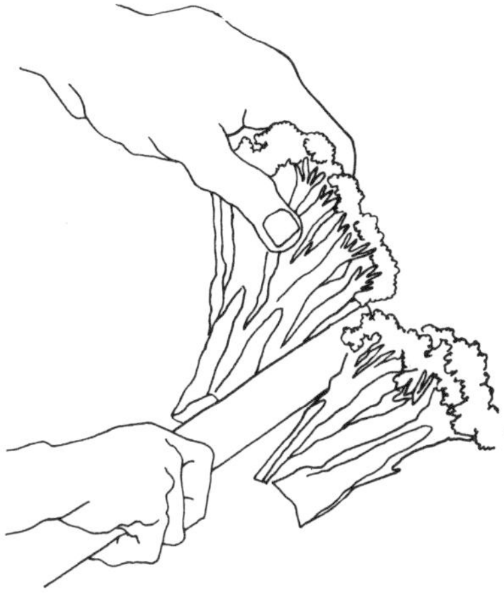

Borccoli erhält einen feineren Geschmack, eine leuchtendere Farbe und eine besonders angenehme Beschaffenheit, wenn er nicht zu weich gekocht wird. Er hat ein kräftiges Eigenaroma, verträgt daher auch reichlich Gewürze. Sind die Broccoli- Spitzen schon etwas gelb geworden, hat er also seinen Frischehöhepunkt schon überschritten, richten wir ihn am besten mit einer herzhaften Sauce an oder geben ihn in eine Suppe.

Gekochter Broccoli

Broccoli, kochendes Salzwasser

Der Broccoli wird zubereitet, wie oben angegeben, dann kochen wir ihn. Nachdem das Wasser zum zweiten Mal aufgekocht ist, müssen wir die Hitze herunterdrehen. Der Broccoli wird in 6 – 8 Minuten gar sein. Aus dem Wasser entfernen, solange er noch leuchtend grün und leicht knackig ist. Anrichten mit: Butter, Salz und Pfeffer, geriebenem Käse oder einer Sauce.

Gedämpfter Broccoli

Broccoli

Broccoli wird gedämpft. Wir servieren ihn so, wie er ist, mit geriebenem Käse oder einer Sauce.

Gedämpfter Broccoli auf Griechische Art

Broccoli, in Stücke geschnitten, 1 Zwiebel, in Scheiben geschnitten, reichlich Knoblauch, schwarze Oliven, Olivenöl

Knoblauch und Zwiebel werden in Olivenöl angebraten. Nun geben wir die schwarzen Oliven und den Broccoli hinzu, decken ab und lassen gar dünsten, was ungefähr 8 Minuten dauert. Bei Bedarf etwas Flüssigkeit hinzugeben. Mit Salz und Pfeffer würzen. Läßt sich auch mit Zitronenbutter und geriebenem Parmesankäse zubereiten.

Angebratener Broccoli

Broccoli können wir gut für sich allein braten; oder wie wäre es hiermit:

Zwiebeln, Mohrrüben, Broccoli

Wir braten die Zwiebeln unter kräftigem Rühren an, geben die Möhren und den Broccoli dazu und braten weitere 5 – 6 Minuten. Wenn notwendig, geben wir etwas Flüssigkeit hinzu, decken den Topf ab und lassen bis zum Garwerden dämpfen. Das wird kaum mehr als 2 Minuten beanspruchen.

Broccoli auf Chinesische Art

Chinesisch gebraten mit zusätzlicher Sauce.

Für 1 1/2 Pfund Broccoli
3 Eßlöffel Sojasauce, 3 Eßlöffel heißes Wasser,
2 Teelöffel frischer zerriebener Ingwer,
2 Teelöffel brauner Zucker oder andere Süßmittel

en Broccoli unter kräftigem Rühren 5 Minuten an. Nun
: vorher zusammengemischte Sauce hinzu. Topf abdek-
lt weitere 3 – 5 Minuten kochen-dämpfen, bis er gerade
den ist.

Blumenkohl

Blumenkohl ist ein Mitglied der Kohlfamilie. Wie ein Sonnenausbruch sind die weißen Röschen angeordnet, durch kurze Stengel mit dem Herzen des Blumenkohls verbunden. Der weiße Kopf ist in grüne Blätter eingeschlossen, die in der Regel vom Blumenkohl abgetrennt werden, ehe er verkauft wird. Wenn möglich, sollten wir sie uns jedoch erhalten. Am besten werden sie gekocht, dann sind sie ein recht schmackhaftes Gericht, wenn wir sie zu dem Blumenkohl geben oder auch getrennt anrichten. Wir waschen die Blätter und schneiden sie einmal der Länge nach durch, dann überkreuz in Stücke, wobei wir um so dünner schneiden, je näher wir an das Herz des Gemüses herankommen, wo die Mittelrippe breiter ist.

Das zarte Weiße des Blumenkohls schmeckt sowohl gekocht als auch roh. Wenn es allerdings schon alt ist und schwarze Flecken hat, sollten wir es lieber kochen.

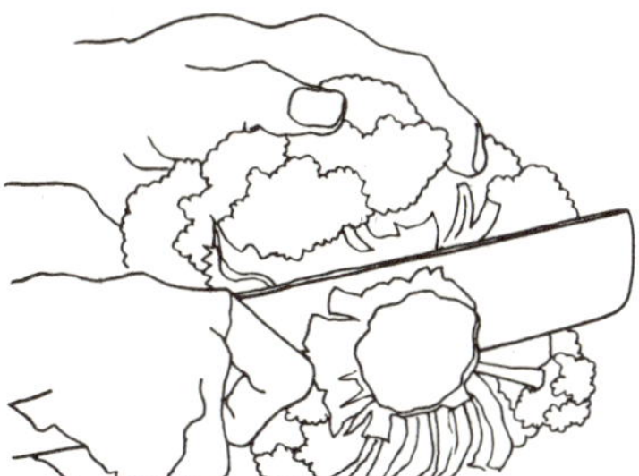

Die kleingeschnittenen Blumenkohlröschen sind unverkennbar und wirken recht reizvoll in Salaten, ebenso ist leicht gekochter Blumenkohl eine ausgezeichnete Salatzutat. Wird er heiß serviert,

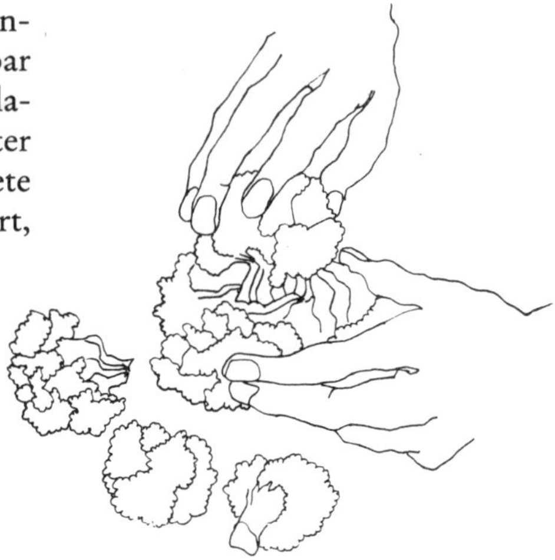

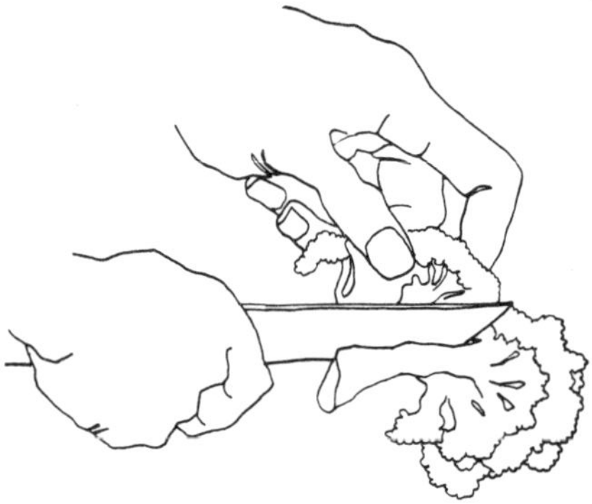

so ist der Blumenkohl am schmackhaftesten, wenn er noch etwas knackig ist. Längeres Kochen macht ihn breiig und setzt einen stark riechenden Kohlgeschmack frei.

Blumenkohlsalat

Eine wunderschöne Abwechslung zum sonstigen Grünzeug. Soll der Blumenkohl gekocht werden, müssen wir rechtzeitig damit anfangen, damit er noch abkühlen kann.

Blumenkohl
nach Wahl: geriebene Mohrrübe, kleingehackte Petersilie,
Brunnenkresse, Schalotte, Sellerie, entsteinte Oliven,
in Scheiben geschnittene Tomate oder Piment,
kleingehackte Mixed Pickles
als Salatsauce: Öl-und-Essig oder Sauerrahm.

Der rohe Blumenkohl wird in kleine Stücke geschnitten. Soll gekochter Blumenkohl verwendet werden, so kochen oder sautieren- dünsten wir ihn nur etwa 3 – 4 Minuten, damit er noch möglichst viel Körper behält und sich gut kauen läßt. Wir füllen ihn in eine Schale um, die wir in den Kühlschrank stellen. Inzwischen schneiden wir die anderen Zutaten auf. Wir bereiten eine Salatsauce vor und mischen sie mit den Salatzutaten. Auch diese lassen wir bis zum Servieren im Kühlschrank. Die geriebene Mohrrübe und der Sellerie können in der letzten halben oder vollen Minute vor Schluß mit dem Blumenkohl zusammen gekocht werden.

Angebratener und gedämpfter Blumenkohl

Diese Zubereitung ziehe ich dem einfachen Dünsten vor. Wenn wir Blumenkohl zuerst anbraten, kommen seine nussigen Eigenschaften besser heraus.

Blumenkohl, Öl, Salz

Wir bereiten den Blumenkohl vor, wie es die Abbildungen zeigen. Die Stücke sollten etwa die gleiche Größe haben, damit sie auch gleichmäßig gar werden. Für diese Kochmethode eignen sich wahrscheinlich mittelgroße bis kleine Stücke am besten. Wir braten den Blumenkohl etwa 3 – 4 Minuten unter ständigem Rühren an, geben etwas Flüssigkeit hinzu und lassen ihn weitere 4 – 5 Minuten dämpfen, bis er weich ist. Dann wird er gewürzt und serviert.

Gebratener Blumenkohl mit Sellerie und Walnüssen

Ein bißchen Grün und Braun verleiht dem Weiß des Blumenkohls das I-Tüpfelchen.

Blumenkohl, 1 – 2 Stangen Sellerie,
kleingehackte Walnüsse, Öl, Salz

Wir verfahren wie bei dem Rezept für angebratenen Blumenkohl. Der Sellerie wird kurz sautiert, ehe wir ihn zum Blumenkohl geben. Die Nüsse werden gegen Ende des Dämpfens hinzugefügt oder einfach vor dem Servieren darübergestreut.

Weitere Abwandlungen:
Anstelle der Walnüsse verwenden wir geriebenen Käse.
Anstelle des Sellerie oder zusätzlich verwenden wir Mohrrüben.
Wir geben etwas Sojasauce in die Dämpfflüssigkeit.

Gekochter Blumenkohl

Blumenkohl kann breiig oder knusprig und knackig werden. Wir müssen nur etwas aufpassen, dann bekommen wir ihn so hin, wie wir ihn mögen.

Blumenkohl, kochendes Salzwasser, evtl. Butter, Pfeffer

Für dieses Rezept kann der Blumenkohl in große Stücke geschnitten werden, doch auch diese sollten möglichst gleich groß sein. Wir kochen ihn und probieren nach 5 Minuten ein Stück. Mit Butter anrichten und nach Geschmack würzen.

Orange und Grün auf Weiß

Geriebener Cheddar verschmilzt mit Blumenkohl.

Blumenkohl, Cheddar, Schalotte oder Petersilie

Wir kochen den Blumenkohl wie im vorigen Rezept. Nach dem Abtropfen geben wir ihn in eine Anrichteschüssel, würzen und bestreuen ihn großzügig mit geriebenem Käse und kleingehackter Schalotte oder Petersilie.

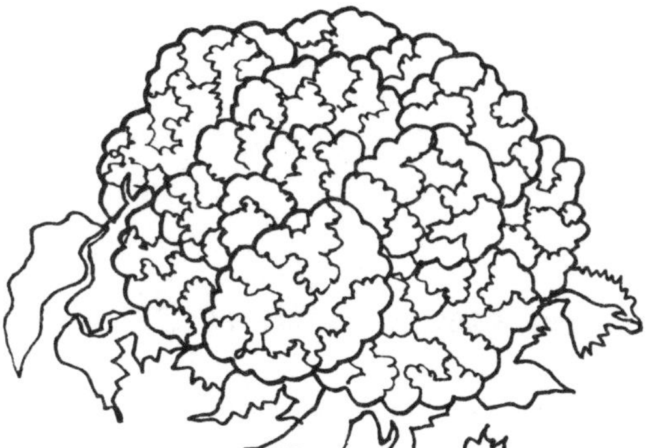

Warmes Wetter

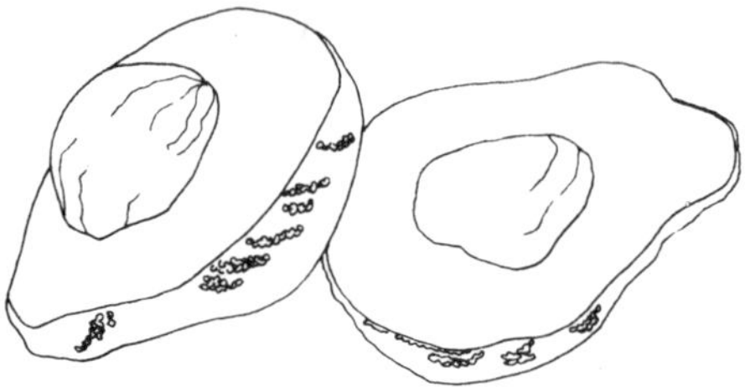

Avocado

Avocados sind so unglaublich ölhaltig, daß sie schon fast die Konsistenz von Butter haben. Diese Eigenschaft schreckt Leute manchmal ab – und die Avocado bleibt am Tellerrand liegen. Wenn Avocados reif werden, verändert sich ihre Schale von Dunkelgrün zu Schokoladenbraun.

Wir schneiden die Avocado der Länge nach rundherum auf, öffnen sie mit einer Drehbewegung und entfernen den Kern. Wollen wir sie im Ganzen, in Scheiben oder in Stücke geschnitten anrichten, ziehen wir die Schale ab. Wollen wir einen Brei erhalten, löffeln wir das Fruchtfleisch aus der Schale. Zerstampfte Avocado neigt dazu, durch Oxidation schnell braun zu werden, doch läßt sich dieser Vorgang durch Zugabe von Zitronensaft verzögern oder verhindern.

Avocado in der halben Schale

1/2 ungeschälte Avocado pro Person

Wir legen die Avocadohälften auf einer Servierplatte mit Zitronenkeilen aus. Dazu stellen wir Salz oder Sojasauce und essen mit einem Löffel.

Avocadostücke schmecken gut in Salaten, gekochten Blattgemüsen und Omeletts. Wer Avocados mag, findet für sie jede Menge Verwendungsmöglichkeiten. Zum Beispiel:

Gefüllte Avocadoeier

Hartgekochte Eier, Avocado, Salz, Pfeffer, Gewürze

Wir halbieren die Eier der Länge nach und entfernen das Eigelb. Dieses wird mit der Avocado zerstampft, mit Salz und Pfeffer sowie etwas Knoblauch oder Senfpulver gewürzt. Diese Mischung füllen wir wieder in das hartgekochte Eiweiß.

Guacamole

Avocado, Zitronensaft, Salz, Pfeffer, Knoblauch

weitere mögliche Zutaten: kleingehackte Zwiebel, kleingeschnittene grüne Paprikaschoten, gehackte Tomate, Sauerrahm.

Wir zerdrücken die Avocado und würzen sie mit Salz und Pfeffer.

Grüne Bohnen, Fadenbohnen und gelbe Wachsbohnen

Grüne Bohnen schmecken ausgezeichnet, solange sie noch jung und zart sind. Jüngere Bohnen besitzen eine glatte grüne Schale und haben etwa den Durchmesser eines Bleistifts. Sie lassen sich ohne Mühe dämpfen oder sautieren. Ältere Bohnen haben eine runzlige Schale, werden fingerdick und weisen viel mehr Fäden auf. Wenn wir nicht genügend Zeit haben, um sie zu schneiden, sollten wir sie am besten kochen oder schmoren. Viele der grünen Bohnen auf dem Markt sind von monströser Größe und schrecklich zäh, man muß sie ewig kochen, damit sie kaufähig werden. Den Herstellern geht es wohl nur um eine höhere Gewichtsausbeute pro Bohnenfeld.

Die Bohne hat an einem Ende einen Stiel und läuft am anderen Ende spitz zusammen. Bei einer jungen Bohne muß nur der Stiel entfernt werden. Wir können anhand von einer oder zwei Bohnen probieren, ob das spitz zulaufende (Blüten-) Ende weich ist. Am besten und am gründlichsten werden die Spitzen von Hand entfernt. Wir brechen sie

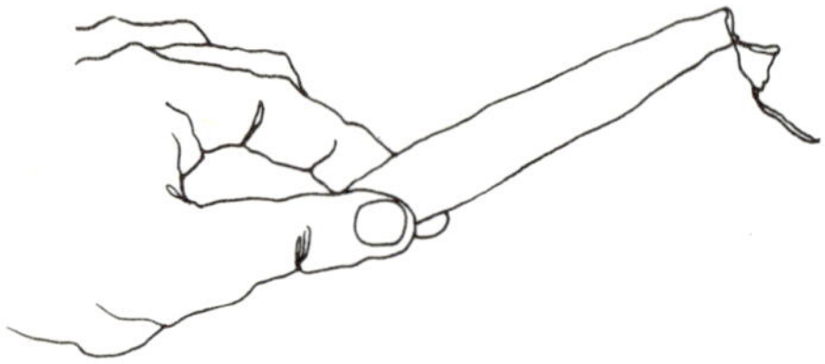

einfach ab oder tun dasselbe mit einem größeren Stück, wenn sich das Bohnenende ziemlich ausgetrocknet anfühlen sollte. Hängt die Spitze an einem Faden, so ziehen wir das Ende seitlich entlang der Bohne herunter und entfernen ihn. Sollte ein Teil der Bohne angeschimmelt sein, können wir die andere Abschnit noch verwenden, und sie würden recht traurig sein, wenn wir es nicht täten. Werden grüne Bohnen der Länge nach durchgeschnitten und in Streifen geteilt, so verstärkt das ihre Zartheit und ihr Aroma. Dieser Schnitt ist jedoch relativ schwierig und benötigt viel Zeit; wir sollten ihn daher nur anwenden, wenn wir genügend Zeit und Energie übrig haben.

Angebratene grüne Bohnen

Grüne Bohnen, Öl oder Butter, Salz

Wir verwenden entweder zarte ganze Bohnen oder schneiden größere Bohnen klein. Wir verfahren wie beim Sautieren. Die grünen Bohnen werden 4 – 5 Minuten unter kräftigem Rühren angebraten, dann wird der Topf abgedeckt und wir lassen dünsten, bis die Bohnen leuchtend grün und gerade weich sind. Wenn wir Butter zum Anbraten verwenden, ist es besser, sie mit etwas Öl zu mischen und die Pfanne nicht zu heiß werden zu lassen. Dann schmecken wir ab und servieren.

Grüne Mandelbohnen

Wir geben zu dem obigen Rezept Mandeln hinzu. Die meisten Leute ziehen geröstete Mandelsplitter vor. Wir vermischen die Hälfte der Mandeln mit den grünen Bohnen und streuen die andere Hälfte darüber.

Grüne Bohnen mit Tomaten

Bohnengrün und Tomatenrot ergänzen einander wunderbar, und das kann mit oder auch ohne Käse geschehen.

etwas Zwiebel, grüne Bohnen, Tomaten, geriebener Käse

Die Zwiebel wird in Scheiben oder Würfel geschnitten. Wir ziehen die Fäden der Bohnen ab und zerschneiden sie der Länge nach oder in längliche, schräglaufende Stücke. Nun teilen wir die Tomate und reiben den Käse (Cheddar, Jack und Parmesan sind gut für dieses Gericht geeignet). Die Zwiebel wird 1 Minute unter kräftigem Rühren angebraten, dann werden die grünen Bohnen dazugegeben und weitere 3 – 5 Minuten unter ständigem Umrühren gebraten. Wir geben die Tomatenkeile auf die Bohnen, legen einen Deckel darüber, stellen die Hitze herunter und lassen ungefähr 5 Minuten dünsten oder solange, bis die Bohnen weich sind. Wir würzen, mischen etwas von dem geriebenen Käse hinein und streuen den Rest obendrauf.

Wenn wir Knoblauch lieben sollten, können wir ihn zu den röstenden Zwiebeln oder grünen Bohnen geben.

Wir können auch die Tomaten mit Thymian, Basilikum, Majoran, Dill oder anderen Gewürzen, die wir gerade zur Verfügung haben, bestreuen.

Gekochte grüne Bohnen

Bei diesem Rezept kommen wir auch mit zäheren grünen Bohnen klar. Wenn wir sie rechtzeitig aus dem Wasser nehmen, werden sie noch immer leuchtend grün sein.

Grüne Bohnen, kochendes Salzwasser

Wir bereiten die Bohnen vor. Wir geben sie in kochendes Wasser und kochen 6 – 8 Minuten. Allerdings müssen wir dabei genau aufpassen, es sei denn, wir bevorzugen glanzlose und breiige Bohnen. Wir probieren ein kleines Stück und nehmen die Bohnen herunter, wenn sie noch *leicht* knackig sind. Würzen können wir mit Butter, Salz, Pfeffer, Kräutern und ...

Käse auf Bohnen

Cheddar, gekochte grüne Bohnen

Wir reiben den Käse oder schneiden ihn in streichholzgroße Stücke. Nun mischen wir ihn mit den abgetropften Bohnen, würzen nach Geschmack und servieren. Dieses Gericht läßt sich auch eine kleine Weile in den Backofen stellen, vor allem dann, wenn wir die Bohnen abgetropft haben, als sie noch etwas knackig waren.

Marinierter grüner Bohnensalat

Gekochte grüne Bohnen, Öl-und-Essig-Sauce

Wir marinieren die Bohnen 1 Stunde oder länger in der gewürzten Sauce.

Maiskolben

Zwar wird er meistens als Gemüse angerichtet, tatsächlich ist Mais aber ein Getreide. Manche Kenner sollen von ihm so begeistert sein, daß bei ihnen schon das Wasser kocht, wenn der Mais erst gepflückt wird. Sie laufen schnell damit nach Hause und schälen ihn bereits unterwegs: plopp, plopp, platsch, platsch! Sie lieben den frischen Mais einfach – wenn er nur 3 – 5 Minuten gekocht wurde, damit er noch etwas nussig ist, mit Butter begossen und mit Salz und Pfeffer bestreut. Keine 10 Minuten, nachdem sie die arme Schote vom Stengel getrennt haben, beißen sie bereits hinein und kauen herzhaft, um nur gelegentlich innezuhalten und zu fragen: „So'n gut'n Mais haste wohl noch nie bekomm'n, was Junge?" Dann müssen wir einfach gestehen: „Mann, der Mais war noch nie so gut." Die meisten von uns leben nicht gerade neben einem Maisfeld, so hätten wir einen ziemlich langen Heimweg, um den Mais nach Hause zu bringen. Da ist es wohl klüger, das zu genießen, was wir bekommen können. Nämlich in der Nähe.

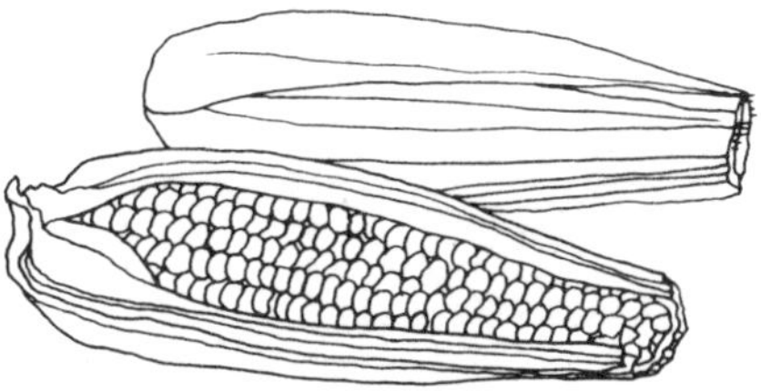

Mais am Kolben

Mais, kochendes Salzwasser, Butter, Salz und Pfeffer

Wir schälen den Mais, indem wir die Blätterverpackung und die Fäden entfernen. Der Stiel kann an der Stelle, wo keine Körner sitzen, abgebrochen oder zum Anfassen auch drangelassen werden. Wir können die Ähre aber auch in der Mitte durchbrechen, wenn wir dies vorziehen. Wir geben den Mais in das kochende Salzwasser, worin wir ihn 3 – 5 Minuten lassen. Wir holen ihn mit einer Zange heraus oder gießen das Wasser durch ein Sieb ab. Mit Butter, Salz und Pfeffer servieren. Oder auch mit Sojasauce. Die Kochflüssigkeit kann zur Hälfte aus Milch bestehen, wobei wir normale Milch oder Milchpulver verwenden können – das ergibt einen milchgenährten Mais.

Mais am Kolben kann auch im Ofen überbacken werden. Die Kolbenblätter werden nicht entfernt, um die Feuchtigkeit zu bewahren, und wir backen 15 – 20 Minuten bei 175° – 200° C. Der Mais ist fertig, wenn die äußeren Blätter beginnen sich zu bräunen. Wir können die Blätter zurückschlagen, um sie ländlich-deftig als Griff zu benutzen, oder wir ziehen sie einfach ab. Die Fäden am Ende des Kolbens werden in einem Bündel abgezogen. Serviert wird nach Wunsch.

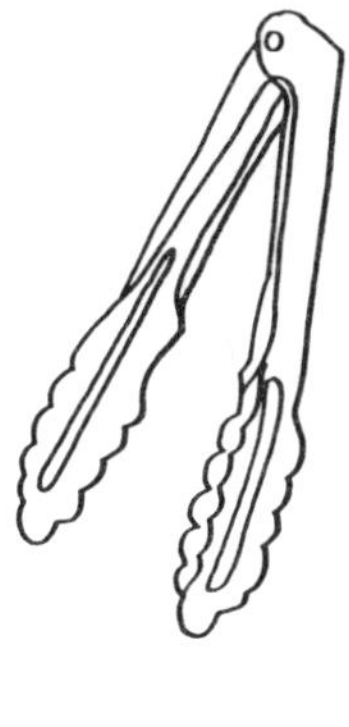

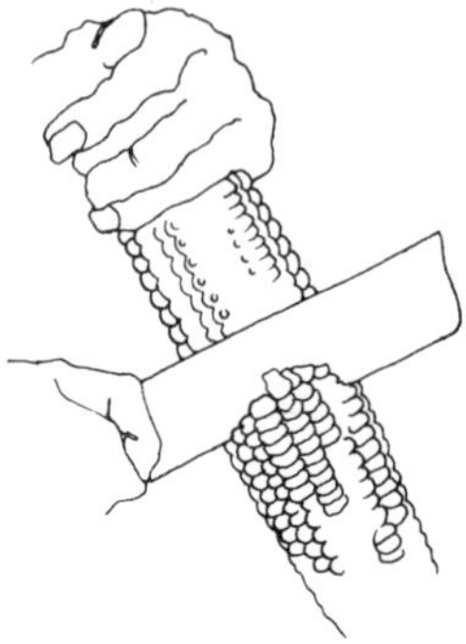

Diese Zubereitungsart bewahrt das Aroma und die Nährstoffe, die sonst beim Kochen verloren gehen. Ob gekocht oder roh, die Körner können auch entfernt werden. Dazu stellen wir den Mais aufrecht in eine breite Schale, halten ihn am oberen Ende fest und schneiden den Kolben entlang nach unten. Dann drehen wir den Kolben und wiederholen das ganze.

Maissalat

Gekochter Mais, Mayonnaise, Essig, Salz, Pfeffer
nach Wahl: Paprikaschoten, Tomaten, gekühlte gekochte rote Bete

Wir schneiden die Maiskörner vom Kolben. Die anderen Gemüse werden in salatgroße Stücke geschnitten. Wir bereiten mit der Mayonnaise zu, die nach Geschmack mit Essig, Salz und Pfeffer gewürzt ist. Wenn wir eine Öl-Essig-Sauce verwenden, kommen die Farben besser zu Geltung.

Mischgemüse mit Mais

Gekochter Mais
Nach Wahl: Zwiebeln, Paprikaschoten, Zucchini, Tomaten, grüne Bohnen

Wir schneiden die Maiskörner vom Kolben, die anderen Gemüse werden zum Sautieren in Scheiben geschnitten. Verwenden wir Zwiebeln und grüne Bohnen, werden diese zuerst einige Minuten unter ständigem Rühren angebraten. Nun geben wir die übrigen Zutaten hinzu und dünsten ungefähr 5 Minuten lang. Wir würzen mit Tabasco-Sauce oder mit etwas Basilikum oder Oregano.

Maiskörner in der Suppe

Roher oder am Kolben gekochter Mais läßt sich hierfür verwenden. Wir schneiden die Körner vom Kolben und geben sie in die Suppe. Beispielsweise können wir Wasser, Brühe oder Milch zu dem Mischgemüse mit Mais (siehe vorhergehendes Rezept) geben.

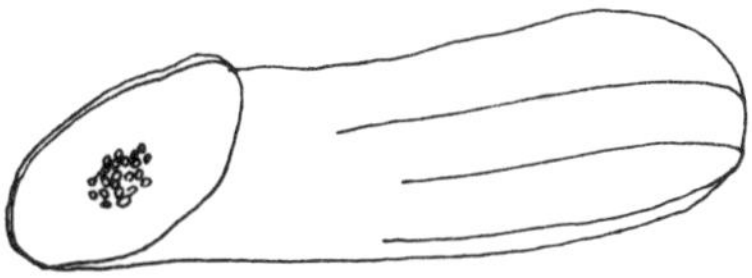

Gurke

Die kleine Gartengurke ist die kleinste, schlichteste und am wenigsten süße Melone. Es gibt viele verschiedene Sorten, alle haben ein fleischiges Inneres, das von einer wachsartigen, in der Regel rauhen Schale umgeben ist. Ist die Schale bitter, sollten wir die Gurke vor der Zubereitung schälen. Im anderen Fall steht uns das Schälen frei oder wir schälen in längliche Streifen, durch die wir auf der Gurke schmükkende Bänder aus grüner Schale erhalten. Wie jede Melone besteht die Gurke hauptsächlich aus Wasser und ist bei heißem Wetter recht erfrischend. Gurken werden natürlich auch häufig eingelegt: süß, sauer, in Dill, als Aufstrich usw. Frische Gurke wird fast immer roh angerichtet – in Salaten, Beilagen oder kalten Suppen. Weiß überhaupt jemand, daß sie auch gekocht werden können? Gurken werden gewöhnlich in runde Scheiben geschnitten, sie können aber sogar noch besser in längliche Streifen oder Stücke geschnitten werden.

Angemachte Gurke

Gurke, Zitronensaft, Tabasco-Sauce

Wir schneiden die Gurke klein und richten sie mit Zitronensaft und 1 Spritzer Tabasco-Sauce an.

Abwandlungen:
Wir marinieren oder übergießen mit 1 Eßlöffel Zucker, 2 Teelöffeln Essig, 1 1/2 Eßlöffeln Sojasauce.

Wir marinieren oder übergießen mit einer Öl-Essig-Sauce.

Gurken sind stark wasserhaltig, deshalb wird ihr Aroma und das der Salatsauce etwas konzentrierter, wenn man sie salzt. (Dieser Vorgang wird genauer auf S. 28 beschrieben.) Wir streuen Salz über die Gurken, beschweren sie und lassen sie 1/2 Stunde oder länger stehen. Die angesammelte Flüssigkeit gießen wir ab und heben sie für Suppe auf. Wir probieren die Gurke, und wenn sie zu salzig sein sollte, spülen wir sie ab, bevor wir die Sauce hinzugeben.

Gurken- und Fruchtsalat

Diesen Salat können wir auch einfach nur mit den Gurken anrichten.

Gurke, Melone, Petersilie oder Brunnenkresse, Salz, Minze

Wir schneiden die Gurke in Scheiben oder Stücke und salzen sie ein, wie oben beschrieben. Die abgetropften Gurken werden mit Melonenstücken vermischt, nach Wunsch großzügig mit Petersilie oder Wasserkresse bestreut und mit Salz und Minze gewürzt.

Abwandlungen:
Anstelle der Melone: Weintrauben, in Scheiben geschnittene Pfirsiche, Pflaumen, Aprikosen, verschiedene Melonensorten, Tomaten.

Kleingeschnittene Schalotten oder Zwiebeln können auch dazu verwendet werden, um diesen Salat zu würzen, vor allem wenn wir das Obst weglassen.

Die Sauce für den Gurkensalat kann auf einer Basis von Sauerrahm oder Joghurt angerichtet werden, etwas gesäuert durch Essig, Orange, Zitrone oder Limone. Etwas salzen und scharf würzen mit Chilisauce, Knoblauch, Senfpulver, Kreuzkümmel (Cumin) oder Pfeffer. Oder auch würzen mit: Estragon, Basilikum oder Dill.

Gekochte Gurken

Gurken, Sauerrahm oder Quark/Rahmfrischkäse, Salz, Pfeffer, Salzwasser oder Brühe, Petersilie

Wenn die Schalen nicht zu rauh oder bitter sind, können wir sie an der Gurke belassen. Andernfalls schälen wir die Gurken und schneiden sie dann kreuzweise in Hälften, der Länge nach in Viertel. Im Salzwasser köcheln lassen, bis sie weich zu werden beginnen, vielleicht 4 – 5 Minuten? Abtropfen lassen und mit Sauerrahm oder leicht verdünntem Quark bzw. Rahmfrischkäse anmachen. Würzen. Als Kräuter können wir Kümmel und Kerbel benutzen, ebenso Dill, Basilikum und Estragon. Wir erhitzen noch einmal im Ofen oder im Doppelkochtopf, falls erforderlich.

Gedämpfte Gurken

Gurken, Salz

Wir schälen die Gurken, falls die Schale zäh oder bitter ist, und entfernen auch die Kerne, wenn sie zu hart sein sollten. Die Gurke wird in Stücke von etwa 5 cm Länge geteilt und dann in Streifen geschnitten. Wir geben sie in eine haltbare Schale und decken diese fest mit einem Teller zu. Den Teller beschweren wir mit einem Stein oder vielleicht auch einigen weiteren Tellern. Die zugedeckte Schüssel stellen wir in einen größeren Topf mit etwa 2 1/2 cm Wasser darin. Wir bedecken den Topf, erhitzen bis zum Kochen und lassen 25 Minuten dünsten. Dies können wir auch in einem Doppelkocher mit fest ansitzendem oder beschwerten Deckel tun.

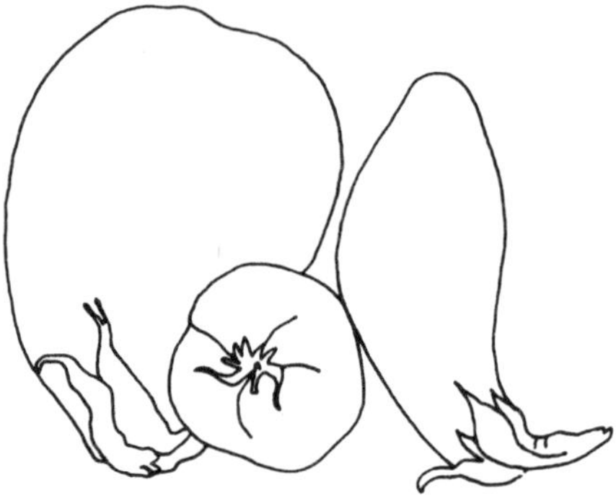

Aubergine

Die Aubergine hat ein breiiges weißes Inneres, das von einer leuchtenden purpurnen Schale eingeschlossen ist, die eßbar ist. Für die Zubereitung ziehen oder schneiden wir den Stiel ab und schneiden die Aubergine in runde oder halbrunde Stücke, zerteilen sie wie eine Kartoffel oder schneiden sie in längere Stücke oder in Streifen.

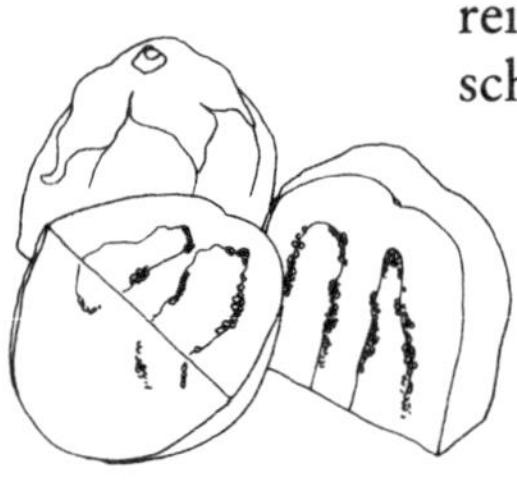

Auberginen brauchen eine gewisse Aufmerksamkeit. Sie sind bitter und säurehaltig, daher werden sie gewöhnlich gesalzen und 1 Stunde oder länger stehengelassen, nachdem wir sie aufgeschnitten haben, um ihnen Flüssigkeit zu entziehen und den Auberginen damit einen milderen Geschmack zu verleihen. (Siehe die Anleitung zum Einsalzen auf S. 28.) Nach dem Einsalzen werden die Stücke mit einem Papiertuch oder einem sauberen Geschirrtuch getrocknet. Sie werden beim Sautieren besser braun, wenn wir sie zuerst gut abgetrocknet haben.

Als eines der fleischigsten Gemüse, ist die Aubergine eine Freude für den Koch. Es ist eines jener Gemüse, die längere Kochzeiten gut vertragen und andere Geschmacksnoten aufnehmen können, ohne dabei die eigene zu verlieren. Die Aubergine liebt Öl, Knoblauch, Tomaten, Parmesankäse, ebenso Sojasauce, Ingwer und Curry. Herrlich.

Sautierte Aubergine

Auberginenscheiben oder -stücke, Öl, Salz

Wir braten die Aubergine etwa 5 Minuten unter ständigem Rühren an, möglicherweise auch kürzer, wenn wir ein späteres längeres Überbakken vorhaben. Wir geben ein wenig Wasser hinzu, decken ab und lassen weitere 5 Minuten dünsten. Mit Petersilie und Oregano bestreuen.

Abwandlungen des Grundrezepts:
Wir sautieren etwas Zwiebel und Knoblauch 1 Minute bevor wir die Aubergine dazugeben.

Wir sautieren die Aubergine 5 Minuten und nehmen sie aus der Pfanne. Nun sautieren wir 2 Minuten lang Paprika- und Selleriescheiben, geben die Auberginen wieder hinzu, decken alles ab und lassen auf mittlerer Flamme 4 – 5 Minuten dämpfen.

Wir geben Pilze oder kleingehackte Oliven dazu.

Wir geben Tomaten oder eine Tomatensauce zu einem der obigen Rezepte zum Dämpfen hinzu.

Wir streuen geriebenen Käse darüber: Parmesan, Mozzarella, Cheddar, Schweizer Käse oder Quark/Rahmfrischkäse.

Erbsen

Ich kann mich noch daran erinnern, wie ich das erste Mal frische Erbsen zubereiten konnte. Wie wunderbar! Die Schoten öffnen, mit dem Daumen an der Innenseite entlangfahren – schon sprangen die Erbsen heraus und mit ihnen der frische grüne Duft von Sonne und Erde. Ich weiß nicht einmal mehr, wie sie geschmeckt haben, aber die Entdekkerfreude, jede Schote ein Schatzkästlein voller Erbsen! Und wieviele es wohl sein mochten?

Wie Bohnen brauchen auch Erbsen Wasser. Am Anfang sind sie ziemlich trocken und hart, doch schon nach einigen Minuten werden sie feucht und leuchten grün; sie schmecken köstlich alleine, sie schwimmen in Suppen, sprenkeln in Eintöpfen und Mischgemüse.

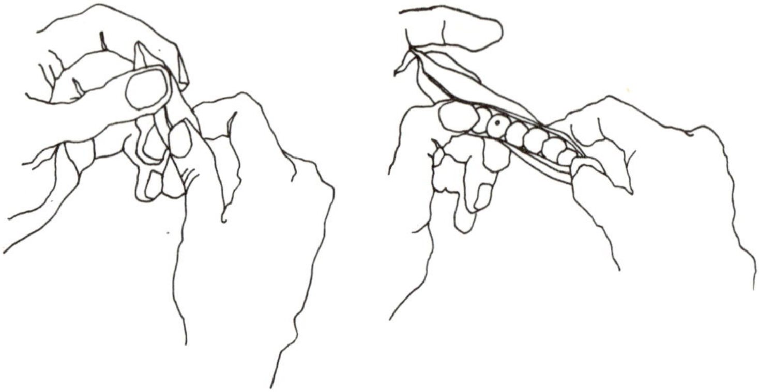

Frische grüne und saftige Erbsen

Einige Leute kritisieren das Kochen von Gemüse, aber mit Sorgfalt und Aufmerksamkeit lassen sich Erbsen so zubereiten, daß sie saftig und zart werden, zudem können wir die Brühe noch für den nächsten Topf Suppe verwenden.

Erbsen, kochendes Salzwasser, (Butter), Salz, Pfeffer

Wir schälen die Erbsen und wenn das Salzwasser kocht, geben wir sie hinein. Wir lassen die Hitze hochgestellt, legen einen Deckel darauf und halten uns in der Nähe auf. Die Erbsen werden schon nach 3 – 5 Minuten gar sein. Wenn das Wasser erneut aufkocht, stellen wir die Hitze herunter und probieren einige Erbsen. Wir legen ein Sieb in einen Topf, und wenn die Erbsen gerade weich werden, lassen wir sie abtropfen. Vor dem Servieren mischen wir sie mit zerlassener Butter, Salz und Pfeffer nach Geschmack.

Glasierte Erbsen mit Schalotte

Merkwürdigerweise waren Erbsen das einzige Gemüse, das ich auch über längere Zeit essen konnte, mein Schwiegervater jedoch mochte sie nie, bis er einmal folgende zu essen bekam:

Erbsen, kochendes Salzwasser, Sauerrahm, Schalotten, Salz, Pfeffer

Wir schälen die Erbsen und kochen sie wie im vorangegangenen Rezept. Die Schalotten werden in sehr dünne Scheiben geschnitten und mit dem Sauerrahm vermischt. Haben wir die Erbsen abgegossen, geben wir den Sauerrahm mit den Schalotten hinzu, um mit Salz und Pfeffer abzuschmecken. In einem Wasserbad hält sich dieses Gericht 5 – 10 Minuten lang warm. Ein bißchen Thymian oder Basilikum macht sich gut dazu. Es schmeckt zwar nicht genauso, aber anstelle des Sauerrahms können wir auch Joghurt verwenden.

Erbsen rollen in Mohrrüben und Pilzen

Erbsen, Mohrrüben, Pilze, Öl, Salz, Wasser

Wir schälen die Erbsen. Dann waschen wir die Mohrrüben und schneiden sie in Ovale, Halbkreise oder Streichholzstücke. Jetzt werden die Pilze gewaschen und in Scheiben geschnitten. Wir sautieren die Möhren einige Minuten, geben Pilze und Erbsen hinzu, bestreuen mit Salz, füllen 1/4 Tasse Wasser oder Brühe ein, decken einen Deckel darüber und stellen auf mittlere bis niedere Hitze. Nach etwa 4 Minuten überprüfen wir, ob die Erbsen schon weich sind. Ist auch noch genügend Wasser übrig? Umrühren und einige Minuten weiterdünsten, bis die Erbsen gerade weich zu werden beginnen. Wir sollten spätestens dann mit Kochen aufhören, wenn ihre Farbe matt wird.

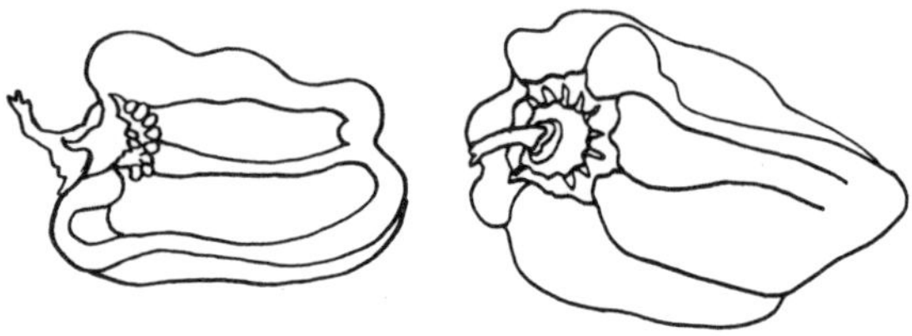

Grüne Paprikaschoten

Die Schote oder Hülse der grünen Paprika, welche die Kerne umschließt, ist der eßbare Teil. Tatsächlich sind grüne Paprikaschoten noch nicht reif gewordene rote oder gelbe Paprika. Die meisten Paprika werden gepflückt, wenn sie noch grün sind, aber auch roten Paprika findet man gelegentlich auf Märkten oder an Ständen am Straßenrand. Die roten Schoten sind süßer und weicher als die grünen. Paprikaschoten werden wegen ihrer Knackigkeit und tiefgrünen oder leuchtend roten Farbe zu Salaten gegeben. Oft kocht man sie mit Tomaten oder anderem Sommergemüse.

Wir bereiten die Paprikaschote vor, indem wir sie zuerst der Länge nach in zwei Hälften schneiden, den Stengel, die Kerne und das Mark aus jeder Hälfte entfernen, um die offenen Hälften dann auf die Schneidefläche zu klopfen, damit sich alle noch verirrten Kerne lösen. Wir entfernen die Kerne von allen Schoten, die wir verwenden wollen, und reinigen die Schneidefläche, bevor wir damit beginnen den Paprika in Scheiben zu schneiden oder kleinzuhacken.

Die Schotenhälften lassen sich auf verschiedene Weise schneiden, in längliche Streifen, diagonale Streifen, diagonale Späne, in Keile. Wenn wir die Hälften noch einmal halbieren, lassen sich leichter Späne zuschneiden. Um grünen Paprika zu würfeln, schneiden wir die Streifen oder Späne kreuzweise in kleinere Stücke.

Grüne Paprika im Salat

Paprikaschoten eignen sich gut zu Folgendem: Kopfsalat, Tomaten, Blumenkohl, Mohrrüben, Hüttenkäse, Bohnen oder Kartoffeln. Für Salate werden sie am besten in dünne Streifen geschnitten. Auf diese Weise können wir sie leicht kauen, und niemand bekommt mit einem Bissen eine zu große Portion auf einmal.

Gekochte grüne Paprika mit Gemüse oder Getreide

Paprika wird häufig allein oder mit Zwiebeln dazu verwendet, um Gemüse- oder Getreidegerichte zu „beleben“ oder aufzuheitern. Man kann die Schoten in Suppen, Aufläufe, Omeletts oder Gemüsemischungen verwenden. Dazu schneiden wir sie in kleine Vierecke, breite Streifen oder Keile und sautieren sie 1 Minute, ehe wir sie dazugeben.

Tomaten und grüne Paprika

Wenn wir rote Paprika haben, wie wäre es dann mit gelben Tomaten?

Grüne Paprikaschoten, Tomaten, Zwiebeln, Salz, Öl, Gewürze

Wir schneiden die Paprikaschoten in breite Streifen, Keile oder Vierecke, teilen die Tomaten in Achtel und schneiden die Zwiebeln in dünne Scheiben oder größere Stücke. Die Zwiebeln werden 1 – 2 Minuten angebraten, dann geben wir die Paprikaschoten dazu und braten 1 weitere Minute unter ständigem Rühren an. Nun folgen die Tomaten und die Gewürze, wobei wir die Hitze kleinstellen. Bei geschlossenem Deckel einige Minuten kochen lassen, bis die Tomaten gründlich erhitzt sind. Wenn wir sie nur kurz kochen, bleiben die Paprikaschoten leuchtend grün.

Sollten wir Olivenöl verwenden, können wir es mit Basilikum, Salbei oder Thymian würzen. Nehmen wir Mais-, Erdnuß- oder Sesamöl, probieren wir etwas frischen Ingwer und Sojasauce.

Knoblauch läßt sich in beiden Fällen verwenden.

Sommerkürbis

Zuchini, krummhalsiger Gartenkürbis u. a.

Schöne Kürbisse: gerade geformt und tiefgrün, gelb, mit einem Hals, der sich zur Prallheit ausdehnt, blaßgrün, rund und gekrümmt; sie sind voller zarter, erdiger Düfte, wenn sie nicht zu Brei zerkocht werden. Werden sie schnell angebraten oder gedämpft, können diese Kürbisarten allein gegessen werden, leicht gewürzt mit Käutern oder kombiniert mit Aubergine, Tomate, Blattgemüse, Zwiebeln, Mohrrüben, Käse. Roh und feingeschnitten eine gute Zugabe zu Salaten. Wir reiben sie leicht ab, entfernen die Enden und schneiden sie ihrem Verwendungszweck entsprechend zu. Für das Kochen eignet sich besonders der Drehschnitt. Sie haben ein mildes Aroma – wir sollten also auch nur leicht würzen.

Zucchini und krummhalsiger Gartenkürbis kann auf jede beliebige Art geschnitten werden, wie wir es für Mohrrüben beschrieben haben. Andere Sorten können halbiert und wie eine Zwiebel in Scheiben geschnitten, wie eine Tomate zerteilt oder wie eine Kartoffel in Stücke geschnitten werden.

Roher Sommerkürbis

Dieses Gemüse hat eine feine, sanfte Knackigkeit, wenn es roh gegessen wird. Die größeren Exemplare mit den festeren Kernen sind meistens besser, wenn sie gekocht wurden. Wir schneiden sie in Streifen, Stücke oder Ovale und legen sie dekorativ auf einem Teller aus. Mit Salz bestreuen oder Salz zum Eintauchen auf den Tisch bringen. Um dem Geschmack einen schärferen Biß zu geben, können wir auch mit Zitronensaft und Zitronenschale oder mit einer Zitronensauce mischen.

Gekochter oder gedämpfter Kürbis

Auf diese Art zubereitet schmeckt Sommerkürbis recht gut – sofern wir ihn noch vom Feuer holen können, bevor er breiig ist, was nach nur 5 oder 6 Minuten der Fall sein wird, abhängig von seiner Größe. Größere Stücke können noch etwas länger gekocht werden. Wir vermischen mit Butter, Salz und Pfeffer oder geben eine milde Sauce dazu.

Überbackener Sommerkürbis

Wir überbacken im Ganzen, halbieren oder schneiden in Streifen. Mit Öl bestreichen. Je nach Größe 20 – 30 Minuten backen lassen. Mit geriebenem Parmesankäse bestreuen. Vielleicht auch eine Schicht Tomaten und Käse?

Gebratener Sommerkürbis

Kürbis muß nicht unbedingt zu Brei zerdrückt werden. Wird er nur leicht gekocht, ist er etwas knusprig und hat ein mildes, erdiges Aroma.

Zucchini oder krummhalsiger Gartenkürbis, Öl, Salz

Wir waschen den Kürbis und schneiden nach Möglichkeit mit dem Rollschnitt, sonst in runde oder ovale Scheiben. Dann wird 3 – 4 Minuten unter Umrühren angebraten, wir geben einen Deckel darüber und stellen für 1 – 2 Minuten die Hitze herunter. Meistens wird genügend Wasser im Kürbis selbst enthalten sein, so daß nichts dazugegeben werden muß. Mit Gewürzen abschmecken und servieren.

Gewürzte Zucchini

Wir fügen Salz, sehr sparsam Kurkuma (Gelbwurz) und eine feingehackte Zwiebel zu erhitztem Öl, rühren 1 Minute um, geben die Zucchini dazu, rühren erneut, bedecken mit einem Deckel und lassen 5 – 7 Minuten kochen. Mit kleingehackten Nüssen garnieren.

Kürbis mit Zwiebel und Sellerie

Zwiebel, Sellerie, Kürbis

Wir schneiden Zwiebel und Sellerie in recht dünne Scheiben. Wir bereiten alles zu wie im vorangegangenen Rezept, beginnend mit der Zwiebel, der wir den Sellerie hinzugeben. Kurz kochen und dann den Kürbis hinzufügen.

Kürbis mit grüner Paprika und Tomate

Das gleiche wie oben. Zuerst werden die Paprikaschoten angebraten, dann geben wir die Zucchini dazu, braten 3 – 4 Minuten unter Umrühren an, nun folgen die Tomaten; wir bedecken den Topf, stellen die Hitze etwas herab und kochen, bis die Zucchini nach Geschmack weich und die Tomaten dampfend heiß geworden sind.

Kürbis auf andere Weise gebraten:
Wir versuchen es mit Olivenöl.

Wir geben ein wenig Zitronensaft hinzu, um den Geschmack abzurunden.

Wir würzen vorsichtig mit Kräutern: Basilikum, Estragon, Majoran, Oregano, gehackte Petersilie. Eines davon genügt.

Wir würzen leicht mit Sojasauce.

Wie wäre es mit geriebenem Käse? Etwa Zwiebeln, grüner Paprika, Kürbis, Tomate mit Parmesan. Oder einfach auch nur Zucchini mit Cheddar?

Tomaten

Tomaten sind eines der vielseitigsten, im Handel am meisten verwerteten Gemüse: Sie tauchen in Salaten, Suppen, Saucen, Pasten und im Ketchup auf. Ihre herzhafte rote Farbe und ihr kräftiges Aroma, das zugleich belebt und würzt, runden manches Gericht ab. Die beste Tomate ist reif, ungewaschen, direkt von einer ungespritzten Staude: rund, warm und voller Sommersonne, fleischig, teilt sie sich bei der Berührung mit den Zähnen, preßt sich sanft gegen den Daumen, ergießt ihre Säfte mit ungewöhnlicher Üppigkeit in die Mundhöhle. Alles andere ist nur eine schwache Nachahmung, blaß im Vergleich dazu, nur nach eigenem Maßstab gut. Tomaten können allein verwendet werden, sie passen aber auch zu fast jedem anderen Gemüse.

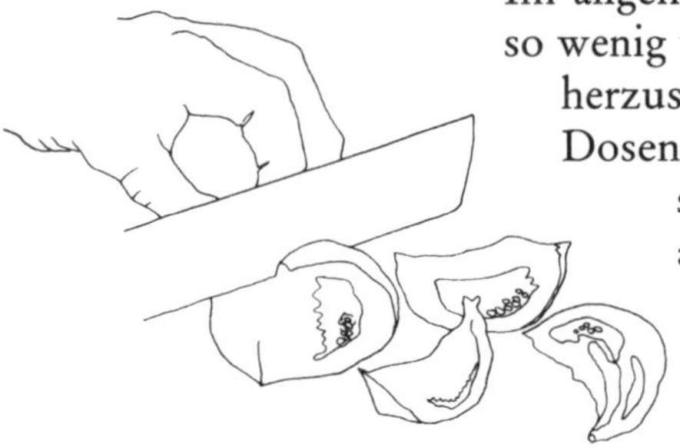

Im allgemeinen mag ich frische Tomaten so wenig wie möglich kochen; um Saucen herzustellen, verwende ich Tomaten in Dosen. Wir spülen die Tomaten ab, schneiden den kleinen Kern heraus und teilen sie dann in Stücke oder schneiden sie in Scheiben. Da Tomaten ziemlich säurehaltig sind, sollten wir nach Möglichkeit ein scharfes, rostfreies Stahlmesser verwenden. Auch ein Brotmesser eignet sich oft gut dazu.

Wenn wir Tomatenerzeugnisse in Dosen verwenden, sollten wir daran denken, daß Tomatenmark viel kräftiger ist als Tomatensauce oder konservierte Tomaten. Tomatenmark wird gewöhnlich mit Wasser verdünnt, während man Dosentomaten und Tomatensauce unverdünnt verwendet. Tomatenmark kann zu Suppen gegeben werden, um ihnen eine kräftigere Farbe zu verleihen, wie auch ihrem Aroma etwas Säure oder Schärfe.

Tomatensalat

Der einfachste Tomatensalat: Tomaten werden in einer Schüssel aufgeschnitten. Für einen etwas anspruchsvolleren Tomatensalat versuchen wir es mit folgendem:

Tomaten, Salz, Olivenöl, Oregano, Basilikum oder Estragon

Wir schneiden die Tomaten in Scheiben oder Stücke. Die Scheiben legen wir auf einer Servierplatte aus und geben Olivenöl, Salz und Kräuter darüber. Stücke füllen wir in eine Schüssel und mischen sie mit den anderen Zutaten.

Marinierter Tomatensalat

Tomaten, Salatsauce

Hierfür bereiten wir eine komplette Öl-Essig-Sauce mit Kräutern vor und marinieren die Tomaten darin, bevor wir sie servieren.

Überbackene Tomaten

Tomaten, Olivenöl, Knoblauch, geriebener Käse

Wir schneiden den Deckel ab und streuen großzügig kleingehackten Knoblauch darüber. Jede Tomate wird mit ungefähr 1 Teelöffel Olinöl beträufelt. Bei 175° C ungefähr 30 Minuten backen, zwischendurch ein- oder zweimal die Tomaten aus dem Ofen herausnehmen, um sie mit Öl zu begießen. In den letzten 5 Minuten streuen wir Parmesan oder geriebenen Cheddar darüber. Wir können die Tomaten auch mit Estragon, Petersilie und Koriander bestreuen.

Einige andere Gemüse

Es folgen nun Gemüse, die ich bisher sehr selten verwendet habe oder die bei uns ziemlich ungebräuchlich sind. In den Supermärkten sind inzwischen immer mehr Gemüsesorten erhältlich. Auch wenn wir kein bestimmtes Gericht kennen, zu dem wir diese Gemüse verwenden können, sollten wir vielleicht doch einmal etwas davon mit nach Hause nehmen und ausprobieren: sautiert, gedämpft, gekocht oder gebacken. Machen wir die Probe, experimentieren wir ruhig.

Es folgen nun einige kurze Erklärungen zu mehreren Gemüsearten, gebräuchlichen wie ungebräuchlichen, die bisher noch nicht behandelt wurden. Ich habe nur Gemüse aufgeführt, mit denen ich bereits persönliche Erfahrung gemacht habe.

Klettenwurzel

Gobo heißt dieses Gemüse im Japanischen. Es handelt sich um ein langes schmales Wurzelgemüse mit feinem, erdigen Geschmack.

Gobo sollte zwar abgebürstet, muß aber nicht geschält werden. Am häufigsten wird es in schmale Streifen geschnitten, wobei man den chinesischen Drehschnitt verwendet. Es ist etwas zäh und benötigt etwa zweimal solange Kochzeit wie Mohrrüben. Manchmal kocht man Gobo erst 10 Minuten, bevor es zu Mischgemüse hinzugegeben wird. Hier folgt eines unserer Lieblingsrezepte:

Kimpira

1 Klettenwurzel pro Person, 1/2 große Mohrrübe pro Person, geröstete Sesamsamen, Mais- und Sesamöl, Sojasauce

Wir waschen das Gemüse und schneiden es in lange, dünne Stücke, wobei wir den chinesischen Drehschnitt anwenden. Nun werden die Sesamsamen geröstet. Klettenwurzel und Mohrrübe sollen halbfrittiert werden, daher füllen wir etwa 5 cm Öl in eine Bratpfanne und erhitzen, bis es fast raucht. Die Klettenwurzel wird 4 – 5 Minuten lang gekocht, dann geben wir die Mohrrübe hinzu und kochen weitere 4 – 5 Minuten, bis das Gemüse weich zu werden beginnt. Wir entfernen es aus dem Öl und trocknen es auf Papiertüchern. Nun wird ein Wok oder eine Bratpfanne erhitzt, um das Gemüse unter ständigem Umrühren zu braten, wobei wir Sojasauce und Sesamsamen hinzugeben. Das Gemüse wird knackig sein und eine Sojasaucenglasur haben.

Sellerieuwurzel

Auch als Knollensellerie bekannt, eine Wurzel, die von einer etwas anderen Sorte Sellerie abstammt, welche man wegen ihrer Stangen anbaut. Aufgrund ihrer unregelmäßigen Oberfläche ist es recht schwierig, sie zu waschen, man kann sie nach Wunsch schälen oder auch nicht. Zum Sautieren schneiden wir sie in Scheiben, zum Dämpfen oder Kochen in Stücke. Sie wird wie Mohrrüben oder Steckrüben zubereitet. Gekocht und in streichholzgroße Stücke geschnitten, gibt man sie oft in den Salat.

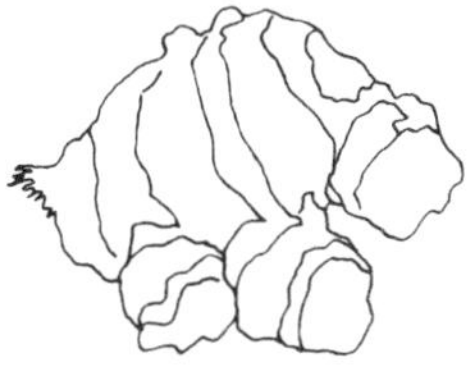

Pastinakwurzel

Dies ist das Wurzelgemüse, das im Rohzustand sehr ähnlich wie Mohrrüben schmeckt. Da es roh jedoch nicht so gut ist, können wir es auch wie Mohrrüben oder Steckrüben zubereiten. Beim folgenden Rezept werden Steckrüben und Pastinakwurzel zusammen verwendet.

Pastinakwurzel, Steckrüben, Pilze, Öl, Salz, Zitrone, Wasser

Wir schneiden die Pastinakwurzel mit dem Drehschnitt oder in Ovale. Die Steckrüben werden der Länge nach geviertelt, dann kreuzweise in dicke Scheiben geschnitten. In Scheiben geschnitten werden auch die Pilze. Wir geben 1/4 Tasse Wasser und den Saft von 1/2 Zitrone in einen Topf auf niedriger Flamme und erhitzen, um die sautierten Gemüse aufzunehmen. Nun sautieren wir die Steckrüben 3 Minuten lang und geben sie in den vorbereiteten Topf. Als nächstes wird die Pastinakwurzel 3 Minuten sautiert und zu den Rüben gegeben. Wir decken den Topf ab, damit alles dünsten kann. Die Pilze werden angebräunt, zu dem anderen Gemüse dazugegeben und untergerührt. Sind Rüben und Pastinakwurzel schon weich? Vielleicht dauert es noch ein paar Minuten ...

Chinesisches Blattgemüse

Dazu gehören Bok Choy, Wong Bok, Shingiku, Senfkohl und ähnliche. Für Rezeptvorschläge orientieren wir uns in dem Abschnitt über Blattgemüse.

Rosenkohl

Rosenkohl hat eine gewisse Ähnlichkeit mit sehr kleinem Blumenkohl. Um ihn zum Kochen vorzubereiten, entfernen wir alle gelben oder verwelkten äußeren Blätter. Auch das untere Ende des Marks kann abgeschnitten werden. Rosenkohl läßt sich im Ganzen kochen, er kann aber auch der Länge nach in Hälften oder Viertel geschnitten sautiert oder gedämpft werden. In jedem Fall möchte ich empfehlen, ihn nicht zu lange zu kochen. Es folgt ein Rezept:

Rosenkohl mit Käse

Rosenkohl, Orangensaft, Öl oder Butter,
Salz, Pfeffer, geriebener Käse

Der Rosenkohl wird der Länge nach in Hälften oder in Viertel geschnitten und 3 – 4 Minuten lang in Öl oder Butter sautiert. Wir geben genügend Orangensaft hinzu, um den Boden der Pfanne zu bedecken, und dann noch einige Eßlöffel mehr. Wir wenden den Rosenkohl, decken die Pfanne ab und lassen ihn 2 – 3 Minuten weiterköcheln. Nun würzen wir mit etwas Salz und Pfeffer. Ist der Rosenkohl schon zart? Vor dem Servieren mit geriebenem Käse überstreuen.

Grüne Tomaten

Da diese ziemlich säurehaltig sein können, werden sie manchmal aufgeschitten und eingesalzen wie Auberginen. Dann werden sie gründlich zubereitet. Sie schmecken köstlich gebraten oder geschmort und werden auch häufig sauer eingelegt.

Seegemüse

Diese sind in Fernost viel verbreiteter als im Westen. Es gibt sie bei uns aber zunehmend in Bioläden und in großen Geschäften bei den importierten Nahrungsmitteln. Sie sind eine gute Quelle für Spurenelemente und stellen eine schmackhafte Ergänzung für jede Diät dar. Die gebräuchlichsten Sorten sind Rotalge, *Hijiki* (auch: *Hiziki*), *Wakame*, *Kombu* und *Nori.*

Nori

Nori gibt es in dünnen Blättern. Diese brauchen lediglich geröstet zu werden. Wir schwenken jeweils 1 Nori-Blatt ungefähr 8 – 10 cm über einer mittelheißen Flamme, bis es anfängt, sich zu verziehen. Die gerösteten Blätter können zerbröckelt werden, um sie auf Getreidegerichten oder Suppen als Garnierung zu verwenden. Man wickelt mit ihnen auch Reisklöße (*Sushi*) ein.

Wakame und Rotalge

Vor dem Einweichen spülen wir sie einmal ab und weichen dann 15 – 30 Minuten ein, bis sie aufgequollen sind. Wir lassen sie abtropfen und bewahren die Einweichflüssigkeit auf – denn die ist voller Meeresaroma und Nährstoffen. *Wakame* wird von einem zähen Faden in ganzer Länge durchzogen. Aber auch im Rohzustand sollte dieser Faden nach dem Einweichen weich genug sein, um gekaut zu werden. Ist dem nicht so, ziehen wir ihn mit der Hand ab. Die eingeweichten *Wakame*- und Rotalgen-Streifen werden in etwa 2 1/2 cm große Stücke zerteilt, ehe wir sie verwenden.

Hijiki

Hijiki ist oft stark sandig, beim Abspülen nehmen wir es daher sorgfältig von der Wasseroberfläche, damit der Sand am Boden der Schüssel bleiben kann. Wir weichen ein wie bei *Wakame* oder Rotalge und wiederholen dann den Spülvorgang.
Hijiki gibt es in kurzen, schmalen Stücken, es braucht vor der Zubereitung nicht zerteilt zu werden.

Kombu

Kombu gibt es in dicken Blättern, aus denen sich eine ausgezeichnete Brühe herstellen läßt. Abspülen oder Einweichen ist nicht erforderlich. Ein quadratisches Stück Kombu (7,5 mal 7,5 cm) wird etwa 1/4 Liter Brühe würzen. Nach dem Kochen kann es in Streifen geschnitten werden, um es der Suppe hinzuzugeben.

Alle oben aufgeführten Seegemüse lassen sich ausgezeichnet zu Gemüse-, Bohnen- und Getreidegerichten sowie für Suppen verwenden. Gekochte *Hijiki* schmecken auch in Salaten recht gut.

See- und Erdgemüse

Werden Seetang oder Algen allein gekocht, ergibt dies ein recht kräftiges Gericht. Eine etwas mildere Mahlzeit erhalten wir mit folgendem Rezept:

Seetang oder Algen, jede der oben angeführten Sorten,
zubereitet wie beschrieben (ungefähr 50 – 60 g für 4 Personen)
Zwiebeln, Mohrrüben, das Einweichwasser der Algen,
Sojasauce, Salz, (Ingwer),(Knoblauch)

Wir waschen das Seegemüse und weichen es ein, während die Zwiebeln und Mohrrüben in Würfel geschnitten werden. Seegemüse weiter zum Kochen vorbeiten. Wir braten die Zwiebel 1 Minute an, dann setzen wir das Sautieren mit den Mohrrüben weitere 2 Minuten fort. Seegemüse hinzugeben und 10 Minuten sautieren. Wir geben 1 Tasse des Einweichwassers hinzu, decken ab, und lassen 15 – 20 Minuten köcheln. Gewürzt wird mit Sojasauce, Salz und etwas frisch gemahlenem Ingwer, sofern zur Hand. Wenn wir uns an dem Meeresaroma erfreuen wollen, sollten wir nur milde würzen. Wir kochen noch einige Minuten weiter.

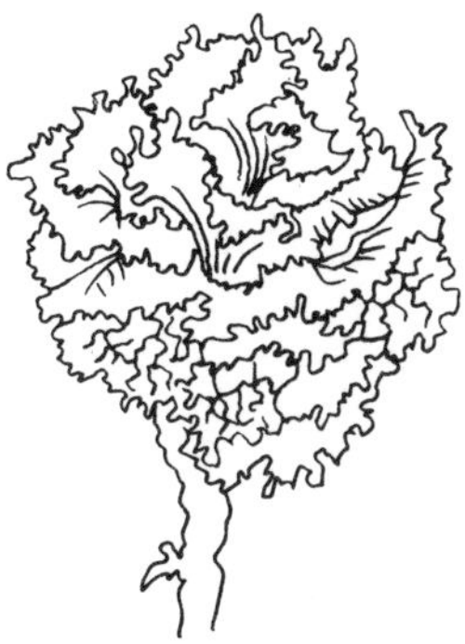

Weitere Grundzutaten

Obst und Trockenfrüchte

Früchte sind das Endprodukt der Arbeit der Pflanze, Ansammlungen von Energie und Nahrung für Samen. Manche Leute lieben Obst und können gar nicht darauf verzichten, während andere auch ohne ganz zufrieden zu sein scheinen. Obst ist eine trügerisch kräftige Speise: erfrischend, belebend, reinigend. Es ist bei warmem Wetter am besten frisch, kühl und roh, bei kaltem Wetter dagegen heiß, dick und süß; mit Obst können wir den Tag beginnen, einen Nachmittag retten und ein Abendessen abrunden.

Zitrusfrüchte

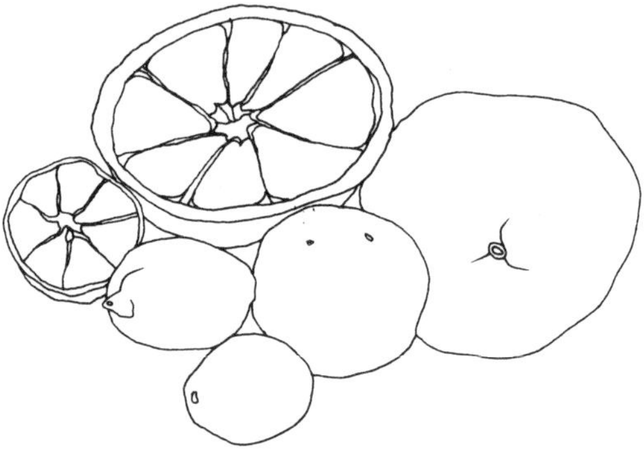

Apfelsinen, Zitronen, Limonen, Pampelmusen und Mandarinen

Diese Früchte sind bekannt für ihren schmackhaften Saft und ein erfrischendes Gleichgewicht von Süß und Sauer. Ihr Saft kann anstelle von Essig in Salatsoßen und Gemüsegerichte gegeben werden, etwa bei Winterkürbis. Sie bewahren die Farbe und Frische soeben aufgeschnittener Äpfel, Mohrrüben, Pfirsiche, Bananen, Avocados und anderer Früchte und Gemüse. Suppen, die allzu süß oder fade schmecken, lassen sich mit Zitronen- oder Limonensaft beleben oder auch mit etwas Apfelsinen- oder Zitronenschale, die ebenfalls nützlich für Salattunken, Saucen und sauer eingelegtes Gemüse sind.

Sowohl Apfelsinen als auch Pampelmusen (Grapefruit) lassen sich mit den Händen oder mit einem scharfen, rostfreien Stahlmesser schälen. Knapp unter der Oberfläche schälen wir um die Frucht herum. Beim Obstschälen verwenden wir am besten immer ein rostfreies Messer, denn kohlenstoffhaltiger Stahl reagiert mit der natürlichen Fruchtsäure und übersät die geschnittene Frucht mit schwarzen Flekken. Um Zitrusfrüchte in Scheiben zu schneiden, eignet sich auch ein Brotmesser sehr gut.

Wie wir Zitronen- oder Apfelsinenschale zerkleinern: Eine Möglichkeit besteht darin, die Apfelsine oder Zitrone so fein wie möglich zu reiben. Hier ist aber noch eine: Mit einem Kartoffelschäler schneiden wir die Schale von einem Ende der Frucht zum anderen in Streifen weg. Die Streifen schneiden wir der Länge nach und dann kreuzweise so fein wie möglich. Ist die Schale immer noch nicht fein genug zerkleinert, können wir sie außerdem hakken.

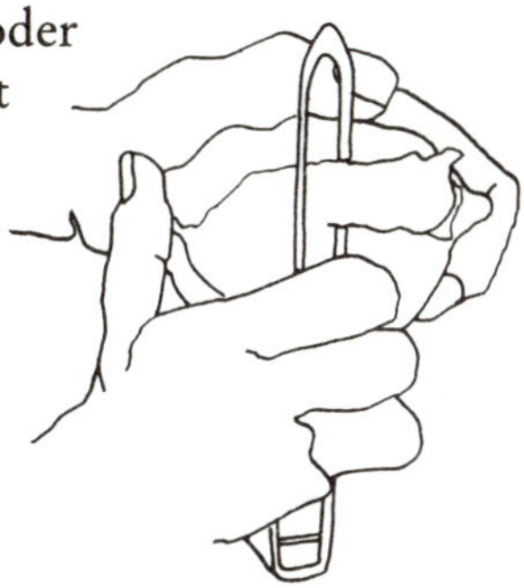

Apfelsinen- oder Pampelmusen-Sprossen-Salat

Apfelsinen (Pampelmusen oder Mandarinen), Luzernensprossen

Zuerst schälen wir das Obst, dann schneiden wir es in Scheiben oder Stücke. Wir vermischen es mit den Luzernensprossen und geben ein paar Rosinen hinzu, wenn es nicht süß genug sein sollte.

Anstelle der Sprossen können wir auch feingeschnittenen Krautsalat verwenden.

Pampelmusen-Avocado-Salat

Pampelmusen, Avocado

Wir schälen und zerteilen die Pampelmuse. Die Avocado wird geschält und dann in längliche Streifen geschnitten. Mit Öl und Essig oder Öl und Zitrus anrichten. Anstelle der Grapefruit (oder zusätzlich) können wir auch Apfelsinen oder Mandarinen verwenden.

Orangenscheiben-Dessert

1/2 Apfelsine oder mehr pro Person, Datteln, Kokosnuß

Wir schälen die Orange und schneiden sie in Scheiben. Die Datteln werden entkernt und kreuzweise geschnitten, dann legen wir die Orangenscheiben auf Nachtischtellern aus und bestreuen sie mit Datteln und Kokosnuß.

Abwandlungen:
Anstelle der Datteln können wir auch Rosinen oder kleingeschnittene Feigen verwenden.

Anstelle der Datteln und der Kokosnuß können Bananenscheiben oder -ovale verwendet werden.

Überbackene Pampelmuse

Ich nehme an, daß sich dieses Rezept für einige Leser etwas merkwürdig anhören mag, ich aber bin damit aufgewachsen.

Pampelmuse, Zucker oder Honig

Wir schneiden die Pampelmuse in zwei Hälften; wenn wir mögen, können wir noch einmal um jedes Teil herumschneiden, um es von der Schale zu lösen. In die Mitte der Pampelmusenhälften geben wir etwa 1 Teelöffel Zucker oder Honig und backen sie mit der Oberfläche nach oben bei 175° C auf einem Backblech.

Frühlings- und Sommerfrüchte

Beeren, Pfirsiche, Aprikosen, Nektarinen,
Pflaumen, Trauben, Kirschen

Das meiste Sommerobst hat eine Haut, die zusammen mit der Frucht gegessen wird, obwohl Pfirsiche mit ihrem charakteristischen Flaum häufig geschält werden. Dazu taucht man die Pfirsiche 10 Sekunden in kochendes Wasser oder auch länger, wenn sie noch nicht ganz reif sein sollten. Wir lassen die Pfirsiche abkühlen und schälen sie dann mit der Hand oder ziehen die Haut mit einem Messer ab. Mit Ausnahme von Trauben, Beeren und Kirschen können alle diese Früchte zerteilt werden, indem wir sie von einem Ende zum anderen bis zum Kern durchschneiden. Sollte es erforderlich sein, lösen wir den Kern, indem wir das Messer drehen.

Diese Früchte schmecken am besten, wenn sie einfach nur gewaschen und gegessen werden. Beeren färben die Hände rot oder purpurn. Pfirsichsaft läuft gern das Kinn und den Unterarm herunter. Süße Klebrigkeit im Überfluß. Für Gelegenheiten, die nach größerer Zivilisiertheit verlangen:

Obstkompott

Beeren, Pfirsiche, Aprikosen, Nektarinen, Pflaumen, Trauben, Kirschen

Wir waschen und schneiden die Früchte. Sofern wir dies vorziehen, schälen wir die Pfirsiche zuerst. Die Aprikosen können halbiert werden, Beeren oder Trauben können ganz bleiben. Wir vermischen das Obst miteinander und geben für zusätzlichen Saft und Aroma noch hinzu:

Zitrus- oder anderen Obstsaft.

Obstwein, süßen Wermut, Branntwein oder Rum.

Wenn wir das Obst süßer mögen, geben wir etwas Zucker oder Honig hinzu.

Wir garnieren mit frischen Minzeblättern.

Für einen Joghurt-Fruchtbecher geben wir das gewaschene und kleingeschnittene Obst zum Joghurt. Wir süßen nach Geschmack. Das Gericht wird bis zum Servieren kaltgestellt.

Eine letzte Abwandlung besteht darin, das Obst in Sekt oder Champagner zu servieren. Prost!

Pfirsiche mit Sahne

Pfirsiche, Schlagsahne, Vanille, Zimt

Wir schälen die Pfirsiche und schneiden sie in Scheiben. Nun wird die Sahne geschlagen, bis sie eher flockig als flüssig ist, aber nicht solange, daß sie zu Butter wird. Wir schmecken mit etwas Vanille, Rum oder Weinbrand ab. Die Scheiben legen wir auf Dessertschalen aus und löffeln die Schlagsahne darüber. Wir brauchen nicht viel davon – hier hält wenig recht lange vor. Die Sahne bestreuen wir noch mit Zimt oder frisch gemahlener Muskatnuß.

Abwandlungen:
Beeren, Aprikosen, Nektarinen, Pflaumen und Trauben können die Pfirsiche ergänzen oder ersetzen.

Anstelle der Schlagsahne können wir auch Quark verwenden. Das ist ebenso schlicht wie schmackhaft. Wir müssen ihn allerdings eine Zeitlang vorher aus dem Kühlschrank nehmen und mit einer Gabel und einem Löffel bearbeiten, um ihn weich zu machen. Löffelweise mischen wir sorgfältig Milch darunter, bis der Quark die Konsistenz von Schlagsahne hat. Abgeschmeckt wird mit Vanille, Rum oder Weinbrand. Verwenden wie oben beschrieben.

Die Schlagsahne kann auch mit Schokoladenspänen, Kokosnuß oder kleingehackten Nüssen garniert werden.

Fahlgrüner Schnee

Dieser Traubensalat kann auch einen Nachtisch abgeben.

Trauben, kernlos, Sauerrahm, Honig, Vanille,
Muskatnuß oder Zimt, (geriebene Zitronenschale), (Walnüsse)

Wir entfernen die Stiele von den Trauben und waschen ab. Der Sauerrahm wird mit Honig gesüßt und mit Vanille leicht gewürzt. Wir geben das Gewürz und vielleicht auch etwas Zitronenschale hinzu. Einige Trauben legen wir zum Garnieren beiseite und geben den Rest unter die Sauerrahmmischung, wobei wir, falls vorhanden, auch noch einige kleingehackte Walnüsse hinzufügen können. Bis zum Anrichten kaltstellen, dann mit den beiseite gelegten Trauben verzieren.

Abwandlungen:
Der gesüßte Sauerrahm paßt auch ausgezeichnet zu den anderen Sommerfrüchten, besonders zu Beeren.

Anstelle von Sauerrahm können wir auch Joghurt verwenden.

Gekochtes Sommerobst

Gut zum Frühstück! Dies ist auch eine geeignete Methode, um Obst zuzubereiten, das zwar nicht mehr frisch aussieht, aber noch nicht sonderlich sauer oder schimmelig ist.

Beliebiges Obst aus dieser Gruppe, Zucker oder Honig,
Wasser, Maisstärke zum Andicken

Wir waschen, putzen und schneiden das Obst in Scheiben. Wir lassen es in 3 – 5 cm Wasser köcheln. Nach Geschmack mit Zucker, Honig oder vielleicht auch Trockenobst süßen. Angedickt wird mit der im kalten Wasser aufgelösten Maisstärke. (1 Teelöffel Maisstärke, aufgelöst in 1 Teelöffel kaltem Wasser, dickt 1 Tasse Flüssigkeit an. Wir beginnen mit einer minimalen Menge und geben mehr hinzu, wenn wir es dicker haben wollen.) Das Obst muß nicht unbedingt angedickt werden.

Schon mal gekochtes Obst in einem frischen Obstkompott angerichtet?

(Die Fruchtpasteten überlasse ich anderen Standardwerken.)

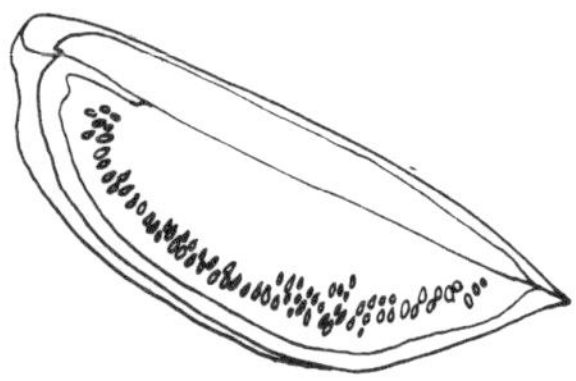

Melonen

Beutelmelone, Honigmelone, Wintermelone, Wassermelone

Süße Saftigkeit in eisigem Fruchtfleisch. Ihr hoher Wassergehalt macht Melonen zum am meisten erfrischenden Sommerobst, aus dem gleichen Grund sind sie aber auch nicht dafür geeignet, um in Suppen oder Pasteten verwendet zu werden. Wir kühlen sie im Kühlschrank, in einem Bach oder im Schatten. Wir schneiden ein dickes, halbmondförmiges Stück heraus und beißen hinein. Wie wir uns doch wünschen, daß wir einen größeren Mund hätten!

Melonensalat

Melonen, Bananen, Trauben, Minze, (Kokosnuß)

Wir schneiden die Melonen auf und entfernen die Kerne. Selbst bei Wassermelonen ist das nicht allzu schwierig – die Kerne sind nämlich in geraden Linien angeordnet. Nun schneiden wir die Schale vom Fruchtfleisch weg und dieses dann in Stücke. An Melonensalat können wir Trauben oder in Scheiben geschnittene Bananen hinzugeben, und auch das andere Sommerobst ist dafür geeignet, ich persönlich ziehe ihn jedoch ohne Zitrusfrüchte vor. Gewürzt wird mit frisch gehackter Minze, und wenn es uns so kommt, streuen wir auch etwas Kokosnuß darüber.

Fantasie Cantaloupe

Viele Leute streuen gerne Salz auf ihre Melone. Hier haben wir noch einige andere fantastische Vorschläge.

Beutelmelone, Zitronensaft, rohe Cashew-Butter

Wir schneiden die Beutelmelone (Cantaloupe) in Hälften oder Viertel und entfernen die Kerne. Nun träufeln wir den Zitronensaft darüber und häufen kleine Mengen Cashew-Butter darauf.

Beutelmelone, Joghurt und/oder, Hüttenkäse

Die Beutelmelonen werden halbiert oder geviertelt und die Kerne werden entfernt. Wir fügen Joghurt zum Hüttenkäse, bis er cremig ist. Diese Mischung füllen wir zu einem Haufen in die Melone.

Abwandlungen:
Der Joghurt-Hüttenkäse-Mischung können Rosinen, Datteln oder Feigenscheiben hinzugefügt werden.

Die Hüttenkäse-Joghurt-Mischung läßt sich mit frischen Obststükken garnieren.

Äpfel, Birnen und Bananen

Diese Früchte sind hier gemeinsam angeordnet, weil sie, von den Zitrusfrüchten abgesehen, im Herbst und Winter das wahrscheinlich am leichtesten erhältliche Obst sein dürften.

Birnen und Äpfel haben ein festeres Fruchtfleisch als das Sommerobst. Wir können die Schale daranlassen, müssen sie aber gut waschen. Um sie zuzubereiten, schneiden wir sie der Länge nach in Viertel und entfernen Stiel und Kerne. Die Viertel wiederum werden entweder der Länge nach oder diagonal in Scheiben geschnitten.

Birnen oder Äpfel, in Scheiben geschnitten

Birnen oder Äpfel, Orangen- oder Zitronensaft, Bananen

Wir schneiden die Birnen oder Äpfel zu. Mit Orangen- oder Zitronensaft verrühren. Die Bananenscheiben hineingeben.

Apfel- oder Birnensalat

Äpfel (Birnen), Pampelmusen (Apfelsinen oder Mandarinen), Minze

Wir schneiden die Äpfel in Scheiben und die Pampelmuse in Stücke. Zusammen mit etwas Minze werden sie miteinander vermischt. Zur weißen Pampelmuse können wir einmal Pippin-Apfel versuchen, zur rosa Pampelmuse auch roten Delicious. Auch Apfelsinen oder Mandarinen können Verwendung finden.

Warmes Obst

Äpfel oder Birnen, Zucker, Honig,
Datteln, Feigen oder Rosinen, (Zitrone)

Zum Kochen genügt es, das Obst zu vierteln. Wir füllen mit etwas Wasser auf. Nun geben wir etwas zum Süßen hinzu: Zucker, Honig, Datteln, Feigen oder Rosinen. Topf abdecken und alles 15 – 20 Minuten dünsten lassen, bis das Obst weich ist, wobei wir während des Kochens einige Male umrühren. Ist es zu süß geworden, geben wir etwas Zitronensaft oder kleingehackte Zitronenschale hinzu.

Abwandlungen:
Für *Apfel- oder Birnensauce* schneiden wir das Obst vor dem Kochen in Scheiben. Wenn es weich geworden ist, wird es zerstampft.

Gedünstetes Obst oder Obstsauce läßt sich auch würzen. Dafür eignet sich Zimt wahrscheinlich am besten. Vielleicht noch ein bißchen Nelke, Muskatnuß oder Muskatblüte? Das folgende ist eine Abwandlung dieses Rezepts:

Zwetschgen-Apfel-Spezialität

Zwetschgen, Äpfel, Rosinen, Zimt

Nachdem die Zwetschgen und Rosinen 30 Minuten gedünstet worden sind, geben wir die in Scheiben geschnittenen Äpfel hinzu und erhitzen 5 Minuten. Sollen die Äpfel weicher sein, müssen wir länger kochen. Mit Zimt würzen.

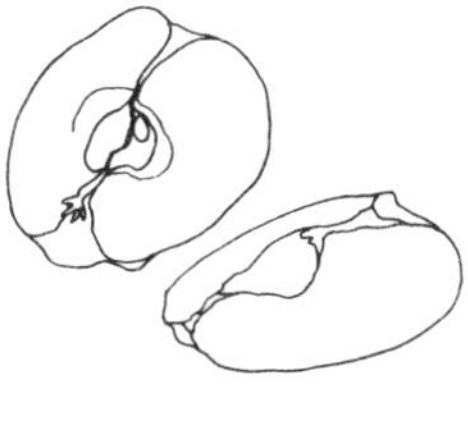

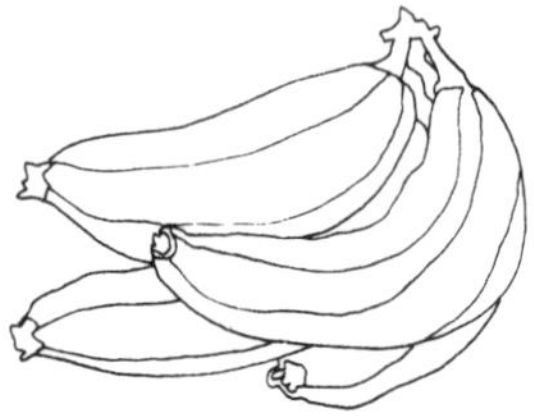

Bananen-Split

Einer unserer Chefköche pflegte oft zu sagen: „Gebt ihnen doch Bananen-Split zum Frühstück.“ Damit meinte er folgendes:

Bananen, Joghurt, (Hüttenkäse)

In Scheiben geschnittene Bananen werden mit Joghurt gemischt. Bei Bedarf kann der Joghurt mit Hüttenkäse gestreckt werden, natürlich auch einfach dann, wenn wir dies mögen. Wir können auch weiteres Obst, besonders gedünstete Trockenaprikosen, hinzugeben.

Gebratene Bananen

Bananen, Öl oder Butter

Die Bananen werden erst kreuzweise und dann der Länge nach in Hälften geschnitten. Wir braten sie in Butter oder einer ordentlichen Menge Öl.

Einfacher Bananennachtisch

Bananen, Orangensaft, Walnüsse, Kokosnuß

Wir schneiden die Bananen in Scheiben und mischen sie mit dem Orangensaft, damit sie nicht dunkeln. Mit kleingehackten Walnüssen und Kokosnuß legen wir sie in Dessertschälchen aus.

Ananas, Dattelpflaumen, Papayas, Guaven

Diese können roh zu anderen Rohobstgerichten gegeben werden. Dattelpflaumen (Kakis) sind manchmal ziemlich mehlig, dann sollten sie gekocht werden. Auch Ananas läßt sich kochen, während Papaya und Guave gewöhnlich ungekocht gegessen werden.

Trockenfrüchte

Trockenfrüchte sind eine Quelle konzentrierter, gut kaufähiger Süße und ergeben einen ausgezeichneten Snack (häufig mit Nüssen oder Kernen gemischt) sowie gute Nachtische und lassen sich auch ausgezeichnet mit frischen Zutaten verbinden.

Seit einigen Jahren trocknen wir nun in Tassajara unser eigenes Obst in der Sonne, da wir in der glücklichen Lage sind, das heiße und trockene Sommerwetter zu haben, das man dafür braucht. Unser Hauptproblem dabei sind die Waschbären gewesen – einmal ist ein ganzes Gestell mit trocknenden Bananen verschwunden!

Wenn wir uns darum kümmern, können wir eine ganze Menge Informationsquellen über das Trocknen von Früchten im eigenen Heim ausfindig machen – allerdings sollten wir nicht vergessen, daß dieses zu Hause getrocknete Obst selten so prall und feucht ist wie jenes, das für den Handel geschwefelt wird.

Rosinen, Datteln und Feigen

Diese drei sind zusammengefaßt, weil es die billigsten und am häufigsten verwendeten Trockenfrüchte sind. Es gibt viele verschiedene Dattelarten, die in Größe, Süße und Beschaffenheit etwas voneinander abweichen – von fast cremigen bis zu gut kaubaren Datteln. Dann gibt es bei uns auch grundsätzlich zwei verschiedene Sorten von Feigen: dunkle und verschiedene Arten „weiße“ Feigen. Die dunklen sind meistens einigermaßen weich, während importierte weiße Trokkenfeigen, die oft an einem Zopf hängen, vergleichsweise zäh sind. Wenn wir aufgeschnittene Feigen brauchen, verwenden wir die weichere Sorte.

Trockenobst-Dessert: Wenn nichts anderes da ist und die Situation nach einem Nachtisch verlangt, biete ich diese Trockenfrüchte mit ein paar Mandeln, Walnüssen oder Cashewnüssen an.

Trockenobst-Snack: Wir servieren das Trockenobst mit gerösteten Erdnüssen oder Sonnenblumenkernen.

In Salaten: Bescheidene Mengen an Trockenfrüchten können viele Salatarten ergänzen: Mohrrübe, Kopfsalat, Luzernensprossen, Kohl, Hüttenkäse oder Obst.

In Glasuren oder Füllungen: Datteln oder Feigen sind hierfür besonders geeignet. Wir bedecken sie ganz knapp mit Wasser und lassen sie kochen, bis sie weich sind. Dann zerstampfen wir sie zu einer Paste. Die schmeckt schon gut so, wie sie ist, wir können aber auch noch mit Vanilleextrakt, Zimt oder Orangenschale nachwürzen.

Pflaumen, Aprikosen, Birnen, Äpfel, Ananas, Bananen, Kokusnuß

Meine ersten getrockneten Bananen aß ich vor zwei Jahren. Welch eine kräftige, konzentrierte Nahrung! Wenn wir Trockenobst verzehren, müssen wir immer im Auge behalten, daß wir es dabei allzu leicht übertreiben können. Oft setzt sich jemand hin, der nicht einmal im Traum daran denken würde, zehn Pflaumen auf einmal zu essen, und ißt statt dessen zehn Backpflaumen; oder er ißt zwei, drei oder vier gedämpfte Trockenpfirsiche, wenn er doch normalerweise nie mehr als einen einzigen frischen Pfirsich essen würde. Trockenfrüchte können eine ziemlich starke Wirkung haben.

Gedünstetes Trockenobst

Pflaumen sind das am häufigsten gedünstete Trockenobst, aber wir können auch Aprikosen, Birnen und Äpfel verwenden. (Gedünstetes Trockenobst ist ein wahrer Leckerbissen für Wandersleute.)

Trockenobst, Wasser, um es zu bedecken, und etwas mehr

Wir geben das Trockenobst in einen Topf und bedecken es mit 3 – 5 cm Wasser. Erhitzen bis zum Kochen, dann auf kleinerer Flamme köcheln lassen. Aprikosen sind am schnellsten fertig und brauchen ungefähr 10 Minuten, während Birnen, Pflaumen und Äpfel 20 – 30 Minuten dauern.

Abwandlungen:
Wir schneiden 1 Zitrone der Länge nach in Viertel, dann kreuzweise in dünne Scheiben. Diese geben wir zu den dünstenden Pflaumen. Trockenfrüchte lassen sich miteinander vermischen und gemeinsam kochen, bis alles weich ist.

Geviertelte frische Äpfel können wir zu dünstenden Pflaumen dazugeben.

Wir haben gedünstetes Trockenobst auch schon für Pasteten- und Plätzchenfüllungen verwendet.

Aprikosenwürze

Schmeckt gut zu Reis- und Currygerichten.

Getrocknete Aprikosen, Bananen, Petersilie, Minze

Die Aprikosen werden gedämpft. Wir zerdrücken sie mit den Bananen und geben großzügige Mengen von Petersilie und Minze hinzu.

Bohnen

Bohnen. Wieviel Leid dieses Wort doch wieder in uns hervorruft. Bohnen. Damals, als wir uns kein Fleisch leisten konnten. Ach, Bohnen! Als wir Campen gegangen sind. Bohnen!

Bohnen sind jedoch kein Fleisch, es sind eben Bohnen: Garbanzo-Bohnen (Kichererbsen), verschiedenste Arten dicke Bohnen, weiße, schwarze, rote und gefleckte Bohnen. Soja – das selten Bohne bleibt. Erbsensuppe – dick, grün, cremig und beruhigend. Versuchen wir sie mit Kümmelkörnern, mit Speckstücken. Wiederaufgebackene Bohnen – fettig, sanft, duftend und füllend. Ungekochte Linsen, ein Regenbogen aus Brauntönen, werden durch Kochen zu einem einzigen tiefen, weichen Braun, zum Geschmack erdigen Sonnenscheins.

Bohnen sind die unbeachteten Edelsteine der Gemüsewelt. Sie werden zu Schleuderpreisen verkauft und sind doch eine der allerbesten Proteinquellen, die man nur kaufen kann. Bohnen und Blattgemüse, Bohnen mit Getreide oder Nüssen, mit Eiern oder Käse – all dies sind gute Eiweißkombinationen.

Wir müssen uns an Bohnen ein wenig gewöhnen und mit ihnen vertraut werden. Es ist leicht zu sagen, daß Bohnen uns nicht bekommen, ohne uns selbst überhaupt die Möglichkeit gegeben zu haben, ihnen zu bekommen.

Die Zubereitung von Bohnen

Die Zubereitung in Grundzügen

Vorbereitung der Bohnen: 1 Tasse trockener Bohnen ergibt 4 durchschnittliche Portionen, sei es in einem Bohnengericht oder in einer Suppe. Die abgemessenen Bohnen breiten wir aus, damit wir sie durchsuchen und alle fremden Bestandteile herauslesen können, besonders etwaige kleine Steinchen. Garbanzos, Azuki, rote und schwarze Bohnen scheinen besonders steinanfällig zu sein. Abgesehen davon, daß sie eine ziemlich unangenehme Überraschung sind, stellen Steinchen tatsächlich eine Gefahr für die Zähne dar. Wenn die Bohnen nicht ungewöhnlich schmutzig sind, brauchen wir sie nur einmal abzuspülen, um den Lagerstaub zu entfernen. Wir bedecken die Bohnen in einem Topf oder einer Pfanne mit Wasser, rühren sie von Hand und schütten das Wasser ab. Nun sind die Bohnen fertig zum Einweichen oder Kochen.

Einweichen der Bohnen: Bohnen saugen Wasser nur recht zögernd auf. Wenn wir sie vor dem Kochen einweichen, reduziert dies die Kochzeit um 30 Minuten, oder um 5 Minuten im Dampfkochtopf. Es scheint auch gut zu sein, die Bohnen erst einige Stunden ans Wasser zu gewöhnen, bevor sie erhitzt werden. Zu Beginn des Einweichens sollte das Wasser einige Zentimeter über den Bohnen stehen. Man kann die Bohnen über Nacht oder auch während des Tages 6 – 8 Stunden oder länger einweichen. Ist das Wetter sehr heiß, lagern wir die Bohnen an einem kühlen Ort, weil sie sonst dazu neigen, sauer zu werden.

Zubereitung der Bohnen: Als Faustregel gilt, daß den Bohnen *kein* Salz hinzugefügt wird, bevor sie weich sind, da Salz allem Feuchtigkeit entzieht.

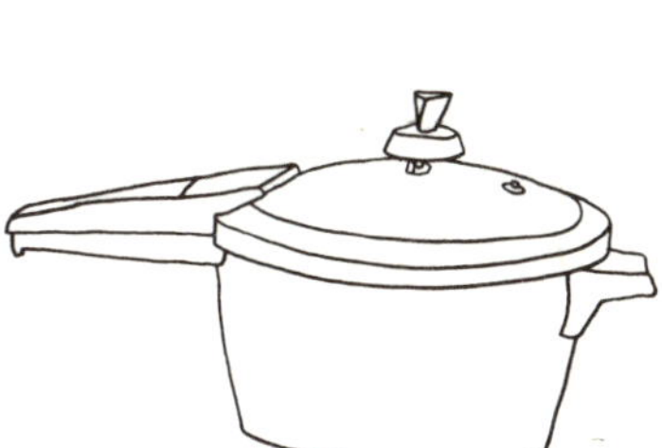

Wir müssen immer daran denken, daß Bohnen entweder Zeit oder Druck brauchen, wenn sie gekocht werden sollen.

Haben wir sie vorher eingeweicht, so kochen wir im Dampfkochtopf:

Halbe Erbsen und Linsen	10 Minuten bei 1 atü Druck
andere	15 Minuten bei 1 atü Druck
außer Sojabohnen	20 Minuten bei 1 atü Druck
und Kichererbsen	25 Minuten bei 1 atü Druck

Sind die Bohnen nicht eingeweicht worden, müssen wir 5 Minuten Kochzeit bei 1 atü Druck hinzuzählen.

Kochen wir die Bohnen ohne Preßkocher und sind sie vorher eingeweicht worden, so bringen wir sie zum Kochen und lassen sie dann weiterköcheln:

halbe Erbsen und Linsen	1 Stunde
andere	1 1/2 Stunden
außer Sojabohnen	2 Stunden
und Kichererbsen	2 1/2 Stunden

Haben wir sie vorher nicht eingeweicht, müssen wir zu diesen Kochzeiten noch 30 Minuten hinzuzählen.

„Andere" Bohnensorten bedeutet: verschiedene dicke Bohnen, weiße, rote, rosa, gefleckte, schwarze Bohnen, Lima-, Aduki- und Mung-Bohnen.

Das Grundrezept

Bohnen, Wasser, Salz

Die Bohnen zum Einweichen oder Kochen vorbereiten. Für ein Bohnengericht geben wir dreimal soviel Wasser wie Bohnen, für eine Suppe fünfmal so viel Wasser hinzu. Wir weichen die Bohnen ein und kochen sie, bis sie weich sind. Wenn die Bohnen nicht unter Druck gekocht werden, kann es sich als notwendig erweisen, während des Kochens weiteres heißes Wasser hinzuzugeben. Sind die Bohnen weich, so schmecken wir mit Salz ab. Wenn wir keinen Dampfkochtopf verwenden, bereiten wir vielleicht die doppelte Menge zu, um etwas für später aufzuheben.

Bohnen als Begleitgericht

Gemüse im Bohnentopf. Bohnen und Bohnenwasser genießen die Gesellschaft von Zwiebeln, Sellerie und Mohrrüben. So können die Gemüse dazugegeben werden:

Etwas gewürfeltes Gemüse wird *im Dampfkochtopf* mit den Bohnen gekocht. Das Gemüse – Zwiebel ist besonders gut geeignet – verleiht den Bohnen ein unerwartet kraftvolles Aroma. Gemüse und Bohnen werden in etwa den gleichen Geschmack und die gleiche weiche Beschaffenheit haben.

Wir *sautieren* das Gemüse zuerst und geben es dann zu den kochenden oder fast kochenden Bohnen. Die Gemüse werden etwas von ihrem ursprünglichen Geschmack und ihrer Konsistenz beibehalten. Eine Abwandlung dieses Rezepts besteht darin, übriggebliebenes, bereits gekochtes Gemüse zu den Bohnen dazuzugeben.

Das Gemüse wird mit den kochenden oder gekochten Bohnen 30 – 40 Minuten *geköchelt.* Das verstärkt das Aroma der Bohnen, und doch behält das andere Gemüse immer noch etwas von seiner Eigenart bei.

Nach alter Manier werden Bohnen mit Knochen gekocht, mit Fett begossen und fleischähnlich gemacht. Man hat aber auch schon davon gehört, daß Bohnen mit Tomaten vermischt, mit Zucker oder Sirup gesüßt und mit Chili gewürzt wurden. Hier folgen einige Kombinationen und Würzungen:

Gesüßte Sojabohnen

Dies ist die japanische Fassung eines amerikanischen Standardgerichts.

Gekochte Sojabohnen mit ihrem Kochwasser, Zucker,
Honig oder Sirup, Sojasauce, Salz

Wir schmecken die gekochten Bohnen zuerst mit Zucker ab, dann mit der Sojasauce. Bei Bedarf etwas Salz hinzufügen. So wie mir das Rezept ursprünglich vorgeführt wurde, kamen massenhaft Zuckerklumpen und Sojasauce hinzu. Als kleinere Beigabe sind diese kandierten Bohnen ein Genuß, sollen sie jedoch in größeren Mengen gegessen werden, empfiehlt es sich, sie etwas leichter zu würzen. Wir servieren sie sofort oder lassen die gesüßten Bohnen noch eine weitere halbe Stunde auf dem Herd oder im Ofen kochen.

Nußbutter-Bohnen

Dies ist ein äußerst kräftiges, herzhaftes, köstliches Gericht. Auch hier können statt Sojabohnen auch andere Bohnenarten verwendet werden.

Gekochte Sojabohnen mit der Kochflüssigkeit,
Erdnußbutter, Salz (oder Sojasauce)

Wenn wir 1 Tasse Trockenbohnen nehmen, verwenden wir ungefähr 1/2 Tasse Erdnußbutter. Wir geben einige Eßlöffel der Kochflüssigkeit nach und nach hinzu und rühren gut um, damit die Erdnußbutter zu einer glatten Sauce wird. Auch dieses Gericht kann noch weiter köcheln oder backen.

Schmeckt sogar noch besser mit Sesambutter oder Tahin und exotischer mit Cashew-, Mandel- oder Walnußbutter.

Dieses Gericht kann auch gewürzt werden, indem wir Chilipulver, Kreuzkümmel, Koriander, Knoblauch, Zitrone oder Kardamom dazugeben. Treffen wir unsere Wahl – doch Leichtigkeit bleibt Trumpf.

Chili-Bohnen

Gewöhnlich werden für dieses Rezept dicke weiße Bohnen verwendet, wir können aber auch Sojabohnen, Kichererbsen, gefleckte oder schwarze Bohnen und andere nehmen.

Gekochte Bohnen mit der Kochflüssigkeit, Zwiebeln,
grüne Paprikaschoten, Tomaten, Tomatenmark, Chilipulver,
Salz, Pfeffer, (Knoblauch), (geriebene Ingwerwurzel)

Wir würfeln Zwiebeln und Paprika und sautieren sie einige Minuten. Dann geben wir die Tomatenkeile und das Tomatenmark gemeinsam mit etwas Kochflüssigkeit hinzu. Nun folgen die gekochten Bohnen, wobei wir das ganze abschmecken; mit Knoblauch und Ingwer können wir ihm den letzten Pfiff geben, wenn wir dies lieben. Das Gericht kann dann noch ½ Stunde oder länger köcheln oder backen.

Um ein milderes Gericht zu erhalten, würzen wir die Tomatensauce mit Salz, Pfeffer und Basilikum, Estragon oder Thymian.

Weiße Bohnen

Dies ist eines der Tassajara-Rezepte für wiederaufgebackene Bohnen. Normalerweise nehmen wir hierfür gefleckte Bohnen, aber auch Sojabohnen, weiße Bohnen, Kichererbsen und andere sind dafür gut geeignet.

Gekochte Bohnen mit der Kochflüssigkeit, Zwiebeln,
Salz, Pfeffer, Knoblauch, Kreuzkümmel, Oregano, Chili,
geriebener Cheddar oder Jack, Sauerrahm

Wir schneiden die Zwiebeln in Scheiben und sautieren sie, auf Wunsch auch in großzügiger Menge. Sind die Zwiebeln goldgelb geworden, geben wir einige Bohnen hinein und zerstampfen sie mit der Kochflüssigkeit, um eine cremige Sauce zu erhalten. Dies tun wir mit ungefähr der Hälfte der Bohnen und fügen dann den Rest im ganzen hinzu. Abgeschmeckt wird mit Salz, Pfeffer, Knoblauch, gemahlenem Kreuzkümmel, Oregano und Chili. 5 Minuten vor dem Servieren rühren wir den Sauerrahm und den größten Teil des geriebenen Käses hinein. Sanft erhitzen. Mit dem restlichen Käse garnieren.

Dieses Gericht kann nach Hinzugabe von Sauerrahm und Käse auch noch 20 Minuten überbacken werden.

Sojabohnen mit Hijiki und Mohrrüben

Gekochte Sojabohnen, 1 Tasse Hijiki-Algen, 2 Mohrrüben

Wir weichen die Hijiki 20 Minuten ein. Nicht vergessen, sie nach dem Einweichen gut abzuspülen (siehe unter *Seegemüse*). Das Wasser herausdrücken und aufbewahren. In Öl sautieren, dann 30 Minuten in der Einweichflüssigkeit köcheln lassen. Die in Scheiben geschnittenen Mohrrüben geben wir zu den köchelnden Algen. Nun folgen die Bohnen. Das Gericht kann immer noch mit Zucker und Sojasauce abgeschmeckt werden.

Bohnen-Fünferlei

Sojabohnen, Mohrrüben, Daikon (weißer Rettich), Kombu, Pilze

Wir kochen die Gemüse 30 Minuten in den bereits köchelnden Bohnen.

Gewürzte Linsen

1 Tasse Linsen, 2 1/2 Tassen Wasser, 4 Knoblauchzehen, zerdrückt,
1/2 Teelöffel Curry, 1/8 Teelöffel Cayennepfeffer,
1/4 Teelöffel Ingwer, Muskatnuß, Koriander oder Kardamom

Wir kochen 1 Tasse Trockenlinsen 20 Minuten im Dampfkochtopf, zusammen mit den Gewürzen. Oder wir würzen bereits gekochte Linsen mit derselben Zusammenstellung. Sind sie bereits gekocht und gar, schmecken wir mit Salz ab. Bei Bedarf ein wenig Wasser hinzugeben. (Für 4 Personen.)

Nüsse und Kerne

Erdnüsse, Mandeln, Walnüsse, Cashewnüsse, Paranüsse, Haselnüsse; Sesamsamen, Sonnenblumenkerne, Mohnsamen

Nüsse und Kerne bzw. Samen stellen für viele Menschen eine willkommene Ergänzung zu zahlreichen Gerichten dar. Sie sind reich an Proteinen, verwertbaren Fetten, Vitaminen und Mineralstoffen. Roh oder geröstet bereichern und verzieren sie gekochtes Gemüse, Salate, Rohkost-und Hauptgerichte. Manchmal sind rohe Nüsse besonders schmackhaft und interessant. Rohe Erdnüsse oder Sonnenblumenkerne haben etwas Bohnenartiges an sich, wenn man sie gekochten Gemüse- oder Getreidegerichten hinzugibt. Auch in Suppen schmekken sie gut.

Nüsse und Kerne sind häufig recht teuer, es sei denn, man kauft sie ungeschält oder lose in Reformhäusern und Bioläden. Der Preis von Mandeln und Walnüssen ist zwar steil in die Höhe gegangen, doch Erdnüsse, Sonnenblumenkerne und Sesamsamen sind noch immer ein ausgezeichneter Kauf.

Obwohl Erdnüsse, Cashewnüsse oder Sesamsamen normalerweise dazu verwendet werden, läßt sich aus allen Nüssen oder Kernen eine Nußbutter herstellen, wenn sie unter Druck kleingemahlen werden. Der Druck entzieht dem Nußöl etwas Öl, so daß es eine „buttrige“ Konsistenz erhält. Werden die Nüsse oder Kerne ohne Druck gemahlen, können wir Öl oder Wasser hinzugeben, damit sie streichfähig werden. Für hungrige Esser ist Nußbutter ein Mordsgericht, das schnell satt macht. Man kann sie als Brotaufstrich servieren oder sie für Saucen, Getränke und Suppengrundlagen verdünnen.

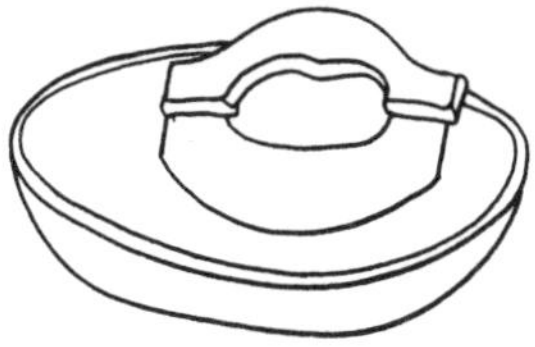

Nüsse lassen sich mit einem abgerundeten Hackmesser in einer Holzschale als Garnierung und Essenszutat zerkleinern.

Geröstete Nüsse oder Kerne

Nüsse oder Samen, (Salz)

Zum Rösten können wir eine Bratpfanne oder den Backofen verwenden. In beiden Fällen brauchen wir kein Öl, es kann jedoch auf Wunsch verwendet werden. Wir geben die Nüsse auf mittlerer Flamme in die Bratpfanne, salzen nach Wunsch und rühren häufig um, um ein gleichmäßiges Rösten zu gewährleisten. Sollten die Nüsse braun werden oder anbrennen, bevor sie trocken sind, müssen wir die Hitze herunterdrehen.

Zum Rösten im Ofen geben wir die Nüsse auf ein Backblech oder in eine Backform und rösten bei 175° C 15 – 20 Minuten. Etwa alle 5 Minuten nachschauen und umrühren. Die Nüsse oder Kerne erreichen ihre volle Knusprigkeit erst dann, wenn sie abgekühlt sind.

Nußbutter

Erdnüsse, Cashewnüsse oder Sesamsamen, Öl oder Wasser, Salz

Wir können rohe oder geröstete Nüsse oder Samen verwenden. Wir mahlen die Nüsse einmal in einer Handmühle oder mehrere Male in unserem besten Fleischwolf (geht nicht bei Sesamsamen). Wir geben Öl oder Wasser hinzu, bis die Nußbutter die gewünschte Konsistenz hat.

Nußmilch

Dies ist eine weitere Möglichkeit, mehr aus Nüssen zu machen. Kann heiß oder kalt serviert werden.

Nüsse oder Kerne zum Mahlen, oder Nußbutter,
Wasser, Honig, Salz

Die Nüsse oder Kerne werden leicht angeröstet und dann gemahlen. Wir geben den gemahlenen Nüssen oder der Nußbutter langsam Wasser hinzu, bis die Mischung eine trinkbare Konsistenz hat. Sie kann dick sein wie ein Milchshake oder etwas dünner, wie Milch. Nach Geschmack mit Honig, Sirup oder Zucker süßen. Fehlt vielleicht noch eine Prise Salz?

Anmerkung: 1/4 Tasse Nüsse ergibt zusammen mit 1 Tasse Wasser Nußmilch. Wenn wir Mandeln verwenden, können einige Tropfen Mandelextrakt hinzugefügt werden. Sonst können wir auch einige Tropfen Vanilleextrakt zum Süßen und Aromatisieren nehmen.

Anstelle des Wassers können wir Milch oder Milchpulver verwenden. Dann wird das Nußaroma zwar nicht so stark unterstrichen, dafür erhöht sich aber auch der Proteingehalt.

Auf diese Weise können wir auch eine Nußsauce oder einen Suppenansatz aus Nüssen herstellen. Die Nußsauce wird etwas dicker werden und möglicherweise werden wir sie auch würzen, während der Suppenansatz dünner ist, da wir ihn mit Bohnen- oder Gemüsewasser vermischen.

Erdnußbutter-Ballen

Sie sind leicht zu machen und können auch leicht abgewandelt werden.

1 Tasse Erdnußbutter, 1/2 Tasse Honig,
1/2 Tasse Weizenkleie oder Weizenkeime, 1/2 Tasse Trockenmilch,
1/2 Teelöffel Vanille, 1 Teelöffel Zucker, (Sesamsamen), (Kokosnuß)

Wir mischen alle Zutaten miteinander. Die Mischung sollte fest und trocken genug sein, um sie zu Ballen zu formen, die wir dann in geröstetem Sesamsamen, Kokosnuß oder kleingehackten Nüssen wälzen.

Die Mischung kann als Block, Zylinder oder Kugel belassen werden, von denen wir gewünschte Stücke abschneiden können.

Wir können Trockenobst, Nüsse, Sonnenblumenkerne oder Sesamsamen hinzugeben.

Sesamsamen

Samen, die das „Sesam öffne dich“ zu einem magischen Wort gemacht haben. Es gibt sie ungeschält, geschält, braun oder weiß. Es gibt auch eine schwarze Sorte. Kauft man sie in kleinen Dosen vom Gewürzregal, sind sie teuer, billig dagegen, wenn wir sie in größeren Mengen ab 1 Pfund aufwärts kaufen. Da sie klein und recht fest sind, durchlaufen sie völlig intakt unser gesamtes Verdauungssystem, wenn sie nicht gemahlen oder gut gekaut werden.

Geröstete Sesamsamen vervollständigen Mohrrüben, gekochtes Blattgemüse, Getreide und Salate. In der Regel streut man sie über das Gericht. Sesamsamen werden wie Nüsse geröstet (siehe oben).

Sesamsalz (Gomasio)

In Tassajara ist Gomasio unser Standardtischgewürz, das besonders für Getreideflocken, Getreide und Bohnengerichte verwendet wird. Manche mögen auch Sesamsalz auf Eiern und Salaten. Wir sollten zwischen 4 und 7 Teilen Sesamsamen auf 1 Teil Salz verwenden.

Sesamsamen, Salz

Die Sesamsamen werden in einer Pfanne oder im Ofen geröstet. Fangen sie an braun zu werden, geben wir das Salz hinzu und setzen das Rösten fort. Die Samen sind fertig, wenn sie leicht zermalmt werden können. Das prüfen wir, indem wir einige davon aus der Pfanne holen und genügend abkühlen lassen, um sie kauen zu können. Die gerösteten Samen werden zusammen mit dem Salz in einer *Suribashi*, einer Getreidemühle oder im Mixer gemahlen. Die Samen sollten zum größten Teil gemahlen sein, einige können wir aber auch ganz lassen. Die ganzen Körner bringen ein zusätzliches Aroma, wenn wir darauf beißen. Wenn nicht in Gebrauch, heben wir das Gomasio in einen geschlossenen Behälter auf. Ein Teil der Sesamsamen kann auch durch geröstete Sonnenblumenkerne (ganz oder gemahlen) ersetzt werden.

Tahin und Halvah

Von Sesamöl abgesehen gibt es noch zwei weitere einigermaßen bekannte Sesamprodukte. Das sind *Tahin* und *Halvah*, die beide aus weißen Sesamsamen hergestellt werden. Tahin ist eine sehr cremige Sesambutter, Halvah ist ein Sesam-Zuckerwerk. Hier ist ein Rezept, bei dem Tahin verwendet wird:

Tahin-Shortbread

Diese Plätzchenriegel sind unglaublich reichhaltig und mild im Geschmack. Für eine Backform von etwa 20 mal 20 cm benötigen wir:

1/4 – 1/2 Tasse Zucker, 1/4 Tasse Butter, 1 Tasse Tahin,
1/2 Teelöffel Salz, Mehl zum Festigen (2 – 2 1/2 Tassen)

Wir machen die Butter mit dem Tahin cremig. Nun geben wir Zucker, Salz und danach genug Mehl hinzu, bis die Mischung fest wird, um sie schließlich mit den Händen zu bearbeiten. Wir pressen die Mischung in eine Pasteten- oder in eine viereckige Backform, sie sollte ungefähr 1 cm hoch sein. Sie braucht nicht unbedingt bis zur oberen Kante der Backform emporreichen. Auf jedes Stück können wir auch noch eine Mandel oder Walnuß drücken.

Ungefähr 45 Minuten bei 160° C backen oder solange, bis die Mitte fest ist, wenn wir leicht daraufdrücken. Wir sollten nicht solange warten, bis der Kuchen braun ist – dann wäre das Shortbread übermäßig hart, trocken und krümelig.

Es könnte auch Cashew- oder Erdnußbutter verwendet werden.

Ohne die Butter erhalten wir ein etwas trockeneres Shortbread. Dafür wird viel weniger Mehl (etwa 3/4 – 1 Tasse weniger) gebraucht.

Getreide und Teigwaren

Brauner Reis, Weißer Reis, Weizen, Mais, Roggen, Hafer, Hirse, Bulgur, Buchweizen

Getreide sind Samen, prall gefüllt mit all jenem, was Samen benötigen, um zu Pflanzen zu werden: ein Keim, woraus der Schößling sprießen wird, und Nährstoffe für sein Wachstum, eingehüllt in einer schützenden Hülse und in Kleie.

Getreide ist ein Hauptnahrungsmittel, dessen Geschmack gar nicht so unscheinbar ist, aber nur wenig geschätzt wird. Einfaches Getreide, das eine wohltuende Erholung nach allem Süßen und Reichhaltigen ist, befriedigt ein tiefsitzendes menschliches Hungergefühl. Aber das Verhältnis zu Getreide ist recht unterschiedlich.

Für einige sind cremige, geschmeidige Haferflocken entweder geradezu „himmlisch" oder „der reinste Bücherleim". Zu gröberen Haferflocken sagen sie entweder „Die kann man ja richtig kauen!" oder „Die muß man ja richtig kauen!" Maisbrei ist entweder ihr Lieblingsgericht, oder sie können ihn überhaupt nicht ausstehen. Brauner Reis ist entweder ein Lebenstil oder ein schlechter Ersatz für Brot. Gibt man Rosinen in geschroteten Weizen, bekommt man zu hören: „Wie köstlich", oder „Nein, danke, keinen Nachtisch zum Frühstück."

Vollgetreide braucht eine lange Koch- und Kauzeit, wenn man es essen will. Ungekautes Getreide wird nicht verdaut. Weil es so lange dauert und so viel Kaumühe bereitet, ungeschrotetes Getreide zu verzehren, wird es nicht oft auf diese Weise zubereitet. Tatsächlich sind Reis, Hirse, Gerste und Buchweizen die einzigen Getreidesorten, die sich wirklich dafür eignen, ganz gekocht zu werden; und von diesen ist der Buchweizen gar kein wirkliches Getreide (Grassamen), er ist vielmehr mit Ampfer und Rhabarber verwandt, was auch erklärt, weshalb er nicht so zäh ist wie die anderen Getreide.

Das Kochen von Vollwertgetreide

Mengen: Wenn sie gekocht wird, genügt 1 Tasse ganzes Getreide, um zwei hungrige Getreideesser satt zu bekommen, oder bis zu sechs Personen, die auch noch reichlich andere Speisen zu sich nehmen. So reicht 1 Tasse trockenes Getreide gewöhnlich für 3 – 5 Personen.

Das Waschen des Getreides: Das Getreide wird einmal in kaltem Wasser gespült. Dabei rühren wir mit unseren Händen Wasser und Getreide um, um den Staub und kleine Schmutzteile sanft zu lösen. Das Spülwasser geben wir durch ein Sieb. Erscheint es uns noch schmutzig, spülen wir ein weiteres Mal.

Vorbereiten des Topfs: Wir reiben das Innere des Kochtopfs mit Öl ein, sowohl den Boden als auch die Seitenwände. Dies tun wir bei allen Getreide- und Getreideflockengerichten. So klumpt das Getreide weniger und der Topf läßt sich viel leichter reinigen.

Grundlegende Methoden des Getreidekochens

Obwohl das Verhältnis von Wasser zu Getreide und die Länge der Kochzeit variiert, gibt es doch zwei Grundmethoden, um ganzes oder geschrotetes Getreide zu kochen. Bei der ersten wird das Getreide mit kaltem Wasser zusammengegeben, während es bei der zweiten in kochendes Wasser kommt.

I.

Die Kaltwasser-Methode: Wir füllen das gesäuberte Getreide zusammen mit Salz und Wasser in den eingefetteten Topf. Diesen decken wir zu, bringen alles zum Kochen (der Dampf entweicht am Rand des Deckels) und lassen dann für die Dauer der Kochzeit köcheln. Wir sollten der Versuchung widerstehen, gelegentlich in den Topf zu blicken, da sonst kostbarer Dampf entweicht. Horchen wir statt dessen auf die Geräusche und schnuppern wir die Luft, um festzustellen, wie das Kochen vorangeht. Ist alles Wasser aufgenommen, gibt es kein brodelndes sondern eher ein knallendes oder knisterndes Geräusch wie von röstendem Getreide – was wir eigentlich auch riechen müßten – auf dem Pfannenboden. Es ist schon richtig, das Getreide leicht bräunen zu lassen, aber es ist schon eher fertig, bevor es verbrannt zu riechen beginnt. Wir öffnen den Topf und rühren das Getreide um, damit die trockeneren Körner an der Oberfläche sich mit den feuchteren am Boden vermischen können. Abdecken und das Getreide vor dem Servieren noch einige Minuten stehenlassen.

II.

Die Kochendes-Wasser-Methode: Bei dieser Methode beginnen wir mit heißem Wasser und häufig auch schon mit heißem Getreide. Wir erhitzen das Wasser und braten inzwischen das Getreide entweder mit oder ohne Öl an. Öl (oder Butter) gibt zusätzliches Aroma und Kalorien. Wir braten solange, bis uns der Bräunungsgrad zusagt. (Das Rösten entwickelt zwar das Aroma, zerstört aber auch Vitamine.) Nun geben wir das Getreide entweder in das Wasser hinein, das in einem Getreidetopf kocht, oder wir braten bereits in diesem Topf an, nehmen ihn kurz von der Flamme und gießen das kochende Wasser hinein. Dabei sollten wir Topflappen verwenden und auf den Dampf achten. Bei ganzem Getreide wird der Topf sofort nach Hinzufügen des Wassers wieder verschlossen. Da das Getreide schon beim Anbraten leicht gekocht wird, ist bei dieser Methode etwas weniger Wasser erforderlich, um den Kochvorgang abzuschließen.

Brauner Reis, gekocht

Reis, Wasser, Salz

Wir verwenden doppelt soviel Wasser wie Reis und 1/4 Teelöffel Salz pro Tasse Reis. Verfahren wie oben beschrieben.

Brauner Reis im Dampfkochtopf

Dies macht den Reis so schmackhaft und gut zu kauen, daß meistens recht viel mehr davon gegessen wird, als wenn man ihn einfach ohne Dampf kocht.

Reis, 1 3/8 Tassen Wasser pro Tasse Reis,
1/4 Teelöffel Salz pro Tasse Reis

Der Reis wird gewaschen. Wir geben alle Zutaten in den Dampfkochtopf. Diesen verschließen wir und erhitzen bis zum Kochen. Bei niedriger Hitze 30 Minuten kochen lassen. Dann auf 1 atü Druck bringen und 20 weitere Minuten kochen. Vom Feuer nehmen und warten, bis der Druckabfall ganz von alleine eingetreten ist. Wenn nötig, läßt sich der Dampfkochtopf auch dadurch kühlen, daß wir ihn oben mit kaltem Wasser abspülen. Wir entfernen den Deckel und rühren kräftig um. Der Deckel wird ohne Ventil wieder aufgesetzt und wir lassen das ganze 5 – 15 Minuten ruhen, bevor wir es anrichten.

Weißer Reis, gekocht

Weißer Reis, Wasser, (Salz)

Wir verwenden 1 1/4 – 3 Tassen Wasser pro Tasse Reis. Weißer Reis wird häufig mit Talkumpuder bedeckt verkauft. Das Talkum schmeckt weder Ungeziefer noch Nagetieren, für Menschen ist es allerdings auch nicht sonderlich gut, deshalb muß der Reis gründlich abgespült werden. Um alles Talkum zu entfernen, braucht der Reis 3 – 5 Spülungen. Nach dem letzten Spülen sollte das Wasser fast klar sein.

Die Japaner kochen ihren Reis zwar ohne Salz, doch können wir pro Tasse Reis 1/4 Teelöffel Salz hinzugeben. Wir kochen ebenso wie bei gekochtem braunem Reis, nur daß wir lediglich 20 Minuten köcheln lassen müssen. Wir sollten das Wasser auf jeden Fall bis zu einem kräftigen Kochen hochdrehen, bevor wir die Hitze niedriger stellen und köcheln lassen. Dabei bleibt der Topf mit dem Deckel verschlossen. Ist der Kochvorgang beendet, öffnen wir, rühren um und lockern die Körner. Dann lassen wir den Reis bei bedecktem Topf ein wenig ruhen.

Petersilienreis

Dieser Reis sieht sogar bei heißem Wetter noch kühl und köstlich aus.

Gekochter weißer Reis, kleingehackte Petersilie

Wir mischen eine üppige Menge Petersilie mit dem gekochten weißen Reis, bis er richtig schön grün wird. Mit Butter, Salz und Pfeffer servieren.

Dieses Rezept läßt sich auch mit Bulgur-Weizen, braunem Reis, gebutterten Nudeln oder Spaghetti ausführen.

Ganze Gerste

Gerste bereiten wir wie braunen Reis vor, indem wir sie entweder kochen oder unter Druck kochen. Ganze Gerste läßt sich recht angenehm kauen. Als Alleingericht ist sie recht schwer, ihr Aroma und ihre Beschaffenheit prädestinieren sie jedoch dazu, eine ausgezeichnete Beigabe zu Bohnengerichten, Füllungen und Suppen abzugeben.

Ganze Gerste mit weißem Reis

Gerste, weißer Reis, Wasser

Wir verwenden ungefähr 3 Teile weißen Reis auf 1 Teil Gerste. Die Gerste wird wie üblich gekocht. Dann verfahren wir wie beim Grundrezept für weißen Reis, wobei wir die gekochte Gerste mit dem ungekochten Reis und dem Wasser vermischen.

Dieses Rezept läßt sich auch mit ganzen Weizenkörnern ausführen. Die müssen besonders gut gekaut werden und benötigen sogar eine noch längere Kochzeit als Gerste oder brauner Reis, der Kochvorgang ist jedoch der gleiche.

Oder wir verwenden Buchweizen, der die gleiche Kochzeit hat wie der Reis.

Hirse- und Buchweizen-Grütze

Beide können mit jeder der beiden Grundmethoden zubereitet werden, obwohl die meisten Leute es bevorzugen, sie zuerst zu sautieren. Wir verwenden 1 Teil Getreide auf 2 Teile Wasser und 1/4 Teelöffel Salz pro Tasse Getreide. Auch hier reicht 1 Tasse Getreide für 3 – 5 Personen aus, abhängig vom Rest der Mahlzeit.

Bereiten wir nach der ersten Methode zu, müssen wir mit 20 Minuten Kochzeit rechnen. Wird vorher sautiert, lassen wir nach Hinzugabe des kochenden Wassers 10 – 15 Minuten köcheln.

Bulgur-Weizen

Bulgur ist Weizen, der geschrotet, gedünstet und geröstet worden ist, so daß er in gewisser Hinsicht bereits als vorgekocht gelten darf. Er wird hier bei den ungeschroteten Getreiden aufgeführt, weil er in der Regel als Hauptgericht und nicht als Frühstücksgetreide zubereitet wird.

1 Teil Bulgur-Weizen auf 1 1/3 oder 1 1/2 Teile Wasser

Wir sautieren zuerst unad kochen dann wie weißen Reis oder Getreideflocken (siehe S. 176 ff.).

Getreide mit Gemüse

Im Abschnitt über Hauptgerichte beschäftigen wir uns mit etwas aufwendigeren Zubereitungen. Hier wollen wir uns mit einfachen Getreide-Gemüse-Zusammenstellungen befassen. Am häufigsten werden Zwiebeln verwendet, weil sie dem ganzen eine andere Geschmacksdimension verleihen. Sellerie, grüne Paprikaschoten und Mohrrüben werden oft in Verbindung mit Zwiebeln verwendet.

Zwiebeln mit Getreide

1 Tasse Getreide, 2 Tassen Wasser,
1/4 Teelöffel Salz, 1/2 – 1 Zwiebel

Wir würfeln die Zwiebel und braten sie mehrere Minuten im Getreidekochtopf an. Dann entfernen wir sie, geben einen weiteren Schuß Öl hinzu und rösten das Getreide 5 Minuten. Nun rühren wir die Zwiebeln und das Salz unter und geben das kochende Wasser hinzu. Abdecken und köcheln lassen, bis es gar ist.

Abwandlungen:
Ebenso verfahren wir mit Sellerie, grünen Paprikaschoten oder Mohrrüben.

Dieses Gericht läßt sich mit Thymian, Basilikum und Knoblauch würzen.

Wir können auch gekochtes Gemüse nach dem Garwerden in das Getreide rühren.

Getreidegerichte lassen sich mit geriebenem Käse oder gehackten Nüssen garnieren.

Aufgebratenes Getreide

Das Getreide wird gargekocht und dann an sautiertes Gemüse gegeben und gebraten – eine ausgezeichnete Möglichkeit, aus anderen Gerichten übriggebliebenes Getreide oder Gemüse weiterzuverwenden.

Gekochtes Getreide, Zwiebeln, Sellerie, Mohrrüben, Parika, Ei, Sojasauce, Schalotten

Wir müssen nicht alle diese Gemüse verwenden, vielleicht genügt auch etwas Zwiebel und eine andere Sorte. Wir schneiden die Gemüse in kleine Stücke und braten unter ständigem Rühren 4 – 5 Minuten an. Nun lösen wir die Getreidekörner voneinander und mischen sie mit dem Gemüse. Unter ständigem Umrühren braten wir weiter und kratzen dabei auch immer wieder den Pfannenboden ab. Ist das Getreide durchgehend erhitzt, würzen wir mit Salz, Pfeffer und Sojasauce. Wir schaffen etwas Platz in der Mitte, geben 1 oder 2 Eier hinein und verrühren sie schnell mit dem Getreide. Garniert wird mit feingeschnittenen Schalotten, Nüssen oder geriebenem Käse.

Abwandlungen:
Wir können auch andere Gewürze verwenden: Knoblauch, Ingwer, Thymian, Chilischoten oder Curry.

Es lassen sich andere übriggebliebene, bereits gekochte Gemüse verwenden. Diese werden, falls notwendig, aufgeschnitten und dem gekochten Getreide hinzugegeben.

Eine andere Art aufgebratenen Getreides erhalten wir, wenn wir Rosinen, Nüsse, Apfelscheiben oder geröstete Sonnenblumenkerne verwenden.

Getreidesuppen

Ganzes Getreide kann durch Zugabe von zusätzlichem Wasser „suppiger" gemacht werden. Das ergibt eine sehr aromatische Brühe.

1 Tasse Getreide: Reis, Gerste, Buchweizen, Weizenschrot, 4 Tassen Wasser, 1/4 Teelöffel Salz

Der Topf wird an den Seiten und am Boden eingeölt. Auf Wunsch können wir das Getreide in etwas Öl rösten. Wir geben Salz und Wasser hinzu, erhitzen bis zum Kochen und lassen 40 – 50 Minuten oder noch länger köcheln. Weißer Reis, der auf diese Weise gekocht wird, ergibt eine dicke, cremige Suppengrundlage.

Getreideflockengerichte

Getreide wird gemahlen, damit seine Hülsen entfernt werden. Dieses Enthülsen beseitigt die äußerste Schicht aus Kleie, die auch als Spreu bekannt ist. Durch Polieren werden weitere Kleieschichten entfernt. Geschältes Getreide wird zu Getreideflocken oder Mehl gemahlen. Getreideflocken sind gröber, sie enthalten deutlich erkennbare Stücke „Schrot", während Mehle vollständig zu Pulver gemahlen sind. Sind Getreide erst einmal auf diese Weise geschrotet oder gemahlen worden, nehmen sie das Wasser leichter auf, die Kochzeit verkürzt sich und das Kauen ist weniger mühsam.

Einige Getreidearten, besonders Hafer, werden gerollt oder gewalzt, was bedeutet, daß sie zwischen Walzen flachgepreßt werden. Hafermehl wird gewöhnlich gerollt und dann weitergeschrotet und -verarbeitet.

Getreide, das zu Flocken gemahlen wird, heißt häufig „Creme": Weizencreme, Reiscreme usw. Auch mit Mehl läßt sich ein sehr cremiges Flockengericht zubereiten.

Das Kochen von Getreideflocken

Getreideflocken können mit beiden Methoden zubereitet werden, wie sie bereits für das Kochen von Getreide beschrieben wurden. Für die Zubereitung von Getreideflocken ist ein Topf mit dickem Boden vorzuziehen, weil der Brei sonst leicht am Boden anbrennt. Getreide, das in einem dünnbodigen Topf gekocht wird, muß öfter gerührt und auf sehr niedriger Flamme zubereitet werden. In jedem Fall müssen wir Seitenwände und Boden des Topfs einölen, bevor wir Getreide und Wasser hineingeben.

Grundrezept für warme Getreideflocken

3 1/2 Tassen Wasser, 1/4 Teelöffel Salz, 1 – 2 Eßlöffel Öl oder Butter, 1 Tasse Getreideflocken: Reiscreme, Gerstencreme, Weizenschrot, Roggenschrot, zerkleinerter Hafer, Maisschrot, Hirseschrot, Bulgur-Weizen, Buchweizencreme oder 1 1/2 Tassen Hafermehl oder Haferflocken

Wir erhitzen das Wasser in einem getrennten Topf, während die Getreideflocken im Getreidetopf sautiert werden. Wir rühren das röstende Getreide um, damit es gleichmäßig bräunt, bis ein angenehmes Getreidearoma unsere Nase willkommen heißt.

Nun nehmen wir den Topf vom Feuer, lassen ihn 1 – 2 Minuten stehen, damit das Getreide sich setzen kann, dann füllen wir das kochende oder fast kochende Wasser hinein. Topflappen verwenden! Kräftig umrühren, auf *niedrige* Hitze einstellen und weitere 10 – 30 Minuten auf dem Feuer halten. Sollten die Getreideflocken anbrennen, kochen wir in einem Doppelkochtopf weiter. Werden sie zu dick, geben wir etwas mehr heißes Wasser hinzu. (Für 4 Personen.)

Abwandlungen und Ergänzungen:
Wir verwenden die erste Methode für ungeschrotetes Getreide.

Dazu geben wir alle Zutaten in einen Topf und erhitzen bis zum Kochen, dann drehen wir bis zum Garwerden auf Köcheln herunter.

Wir geben am Anfang übriggebliebenes, gekochtes Getreide oder Getreideflocken ins Wasser: braunen Reis in Hafermehl, Bulgur in Weizenschrot, Maiskörner in Maismehl usw.

Für ein noch mehr nach Weizen schmeckendes Weizenschrotgericht geben wir kurz vor Ende der Kochzeit entweder gewöhnliche oder geröstete Weizenkeime hinzu.

5 – 10 Minuten vor dem Ende der Kochzeit fügen wir Milchpulver, geröstete Sonnenblumenkerne, kleingehackte Nüsse oder Nußbutter hinzu.

5 Minuten oder länger vor Ende der Kochzeit geben wir Rosinen, gehackte Datteln, in Scheiben geschnittene Feigen oder anderes Trokkenobst hinzu.

Ein Hinweis für das Hinzufügen weiterer Zutaten: Wir sollten herausfinden, ob jeder es so mag. Ich persönlich mag die Dinge am liebsten getrennt voneinander, damit ich vom einen zum anderen gehen kann. Wenn wir es getrennt servieren, können wir gedämpftes Obst und Nüsse mit den Getreideflocken mischen – oder auch nicht.

Teigwaren

Teigwaren oder Nudeln sind für viele Menschen die bevorzugte Möglichkeit, Getreide zu sich zu nehmen. Spaghetti, Makkaroni, Lasagne – die Vielfalt der Formen und Größen ist beachtlich. Allzu leicht vergißt man die Vielseitigkeit von Teigwaren. Abgesehen davon, daß sie mit den üblichen Saucen angerichtet werden können, schmecken Teigwaren auch ausgezeichnet in Aufläufen, in Suppen und manchmal sogar in Salaten.

Um Nudeln, Spaghetti, Lasagne oder Makkaroni zuzubereiten, finden wir Gebrauchsanweisungen auf der Packung, nicht wahr? Im allgemeinen reicht 1 Pfund für 4 – 5 Personen.

1 großer Topf mit kochendem Wasser, Salz, Öl, Olivenöl, (Butter)
Teigwaren: Nudeln, Spaghetti, Lasagne, Makkaroni,
Fettucini usw., Salz, Pfeffer, Kräuter

Wir erhitzen als erstes das Wasser und geben etwas Salz und ein paar Eßlöffel Öl hinzu, was mit dafür sorgt, daß die Teigwaren nicht verkleben. Wenn das Wasser kocht, breiten wir die Nudeln oder Spaghetti fächerartig darin aus, damit sie sich etwas voneinander trennen können. Das Wasser wird wieder zum Kochen gebracht, dann stellen wir die Hitze klein, so daß alles gerade köchelt.

Es gibt natürlich auch die Acht-Minuten-Methode, um genau festzustellen, wann die Nudeln gar sind, aber es gibt auch noch weitere Möglichkeiten. Einige berühmte Restaurants besitzen eine Spaghetti-Schießbahn: Eine leere Wand oder Küchendecke, gegen die man eine Spaghettischnur werfen kann. Bleibt sie an der Wand festkleben, so ist sie gar; wenn nicht, kochen wir sie weiter. Manche Leute kochen Spaghetti *al dente* – sie beißen ein Stück mit den Schneidezähnen ab, um es auf seine richtige Beschaffenheit zu prüfen.

Sind sie gar, lassen wir die Nudeln abtropfen und heben die Kochflüssigkeit auf wie bei Gemüse. Lassen wir die Nudeln jetzt, so wie sie sind, ruhen, so werden sie zusammenklumpen; deshalb mische ich sie gerne mit etwas Butter oder (Oliven-) Öl und gebe sie in ein heißes Wasserbad, wenn sie erst später serviert werden sollen. Wir würzen mit Salz, Pfeffer und gemahlenem Basilikum.

Gebratene Nudeln mit weißem Rettich und Steckrüben

Nudeln, kochendes Wasser, weißer Rettich (Daikon), Steckrüben, Sojasauce, Salz, Öl

Wir geben die Nudeln gefächert in das kochende Salzwasser. Wenn sie weich sind, nehmen wir sie vom Feuer, sie sollten aber immer noch leicht fest sein. Wir lassen in einem Sieb abtropfen und heben das Wasser für Suppe auf. Das Gemüse wird in streichholzgroße Stücke geschnitten und 3 – 4 Minuten angebraten. Nun geben wir Nudeln und Sojasauce hinzu. Wir kochen weitere 2 – 3 Minuten.

Probieren wir es auch einmal mit anderen Gemüsen: Zwiebeln, Sellerie, grüne Paprikaschoten, Mohrrüben und Äpfel schmecken sehr gut. Wir können mit kleingehackter Petersilie oder in klein geschnittenen Schalotten garnieren.

Hier folgt eine weitere Möglichkeit, gebratene Nudeln zuzubereiten:

Nudeln, Mohrrüben, Hijiki-Algen (oder Zwiebeln), Petersilie, Salbei, Kreuzkümmel

Wir waschen die *Hijiki* (siehe S. 138) und weichen sie ein. Die Nudeln werden gekocht, bis das Wasser wieder erneut kräftig brodelt, dann nehmen wir sie vom Feuer und lassen sie abtropfen.

Wir schneiden die Mohrrüben auf und dünsten sie mit Wasser in einer Bratpfanne bis sie gar sind, dann geben wir Petersilie und Kreuzkümmel hinzu. Zusammen mit den Nudeln werden Salz und *Hijiki* dazugegeben. Wir braten alles in einer kleinen Menge Öl. Sind die Nudeln gründlich erhitzt, fügen wir die Mohrrüben hinzu.

Molkereiprodukte

Milch, Buttermilch, Butter, Margarine, Rahm, Sauerrahm, Quark, Rahmfrischkäse, Hüttenkäse, Weitere Käsesorten, Joghurt

Während manche Leute durchaus dazu in der Lage sind, gänzlich auf Milchprodukte zu verzichten, wird für andere durch sie eine vegetarische Diät überhaupt erst möglich und genießbar – Milch, über Getreideflocken und Beeren gegossen, in Käsetoast, Hüttenkäse-Salat, Käsekuchen und Schlagsahne. Milch taucht den ganzen Tag überall und immer wieder auf, auch beim Essen in Tunken, Saucen, Suppen, Brotaufstrichen und Nachtischen.

Kurze Kochzeit, mäßige Hitze:
In der Regel brauchen Milchprodukte nur sehr wenig gekocht zu werden. Sie werden schnell braun oder brennen an, und häufig gerinnen sie bei Hitze oder flocken aus. Der Geruch von angebrannter Milch ist äußerst durchdringend und alles andere als appetitanregend, deshalb sollten wir darauf achten, sie bei mittlerer Hitze zu erwärmen oder zu kochen. Milch brennt bereits an, bevor sie überhaupt kocht, und selbst in Rezepten, die nach Kochen verlangen, muß sie nicht unbedingt so heiß sein.

Auch Butter brennt an, wenn sie mit der gleichen Temperatur erhitzt wird, wie Öl beim Anbraten. Wenn wir sie gemeinsam mit einem gebräuchlichen Kochöl verwenden, verträgt sie auch höhere Temperaturen. Ansonsten müssen wir bei der Verwendung von Butter langsamer kochen. Käse braucht nicht gekocht zu werden. Ist er einmal geschmolzen, wird er durch weiteres Kochen nur zäh und faserig.

Hüttenkäse

Dieser ist unerwartet vielseitig und eines unserer Lieblingsnahrungsmittel.

Hüttenkäse-Salat

Hüttenkäse, Apfel, Apfelsine, Banane, Birne, Rosinen,
Sonnenblumenkerne, Walnüsse, Zitronensaft,
Honig (oder Zucker), Salz

Wir würfeln das Obst und vermischen es mit den Nüssen und Kernen. Mit Zitronensaft, Salz und Süßmittel würzen. Dann geben wir den Hüttenkäse hinzu. Dieser Salat läßt sich cremiger machen, indem wir Sauerrahm oder Mayonnaise dazufügen.

Abwandlungen:
Dieses Gericht wurde zu einem großen Erfolg, als wir dem Hüttenkäse frisch geröstete Erdnüsse hinzugaben.

Es läßt sich anstelle von Obst oder vielleicht auch zusätzlich zu Gemüse verwenden. Wir nehmen gewürfelte Mohrrüben, Zwiebeln, (Schalotten), grüne Paprikaschoten, Sellerie, kleingehackte Petersilie, dazu Zitronensaft und möglicherweise Rosinen und Nüsse. Wir können auch Tomatenstücke daruntermischen oder sie zur Garnierung verwenden.

Ein sehr einfaches Rezept besteht darin, kleingehackte Petersilie, Schalotten und Oliven hinzuzugeben und mit Paprika zu bestreuen.

Um zusätzliches Aroma zu erhalten, geben wir etwas Blau- bzw. Schimmelkäse (Edelpilzkäse) hinzu.

Warmer Hüttenkäse

Dieses milde, besänftigende Gericht läßt sich auch als Füllung verwenden.

Hüttenkäse, Zwiebeln, grüne Paprikaschoten, (Pilze), Eier, Salz, Pfeffer, (Paprika)

Zwiebeln und Paprikaschoten werden in Scheiben geschnitten oder gewürfelt und dann in Öl angebraten. Wir mischen den Hüttenkäse darunter und würzen mit Pfeffer und Salz. Auf 1 1/2 Pfund Hüttenkäse geben wir 2 oder 3 Eier. Dies erhitzen wir leicht auf dem Herd oder bei 160° C im Backofen, und zwar 15 – 20 Minuten lang. Vor oder nach dem Kochen großzügig mit Paprika bestreuen. Ebenso können sautierte Pilze hinzugegeben werden sowie fast alle anderen Gemüse (die wir vorher fast gar kochen).

Verwenden wir viel Gemüse, wird aus diesem Gericht „*Gemüse mit Käse*", durch weniger Gemüse wird es zu „*Warmem Hüttenkäse mit Gemüse*".

Sauce aus Hüttenkäse

Wenn wir den Hüttenkäse verdünnen, können wir mit obigem Rezept eine Sauce daraus machen. Wir können ihn auch zu Milchsaucen auf Mehlgrundlage geben oder mit Sauerrahm oder Joghurt mischen, um ihn sanft zu erhitzen. Wird er zu stark erhitzt, flockt der Hüttenkäse aus.

Manche Leute lieben die Klumpen des Hüttenkäses in Saucen nicht. Um dem abzuhelfen, kann Hüttenkäse auch durchgesiebt oder durch den Mixer gegeben werden.

Nachtisch aus Hüttenkäse

Hüttenkäse, Honig, Vanille, Muskatnuß,
(Nüsse, Obst, Trockenfrüchte)

Wir süßen und würzen nach Geschmack. (Durch Vanille und Muskat wird die Süße unterstrichen.) Mit Nüssen, Obst oder Trockenfrüchten garnieren. Läßt sich auch mit Fruchtmarmelade oder Gelee süßen oder garnieren.

Anmerkung: Geben wir Eier hinzu und überbacken (mit einer Kruste), wird aus diesem Rezept ein Hüttenkäse-Kuchen.

Ricotta-Käse

Dies ist ein weiterer preiswerter, weicher Milchkäse, der Hüttenkäse vergleichbar ist, aber eine gleichmäßigere Konsistenz hat. Wir können ihn in allen vorangegangenen Rezepten anstelle von Hüttenkäse verwenden.

Ricotta-Nachtisch

Ricotta, Erdbeeren, Rosinen, Bananen, Ahornsirup

Gehäufter Ricotta in der Mitte der Dessertschale. Mit dem Obst umranden und mit Ahornsirup übergießen.

Sauerrahm (Saure Sahne)

Sauerrahm stellt eine Sofort-Sauce für Gemüse, Salate, Kartoffeln, Nudeln – Sauerrahm wird auch in verschiedensten Suppen verwendet – rote Bete, Mohrrüben und Yams dar, um ihre Süße etwas auszugleichen. Joghurt kann den Sauerrahm zwar nicht an Kalorien ersetzen, aber dafür an Eiweiß, Säure und Feuchtigkeit.

Käse

Wir verwenden meistens Cheddar, Monterey Jack (aus Kalifornien) und Schweizer Käse, in geringeren Mengen auch Parmesan, Fontinella und andere. In anderen Abschnitten dieses Buchs tauchen noch viele Rezepte auf, bei denen Käse verwendet wird. Fehlt es einem Gericht an Substanz oder Charakter, schafft Käse häufig Abhilfe. Er kann mit Gemüse, Getreide, Bohnen- und Eiergerichten, Suppen, Saucen und Salaten verwendet werden. Hier folgen ein paar Rezepte, die nicht in den anderen Abschnitten erwähnt werden.

Käsesandwich

Dies ist unser üblicher Mitnahmeproviant für freie Tage. Nach dem Frühstück werden alle Zutaten ausgelegt, und jeder macht sich sein eigenes Sandwich.

Brot, (Butter), Käsescheiben, Kopfsalat oder Luzernensprossen,
Tomatenscheiben, Zwiebelscheiben, Pickles
(auf dem Brot oder als Beilage), Senf, Mayonnaise

Wir stellen zusammen, was wir wollen, und verwenden dazu die Zutaten, die wir mögen. Auch Ricotta-Käse oder Sauerrahm kann als Brotaufstrich verwendet werden. Zuviel des Guten? Manche Leute nehmen sogar noch mehr dazu: Avocado, Gurke, Sonnenblumenkerne. Stellen wir es also nach Wunsch zusammen.

Käsetoast

Auch hier gibt es unendliche Möglichkeiten. Es folgen drei Grundmethoden, wie wir offenen Käsetoast zubereiten können.

I *Petersilie, Schnittlauch oder Schalotten*
Käse: Cheddar, Schweizer oder anderer Käse
Gemüse: nach Wahl Tomate, Sprossen, Oliven, Kopfsalat, Avocado, Pilze, Toast

Wir toasten eine oder beide Seiten des Brots. Darauf legen wir das Gemüse – Tomaten und Pilze können vorher auch kurz sautiert werden. Der Käse kann, entweder in Scheiben geschnitten oder gerieben, auf das Gemüse gegeben werden. Das Brot wird leicht angebraten, damit der Käse schmilzt. Mit Petersilie, Schnittlauch garnieren.

II *Gemüse: Radieschenscheiben, grüne Paprikastreifen, Selleriescheiben, Zwiebelringe, Tomatenscheiben*
Käse, Toast

Wir geben die Käsescheiben auf den Toast und dekorieren mit verschiedenen Gemüsescheiben. Erhitzen, bis der Käse schmilzt.

III *Gemüse: nach Wahl Zwiebel, Pilze, Sellerie, grüne Paprikaschote usw.*
Weichkäse: Rahmfrischkäse, Quark, Hüttenkäse oder Ricotta (dazu Edelpilzkäse), Toast

Wir bestreichen den Toast mit einem Weichkäse, den wir zusätzlich mit einem Edelpilzkäse mischen können, um das Aroma zu verstärken. Darauf geben wir das angebratene Gemüse. Nun wird das Brot erwärmt.

Zusätzliche Anmerkungen: Diese drei Methoden können auf verschiedenste Weise miteinander kombiniert werden. So könnten wir beispielsweise im ersten Rezept vor Hinzugabe des Gemüses den Toast mit Weichkäse bestreichen.

Jedes dieser Rezepte kann gewürzt werden: Knoblauchsalz, Basilikum, Majoran, Oregano, Thymian oder einfach nur Salz und Pfeffer können auf das Gemüse oder den Käse gestreut werden.

Es können auch andere Gewürze Verwendung finden, etwa Muskatnuß, Muskatblüte, gemahlener Ingwer, Senfpulver, Kreuzkümmel und Currypulver. Da diese Gewürze recht kräftig sind, sollten wir sie nur sparsam verwenden.

Geschlossener Käsetoast

Brot, Käse, Butter oder Öl

Wir bestreichen die äußeren Oberflächen des Brots mit Butter und geben den Käse dazwischen. Nun wird bei mittlerer Hitze und zugedeckter Bratpfanne gebraten. Kräuter und weitere Gewürze können wie beim offenen Käsetoast verwendet werden.

Käse mit Obst

Ein Nachtisch oder Imbiß. Dies nur zur Erinnerung, daß Käse auch auf diese Weise verwendet werden kann.

Obst: Äpfel, Birnen, Trauben, Apfelsinen u. a.
Käse: Cheddar, Schweizer, Provolone, Edamer, Gouda, (Quark- oder Rahmfrischkäsebälle) u. a.

Wir schneiden den Käse in Scheiben, in streichholzgroße Stücke oder in Keile. Das Obst wird entweder ganz serviert, zusammen mit Messern, um es bei Tisch aufzuschneiden, oder wir schneiden es im voraus. Apfel paßt zu jedem Käse. Wenn wir uns nicht klar entscheiden können, probieren wir einfach verschiedene Zusammenstellungen aus. Wie wär's vielleicht mit einem Glas Wein?

Rahmfrischkäse mit Quark

(Der amerikanische „cream cheese“ entspricht zwar eher unserer deutschen Bezeichnung „Rahmfrischkäse“, wird aber häufig wie unser „Quark“ verwendet, der im angelsächsischen Kulturraum weitgehend unbekannt ist; Anm. d. Übs.)

Diese vielseitigen Käseprodukte können einfach als Brotaufstrich verwendet werden, man kann sie aber auch als Sauce verdünnen oder beim Kochen damit den Rahm oder die Sahne ersetzen.

Sie sind reich an Eiweiß und Kalorien. Es folgt nun ein Vorschlag, wie wir diese Käsesorten verwenden können – an anderen Stellen des Buchs finden wir weitere.

Quarkbälle

Der Quark oder Rahmfrischkäse hält die anderen Käsesorten und Gewürze zusammen.

Quark/Rahmfrischkäse, geriebener Käse
(was wir gerade da haben), (Edelpilzkäse), Milch,
geröstete Sesamsamen, Salz, Pfeffer, Knoblauch,
Senfpulver, Schalotten, Petersilie, Kräuter,
(oder: Knoblauch, Zwiebel- oder Selleriesalz)

Wir bearbeiten den Rahmfrischkäse oder Quark, bis er sahnig ist. Dann wird er mit dem Edelpilzkäse vermischt und wir geben eine oder mehrere Sorten geriebenen Käse hinzu, um das Aroma zu verstärken. Sollte die Mischung zu dick werden, fügen wir auch etwas Milch hinzu. Wir würzen nach Geschmack.

Der Käse wird zu einem Ball oder mehreren Kugeln oder zu einem langen runden Block geformt und in dem geröstetem Sesamsamen gewälzt.

Um *Dessert-Quarkbälle* zu erhalten, vermischen wir Rosinen, Nüsse, kleingehackte Datteln, Zitronen- oder Orangenschale mit dem weichgemachten Quark oder Rahmfrischkäse. Mit Vanilleextrakt und

Zimt wird gewürzt. Wollen wir die Mischung zum Garnieren verwenden, verdünnen wir sie mit Sauerrahm oder Joghurt. Je nach Verwendung können die Gewürze abgewandelt oder weggelassen werden: Pfannkuchen, Gemüse, Salate, Getreide, Käsetoast. Wir können in einem Doppelkochtopf oder bei sparsamer Hitze erwärmen. Nicht kochen, sonst flockt die Mischung aus.

Joghurt

Joghurt ist ein kultiviertes Milchprodukt, das leichter verdaulich ist als einfache Milch und gesunde Bakterien enthält, die im Darm Vitamin B produzieren.

Die Herstellung von Joghurt:
Die Bakterien im Joghurt wachsen in der Milch und bewirken, daß diese sich im Laufe von 3 – 8 Stunden verdickt. Es ist Teil ihres Lebensprozesses, daß sie Milchzucker in Milchsäure umwandeln. Das Grundprinzip Joghurt herzustellen besteht darin, Joghurtbakterien in etwas warme Milch zu geben und diese mehrere Stunden warmzuhalten, bis sie dick geworden ist.

Um sich entwickeln zu können, benötigen die Bakterien Milch, die eine für sie bekömmliche Temperatur hat, nämlich zwischen 32° und 48° C, optimal sind etwa 38° bis 42° C (fühlt sich am Handgelenk gerade etwas warm an). Bei höheren Temperaturen werden diese Bakterien vernichtet, bei niedrigeren entwickeln sie sich nicht so gut, das tun dafür dann aber andere Bakterien. Manchmal wird die Milch knapp über 80° C erhitzt, um ungewünschte Bakterien abzutöten und um sie dann auf die für die Joghurtherstellung geeignete Temperatur abzukühlen.

Um mit der Joghurtherstellung zu beginnen, nehmen wir jeden beliebigen frischen, reinen Joghurt. Wir kaufen also am Anfang eine kleine Menge reinen Joghurt von guter Qualität. Dabei sollten wir eine Sorte kaufen, die wir auch mögen, denn dieser Anfangsjoghurt wird einen Joghurt von ähnlichem Aroma und Geschmack hervorbringen. Ist der erste Schwung Joghurt hergestellt, können wir natürlich etwas davon verwenden, um den zweiten zuzubereiten.

Welche Milch sollen wir nehmen? Wir verwenden hauptsächlich Trockenmilch, um unseren Joghurt zuzubereiten, und zwar zweimal soviel, wie normalerweise gebraucht wird, um Trinkmilch herzustellen. Auch konzentrierte Milch (nicht kondensierte) ergibt einen vorzüglichen sahnigen Joghurt, wenn sie im Verhältnis 1 : 1 anstatt 1 : 2 verdünnt wird.

Wie halten wir die Joghurt-Milch warm, bis sie sich verdickt? Dafür gibt es verschiedene Methoden. Wir können die Milch mit den Joghurtkulturen in bedeckten Flaschen oder Töpfen aufbewahren. Diese sollten wir aber vorher gründlich reinigen und erhitzen. Wir können die Joghurt-Milch aber auch in warmem Wasser über der Sicherheitsflamme entweder auf dem Herd oder im Backofen warmhalten. Keine Sicherheitsflamme vorhanden? (Auch Sparbrenner genannt.) Dann gibt es noch eine weitere Möglichkeit: den Backofen ungefähr 5 Minuten auf 175° C erhitzen, dann abschalten und den in Handtücher eingewickelten Joghurt hineinstellen. Kühlt der Ofen zu stark ab, stellen wir ihn alle 1 oder 2 Stunden für ein paar Minuten wieder an. Oft kann auch eine 75-Watt-Glühbirne einen Ofen oder einen Pappkarton genügend warmhalten, um Joghurt darin zu züchten. Wir besorgen ein elektrisches Kabel mit einer Lampenfassung und schneiden ein rundes Loch in die Seitenwand der Schachtel, das gerade groß genug ist, um die Fassung aufzunehmen. Ist alles an seinem Platz, drehen wir von innen die Glühbirne hinein. Wenn wir die Glühbirne in einem Ofen verwenden wollen, sollte die Ofentür eine gute Feder haben, da sie sonst nicht sehr gut schließt. Eine weitere Methode besteht darin, die warmen Milchflaschen in Handtücher einzuschlagen und in einer Styropor-Kühlbox aufzubewahren.

Joghurt-Rezepte

I *4 Tassen Wasser bei ungefähr 45° – 50° C,*
*2 1/2 – 3 Tassen Trockenmilch, 1 – 2 Eßlöffel Joghurt**

Wir mischen gründlich Wasser und Milchpulver zusammen. Die Mischung sollte ungefähr 40° C warm sein. Nun vermischen wir einige Eßlöffel davon mit dem Joghurt und gießen den verdünnten Joghurt zurück in die Milch. Wenn sie sich noch nicht in einer sauberen, vorgewärmten Flasche oder einem ebensolchen Topf befindet, füllen wir die Mischung dort hinein und bedecken sie. Wir stellen sie an einen warmen Ort, den wir dafür vorbereitet haben. Nach 3 Stunden überprüfen wir, danach in regelmäßigen Abständen. Beginnt das ganze dick zu werden, stellen wir es kühl.

II *1/4 Liter Milchkonzentrat, 1/4 Liter kochendes Wasser,*
3 Eßlöffel Joghurt

Wir vermischen das kochende Wasser mit der konzentrierten Milch. Hat sich alles bis etwa 45° C abgekühlt (leicht warm am Handgelenk), geben wir ein paar Eßlöffel Joghurt darunter und gießen ihn zurück in die Milch. Diese füllen wir in einen gereinigten, vorgewärmten Behälter, decken ab und stellen ihn an einen warmen Ort, bis die Mischung beginnt, dick zu werden. Danach kühlen.

III *1/4 Liter Vollmilch oder entfettete Milch, 4 Teelöffel Joghurt*

Wir erhitzen die Milch vorsichtig auf etwa 80° C (bei dieser Temperatur bilden sich an den Seiten und am Boden des Topfs kleine Blasen). Nun füllen wir sie in die gereinigte(n) Flasche(n) und lassen auf etwa 40° C abkühlen. Wir vermischen ein wenig von der warmen Milch mit dem Honig, dann verteilen wir diese Mischung gleichmäßig auf die Flaschen. Wir decken sie zu und stellen sie an einen warmen Ort. Beginnt die Mischung anzudicken, stellen wir sie kühl.

* *Je mehr Joghurt wir am Anfang verwenden, desto säuerlicher wird der neue Joghurt werden.*

Joghurt sollte innerhalb von höchstens 8 Stunden völlig andicken. Geschieht dies nicht, kann dies daran liegen, daß die Milch zu heiß war, als wir den Joghurt hinzugaben; daß die Mischung nicht warm genug gehalten wurde; daß der Joghurt-Ansatz nicht intakt war; oder daß die Milch Antibiotika enthielt. Wir können es noch einmal mit derselben Milch versuchen, wenn wir sie behutsam auf etwa 80° C erhitzen, um alle fremden Bakterien abzutöten, sie dann auf ca. 40° C abkühlen lassen, etwas weiteren Joghurt hinzugeben und noch einmal von vorne anfangen.

Eier

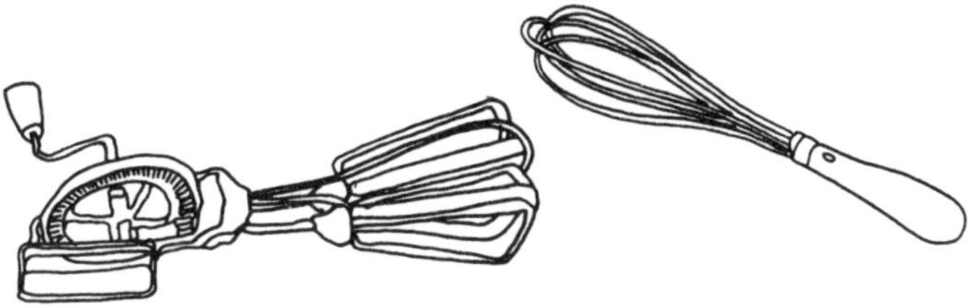

Das in Eiern enthaltene Protein läßt sich vom menschlichen Körper vollständiger verwerten als das aller anderen Nahrungsmittel. Eier sind äußerst vielseitig und für viele Menschen unverzichtbar, sowohl wegen ihres hohen Nährwerts als auch aufgrund der Tatsache, daß sie auf so viele verschiedene Weisen zubereitet werden können. Eier können gebraten, pochiert, gerührt, gekocht oder gebacken werden. Man kann sie auch zu Salaten, Salatsaucen, Suppen, Saucen, Aufläufen und Nachtischen verwenden. Bei Mayonnaise nehmen Eier das Öl, bei Holländischer Sauce die Butter auf.

Als Faustregel gilt, daß Eier bei mäßiger Hitze zubereitet werden sollen, damit sie eher weich als ledrig werden. Erhitzt man sie nämlich zu schnell in einer Sauce oder Suppe, dicken und reichern sie nicht an, sondern entwickeln sich eher zu Rührei. Ist die Hitze für einen Pudding oder ein Baiser zu groß, wird das Ei hart und sondert Wasser ab.

Das Spiegelei

Die Sonnenseite nach oben, ganz schlicht und einfach, köstlich.

Wenn wir unsere Eier gerne schön braun mögen, dann wissen wir wahrscheinlich bereits, wie wir sie so hinbekommen. Die Hauptschwierigkeit bei der Zubereitung von Spiegeleiern besteht darin, daß wir das Weiße oben fest bekommen, ohne daß es ledrig und das Eigelb fest wird. Wir beginnen mit einer mäßig warmen Pfanne, so daß es kein großes Zischen gibt, wenn das Ei hineinkommt, das Weiße wirft dann keine Blasen sondern wird ganz allmählich weiß. Es folgen zwei Methoden dafür:

I.

Eier, Butter oder Öl

Wir geben eine großzügige Menge Öl oder Butter in eine mäßig erhitzte Pfanne. Nun folgen die Eier. Wollen wir gleichzeitig mehr als ein Ei zubereiten, schlagen wir sie zuerst in eine Schale und lassen sie dann vorsichtig zusammen in die Pfanne gleiten – später können wir sie noch auseinanderschneiden. Während sie braten, löffeln wir Butter oder Öl darauf, um auch die Oberfläche fest werden zu lassen. Sind sie fest, können wir die Eier auch wenden, indem wir sie nach Pfadfindermanier mit der Pfanne hochwerfen oder einen Pfannenheber benutzen. Nach sehr kurzer Zeit (vielleicht schon nach einer 1/2 Minute) wenden wir sie wieder und servieren.

II.

Dies ist die Verbindung von Braten und Dünsten.

Eier, Butter oder Öl, Wasser oder Brühe,
(Topf- oder Pfannendeckel)

In einer mäßig erhitzten Pfanne verwenden wir eine bescheidene Menge Öl oder Butter. Nachdem die Eier hinzugegeben wurden, ergänzen wir durch ein paar Eßlöffel Wasser und decken die Pfanne ab. Wir lassen auf mittlere Hitze eingestellt. Durch den Wasserdampf wird die Oberfläche der Eier fest. Nach wenigen Minuten sehen wir nach. Das Eiweiß sollte ganz fest sein, der Dotter glasig, aber noch immer etwas flüssig.

Das Wasser kann auch durch Brühe ersetzt werden, was für zusätzliches Aroma sorgt, aber auch für Lob oder Tadel. Rosarote Eier mit Tomatensaft! „Können wir nicht wenigstens *manchmal* ganz ordinäre Eier bekommen?"

Wir können Käsestreifen oben auf die Spiegeleier legen, ehe die Pfanne zugedeckt wird.

Werden die Spiegeleier auf einem Backblech zubereitet, kann eine umgedrehte Pfanne als Deckel dienen.

Wenn wir sie mögen, können wir Spiegeleier auch gut auf Getreide- oder Bohnengerichte geben.

Pochierte Eier (Verlorene Eier)

Sind diese Eier optimal geraten, so sind sie zart, prall und saftig. Nicht ohne Grund sind dies die Eier des Heiligen Benedikt. Eine Warnung: Die Zubereitung könnte uns ziemliche Kopfschmerzen bereiten. Deshalb sollten wir alle Küchengeräte bereithalten.

Eier, Wasser oder Brühe, Essig, Salz, Geschirrtuch oder Schwamm, Pfannenheber aus Gummi, durchlöcherter Löffel (wenn vorhanden)

Die Eier werden in Wasser gekocht. Wir nehmen mindestens 1 Tasse Wasser pro Ei und geben pro Tasse wiederum 1/2 Teelöffel Essig und 1/2 Teelöffel Salz hinzu. Der Essig soll verhindern, daß die Eier auslaufen, wenn sie ins Wasser geschlagen wurden.

Das Wasser wird erhitzt, zusammen mit Essig und Salz, bis es kocht, dann stellen wir auf mittlere Hitze. Sobald das Wasser aufhört zu kochen, beginnen wir damit, die Eier hineinzugeben, wobei wir sie so dicht wie möglich an der Oberfläche hineintun, anstatt sie einfach ins Wasser plumpsen zu lassen. Sie sollen sich ruhig etwas ausbreiten, aber nicht über den ganzen Topf. Wir lassen sie etwa 1 Minute langsam kochen, dann lösen wir sie vorsichtig mit einem Gummispachtel vom Topf- oder Pfannenboden. Nun wird weitere 2 – 3 Minuten gekocht, bis sich die Eier aus dem Wasser heben lassen, ohne sie zerbrechen. Wir versuchen, sie mit dem durchlöcherten Löffel hochzuheben und, wenn sie schon fest genug sind, aus dem Wasser zu nehmen, dann legen wir den Löffel auf das zusammengefaltete Geschirrtuch oder auf den sauberen Schwamm, damit diese das überschüssige Wasser aufnehmen. Vom Löffel kommen die Eier auf eine angewärmte Platte oder auf einen Teller. Befinden sich alle Eier auf der Platte, können wir noch mehr Wasser entfernen, indem wir die Platte leicht schräg stellen und die Flüssigkeit mit einem Papiertuch aufsaugen.

Auf diese Weise können Eier auch einige Minuten in Suppen gekocht werden, bevor sie serviert werden sollen. In diesem Fall nehmen wir pro Person 1 Ei und vielleicht noch 1 zusätzliches, für den Fall, daß eins ausläuft.

Gekochte Eier

Weich: Manchmal gibt man dem Wasser Essig hinzu, damit das Ei nicht ausläuft, falls ein Sprung in der Schale sein sollte.

Eier in der Schale, Wasser, (Essig)

Wir bringen Wasser zum Kochen und stellen dann auf leichtes Köcheln. Die Eier werden 4 Minuten hineingegeben, dann nehmen wir sie wieder heraus und lassen sie abtropfen. Nun geben wir kurz kaltes Wasser über die Eier, damit sie nicht weiterkochen.

Hart: Die Eier werden mit Essig in kaltes Wasser gegeben. Bis zum Kochen erhitzen, dann 10 Minuten köcheln lassen. Das heiße Wasser abgießen und kaltes Wasser hinzugeben, um die Eier abzuschrecken. Wenn wir die Eier in kaltes Wasser legen, lassen sie sich auch leichter schälen.

Rühreier

Auch diese werden am besten bei mittlerer Hitze zubereitet. Einige Leute mögen ihr Rührei völlig trocken, die meisten ziehen es jedoch anscheinend vor, wenn es noch leicht feucht ist. Die Eier kochen sogar dann noch weiter, wenn die Pfanne vom Herd genommen wurde; wenn wir also etwas flüssige Eier haben wollen, müssen wir sie rechtzeitig vom Feuer nehmen bevor sie völlig gar sind.

Eier, Salz, Pfeffer, Milch, Öl oder Butter

Wir verschlagen die Eier und würzen mit Salz und Pfeffer. Wenn gewünscht, geben wir etwas Milch (etwa 1 Eßlöffel pro Ei) dazu. Wir kochen in einer gut eingeölten, mäßig heißen Pfanne, rühren ständig um und kratzen das Ei von den Wänden und dem Pfannenboden. Wenn wir die Eier geschmeidig haben wollen, schlagen wir sie vor dem Servieren mit einem Schneebesen.

Omeletts

Omelett oder Rühreier mit Gemüse:
Abgesehen von sehr zarten Gemüsen wie Tomaten, Avocados, Sprossen und möglicherweise auch Kürbis ziehe ich es vor, das Gemüse anzubraten, ehe ich es zu den Eiern gebe. Wir können jegliches Gemüse, das wir mögen oder gerade zur Hand haben, in Scheiben schneiden oder würfeln und es sautieren. Wollen wir Rühreier machen, geben wir die verschlagenen und gewürzten Eier dem Gemüse bei und verfahren wie im Rührei-Rezept. Omeletts mit Gemüse lassen sich auf die gleiche Art zubereiten, ich ziehe es jedoch vor, das sautierte Gemüse aus der Bratpfanne zu nehmen und mit den Eiern allein zu beginnen – falls notwendig auch in frischem Öl. Ich stelle fest, daß dies besonders dabei hilft, um die in Methode I erwähnte „Haut“ zu entwickeln, wie auch das leichte Schlagen der Eier nach Methode III zu erleichtern. Für die Omelettmethode II ist es am besten, das Gemüse in der Pfanne zu lassen und die Eier dazuzugeben.

Omelett oder Rührei mit Käse:
Käse braucht nicht gekocht zu werden, man muß ihn nur schmelzen, deshalb fügen wir ihn erst gegen Ende der Kochzeit hinzu. Jeder geriebene oder getrocknete Käse kann unter das Gericht gemengt werden, während wir Käsestreifen oder -scheiben kunstvoll oben auf dem Omelett anordnen können.

Quark, Rahmfrischkäse, Hüttenkäse oder Ricotta lassen sich ebenfalls verwenden. Diese geben den Eiern eine wunderbare Weiche, sahnige Konsistenz.

Omeletts mit Milch oder Hüttenkäse werden nicht flüssig, wenn wir sie langsam genug zubereiten. Schnelleres, stärkeres Kochen löst die Molke aus der Milch oder dem Hüttenkäse.

Gegen Ende der Kochzeit werden Omeletts normalerweise in zwei Hälften übereinandergeklappt, damit sich Käse und Gemüse im Inneren gründlich erwärmen können. Dadurch wird die Füllung auch zu einer Überraschung.

Besonders wenn das Omelett als Hauptmahlzeit, vor allem beim Abendessen, zubereitet wird, begleiten wir es vorzugsweise mit einer Sauce: entweder eine einfache weiße, braune, eine Pilz- oder eine Käsesauce (siehe unter „Saucen“).

Es folgen nun drei Methoden für die Omelett-Zubereitung:

I. Die Nicht-Rühr-Methode

Eier, Salz, Pfeffer, Öl oder Butter

Wir verschlagen die Eier und würzen mit Salz und Pfeffer. In einer gut eingeölten, mäßig warmen Pfanne zubereiten. Wenn wir die Eier in die Pfanne geben, sollte sich an den Seiten und am Boden sofort eine „Haut“ bilden. Wir lassen die Eier einige Minuten ohne zu rühren langsam braten, bis die Haut sich erheblich verdickt hat. Wir heben den Rand des festgewordenen Eis hoch und legen die Pfanne schräg, damit das noch flüssige Ei darunterlaufen kann. Dieser Vorgang wird so oft wie nötig wiederholt, bis das Omelett fertig ist.

II. Geschlagener Eischnee, im Ofen fertig zubereitet

Eier, Eiweiß und Dotter getrennt, Salz, Pfeffer, Öl oder Butter, ofenfeste Bratpfanne

Wir trennen Eiweiß und Eidotter voneinander und schlagen das Eiweiß zu weichem Schnee. Nun werden die Dotter geschlagen und zusammen mit den Gewürzen unter das Eiweiß gezogen. Wir braten die Eier zunächst in einer gutgeölten Pfanne bei mittlerer Hitze. Nachdem der Boden festgeworden ist (5 – 8 Minuten?), stellen wir die Eier in einen mittelheißen Ofen (175° C) oder unter einen mittelheißen Grill, um die Zubereitung zu beenden.

Das im Ofen gebackene Omelett läßt sich nicht umklappen, deshalb legen wir eine Auswahl von Gemüse und Käse darauf, bevor wir es in den Ofen geben.

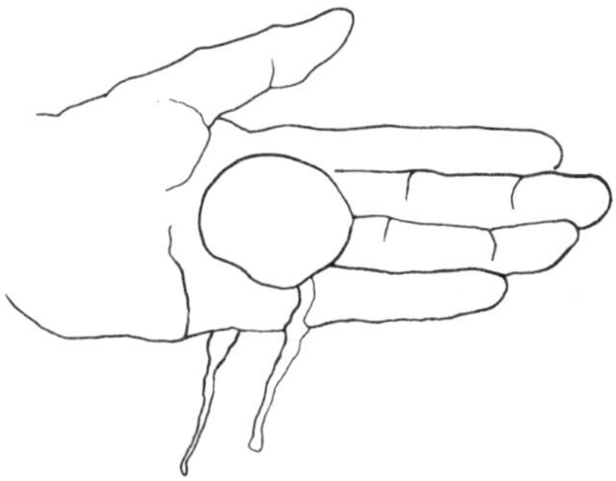

III. Die Methode „Ständig Rühren“

Eier, verschlagen, Salz, Pfeffer, Öl oder Butter, Schneebesen oder Eierschläger

Mit dieser Methode erhalten wir sehr außergewöhnliche Eier. Wir geben die gewürzten und geschlagenen Eier in eine gut geölte, nur leicht erhitzte Pfanne auf niedriger bis mittlerer Flamme. Dabei wird stetig mit einem Schneebesen gerührt. Die Eier sollen langsam fest werden, ohne daß wir Rührei erhalten. Sind sie recht dick geworden, so daß dem Schneebesen rundherum eine tiefe Furche folgt, stellen wir das Rühren ein, schalten die Hitze höher und lassen noch kurz weiterbraten, damit sich das Omelett glättet.

Das Würzen von Omeletts oder Rühreiern:
Wir haben feststellen können, daß eine der besten Möglichkeiten, Eier zu würzen, darin besteht, anstelle von Salz Sojasauce zu verwenden.

Folgende Kräuter können wir zu Eiern versuchen: Thymian, Basilikum, Estragon, Majoran, Oregano. Weitere Gewürze, die wir in bescheidenen Mengen verwenden können, sind: Knoblauch, Currypulver, Chili, Ingwer, Muskatnuß.

Eiersalat

3 Eier, hartgekocht, Hüttenkäse, Joghurt, Salz und Pfeffer

Die hartgekochten Eier werden geschält und aufgeschnitten. Pro Ei geben wir ungefähr 1/3 Tasse Hüttenkäse dazu und befeuchten diese Mischung mit einigen Eßlöffeln Joghurt. Wir würzen mit Salz und Pfeffer und einer Prise Curry. Etwas Paprika gefällig?

Supermilchbecher mit Ei

Dies ist ein warmes Getränk, das wir manchmal zum Frühstück getrunken haben.

4 Tassen Milch, 2 Eier, 1 Eßlöffel weißer Zucker,
1/2 Teelöffel Vanilleextrakt, (Muskat)

Wir erhitzen die Milch, bringen sie aber nicht zum Kochen (sie brennt sehr leicht an). Die Eier verschlagen und nach und nach 1 Tasse der heißen Milch darunterziehen. Diese Ei-Milch-Mischung geben wir in den Rest der heißen Milch. Nun rühren wir die Vanille und den Zucker hinein und bestreuen nach Wunsch mit etwas Muskat.

Kürbis heißt nicht nur Pastete

Kürbis heißt nicht nur Pastete.
Kartoffel heißt nicht nur Salat.
Essen ist, was wir daraus machen.
Nahrung ist, wie wir es annehmen.

Reis, der manchmal Pudding ist, könnte auch Salat werden.
Möhrensalat könnte in einen Pilav gelangen.
Gazpacho, ein flüssiger Salat, wird Suppe genannt.
Aus dem Zusammenhang gerissen,
kann das Vertraute faszinierend werden.
In einen Zusammenhang gebracht,
kann das Unvertraute geradezu verschlungen werden.
Richten wir es an, verdünnen wir,
würzen, garnieren wir,
oder tun wir auch mal nichts, fast nichts.

Bis hierher haben wir den Schwerpunkt darauf gelegt, Dinge möglichst einfach zuzubereiten, sie so zuzubereiten, daß wir uns ihres einfachen, einzigartigen Charakters erfreuen können. Nun wollen wir betrachten, wie Dinge miteinander vermischt werden können, um dabei doch noch diesen eigenen Charakter zu bewahren.

Einfachheit kann die Kompliziertheit hervorheben und raffinierte Kompliziertheit kann ihrerseits die Einfachheit sehr erfrischend wirken lassen.

Kräftiges Aroma, Beschaffenheit oder Farbe können zwar ein schwächeres Aroma, eine schwächere Beschaffenheit oder Farbe überdecken; ebenso kann aber auch ein Aroma, eine Beschaffenheit oder eine Farbe die Qualitäten anderer Zutaten hervorheben, manchmal durch Ähnlichkeit, manchmal durch Kontrast. Wir sollten dafür sorgen, daß sich innerhalb eines Gerichts oder auch zwischen mehreren einander ergänzende Beziehungen entwickeln.

Indem wir Dinge miteinander vermischen, erschaffen wir verschiedene interessante Gerichte: Suppen, Salate, Hauptgerichte. Bloßes Hinzufügen oder Mischen von Zutaten ist jedoch keine Garantie dafür, daß ein Gericht besonders interessant oder gar überragend wird. Zu Anfang sollten wir schlichtere Kombinationen versuchen, die wir dann später erweitern können. Je mehr Zutaten, um so mehr neigt alles zu gleichförmiger Eintönigkeit. Nicht daß es unmöglich wäre, mit zahlreichen Zutaten ein gutes Essen zuzubereiten, aber dies ist sehr viel schwieriger, weshalb eine gewisse Vorsicht angebracht ist. Das gilt auch für Gewürze, die leicht jeden anderen Geschmack überdecken können.

Nahrung wird erst zur Nahrung, wenn sie auch gegessen wird, deshalb bereiten wir Dinge zu: damit die Menschen, für die wir kochen, daran Geschmack finden und sie genießen.

„Der Mensch hat es nie sonderlich freundlich hingenommen, wenn seine Eßgewohnheiten verändert oder reformiert werden sollten."

H. Bieler

Salate und Salatsaucen

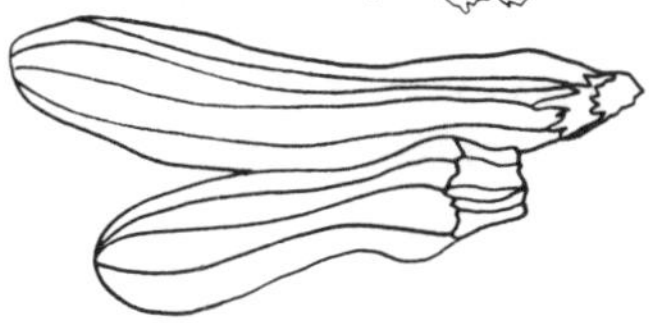

Etwas zum Anfangen
Beilage oder Hauptgericht
etwas zum Aufhören

Salate sollen erfrischen – durch ihr Aussehen, ihren Geschmack und die Art, wie sie sich anfühlen. Eine erfrischende Abwechslung vom Heißen, Schweren, Weichen und Trockenen. Das Gemüse-Kapitel enthält eine Menge Vorschläge, um Gemüse als Salat anzurichten, und in dem Kapitel über Kopfsalat sind mehrere einfache Salatsaucen (Tunken) beschrieben, ebenso Richtlinien für die Behandlung des Kopfsalats. Im vorliegenden Abschnitt wird nun über die Zubereitung von Salat im allgemeinen gesprochen, ebenso über zahlreiche Salatsaucen (Tunken), die Öl-und-Essig-Grundsauce eingeschlossen.

Salatzubereitung im Überblick

Zutaten im Hintergrund:

Kopfsalat, Kohl, Mohrrüben, Spinat, Gurken, Blumenkohl, Broccoli, Kartoffeln, Sprossen, Rote Bete, Tomaten, grüne Bohnen, Spargel, und was noch?
Bohnen: weiße Bohnen, Linsen, Kichererbsen, und was noch?
Getreide: Reis, Bulgur-Weizen, und was noch?

Die Hauptzutat, auf der ein bestimmter Salat basiert, ist der „Hintergrund", von dem der Salat auch seinen Namen bezieht, beispielsweise „Kartoffelsalat".

Zutaten im Vordergrund:

Grüne, gelbe oder rote Zwiebeln, Sellerie, grüne Paprikaschoten, Radieschen, Kapern, Dill- oder süßsaure Pickles, Oliven, Käse, Nüsse, Kerne, Obst und Trockenfrüchte

Diese verwenden wir dazu, sich gegenseitig (und die Grundzutaten) zu ergänzen und Farbe, Form, Geschmack und Würze beizusteuern. Die unter „Hintergrund" aufgeführten Zutaten können in geringeren Mengen auch zu „Vordergrund"-Zutaten werden.

Wenn wir einen Salat verhältnismäßig einfach halten, beispielsweise mit 3 oder 5 Zutaten, kann jede Zutat teilweise in den Vordergrund treten, es ist aber ebenso faszinierend, Zutaten in einem Salat zu „verstecken". Wägen wir ab, wie wir die einzelnen Bestandteile schneiden. Wie sieht es aus? Wie gut schmeckt es, wenn wir hineinbeißen? Läßt es sich leicht kauen? Muß es etwas gekocht werden?

Überlegen wir auch, wie wir die Zutaten anordnen sollen: miteinander vermischt? In einzelnen Reihen? In Kreisen? In Schichten? Die Salatsauce in der Mitte, von den Salatzutaten umringt? Wenn wir alle Zutaten in getrennten Schüsseln halten, können wir einige davon zur Dekoration oben auf den Salat legen anstatt sie mit ihm zu vermischen.

Garnierungen:

Croutons, geröstete Sonnenblumenkerne und Rosinen, Mohnsamen, geröstete Sesamsamen, geriebener Käse, Petersilie, Brunnenkresse

Die meisten Hintergrund- oder Vordergrund-Zutaten sind ebenfalls zum Garnieren geeignet.

Die Wahl der Salatsauce:

Die Salatsauce müssen wir erspüren: Einfach nur Salz? Öl und Essig? Vielleicht etwas sahniger? Mild oder scharf? Feucht und herzhaft? Saurer? Süß?

Springen wir einfach ins Vergnügen hinein und machen wir uns einen Salat oder werfen wir einen Blick auf die Vorschläge und die speziellen Rezeptkombinationen, die nun folgen.

Kopfsalat

Wir können hierfür einfach eine Sorte, nämlich Kopfsalat nehmen, aber auch andere Lattichsorten und vielleicht auch Spinat-, Brunnenkresse- und Kapuzinerkresse-Blätter. Wir wählen eine einfache Sauce aus dem Kapitel über Kopfsalat (S. 97 ff.) oder eine aus dem nun folgenden Abschnitt. Damit der Salat noch frisch bleibt, sollte die Sauce erst kurz vor dem Servieren dazugegeben werden. Aus demselben Grund sollten Zutaten wie Tomaten oder saftiges Obst erst in den letzten 1 – 5 Minuten vermischt werden.

Salate werden so *gemischt*, daß die Sauce, die sich am Boden der Schüssel abgesetzt hat, nach oben gebracht und mit den Zutaten vermengt wird. Wir mischen so sorgfältig, daß die Sauce sich ganz und gar verteilt – und auf dem Boden der Schüssel keine Pfütze bleibt.

Es folgen einige Vorschläge für Vordergrund-Zutaten, die wir vor dem Hintergrund des Kopfsalats verwenden können:

Tomatenkeile und Avocado-Streifen; geraspelter Rotkohl und Sprossen, Tomatenkeile und Cheddar-Käse-Stücke; Broccoliherz-Streifen und geriebene Mohrrüben, Orangenscheiben und Apfelsinen; Rettichscheiben, grüne Paprikaschoten, Pilze und Petersilie; Mohrrüben, Sellerie, Tomaten, geröstete Mandeln; Gurke und geriebene, gekochte Rote Bete; Melonenstreifen und Rettichscheiben; Gemüsereste, in Salatstücke geschnitten; Apfelsinenscheiben, Mohrrüben, Sellerie und Walnüsse

Krautsalat

Es folgen einige ausgezeichnete Salate, bei denen Kohl den Hintergrund darstellt:

Kleine und große Stücke

Geraspelter Kohl mit Käsestücken und gerösteten Cashewnüssen, mit einer Öl-Essig-Sauce und Honig. Auch Tomatenkeile und Sprossen können dazugegeben werden.

Unsichtbarer Käse

Wir verwenden grünen Kohl und geriebenen weißen Käse – Provolone oder Fontal –, mit etwas allerfeinst geschnittener Zwiebel. Zum Anrichten verwenden wir mit Honig gesüßten Orangensaft oder eine Öl-Essig-Sauce.

Mit Nüssen

Grüner Kohl mit roten Paprikaschoten und gerösteten Erdnüssen oder Rotkohl mit Weintrauben und Walnüssen.

Mit Obst

Kohl mit in Scheiben geschnittener Gurke, Melone, Trauben, Apfel, Pfirsich, Apfelsinen – die sind alle dazu geeignet. Oft wird eine Salatsauce aus Sauerrahm oder Joghurt verwendet, auch eine Tunke mit Edelpilzkäse schmeckt gut.

Rotkohl mit Apfelsinenscheiben und leicht gesalzenen Steckrübenscheiben oder geriebener Rübe.

Rotkohl mit einer Avocado-Sauce in der Mitte.

Chinakohl

Ist eine wunderbare Salatzutat mit:

Tomate, Avocado, Provolone, Gurke,
Sprossen und hartgekochtem Ei, das in Rote-Bete-Saft eingelegt und in Scheiben geschnitten wurde;

dünn geschnittenem Rettich (z. B. Daikon) und Gurke und kleingehackter Petersilie, dazu eine Sauce aus Öl, Zitronensaft und Salz;

einer Sauce aus dunklem Sesamöl und Sojasauce mit Orangenschale und geröstetem Sesamsamen: 6 Teile Sojasauce auf 1 Teil Sesamöl.

Mandarinenkohl mit französischer Zwiebeltunke

Grünkohl, Rotkohl, Mandarinen, Öl-und-Essig-Sauce
mit kleingeschnittene Zwiebel, Senfkörner, frischer Knoblauch (oder Knoblauchpulver), Salz, Pfeffer, Zucker

Wir raspeln Rot- und Grünkohl, schälen und zerteilen die Mandarinen oder verwenden welche aus der Dose. Nun bereiten wir eine Öl-und-Essig-Sauce zu (S. 215), die wir mit den oben aufgeführten Gewürzen abschmecken. Wir mischen Kohl und Mandarinen zusammen und machen sie leicht an.

Kim Chee

Dies ist ein koreanisches Pickle, das auch in Japan zubereitet wird. Wenn wir es scharf mögen, können wir es recht kräftig machen, aber auch milder, um es als Salat zu verzehren.

Kohlkopf, Salz, Knoblauch, frischer Ingwer, Sesamsamen, Cayenne-Pfeffer

Wir schneiden den Kohl der Länge nach in Viertel, dann in mundgerechte Stücke. Wir geben ihn in eine Schüssel oder einen Krug, dazu ungefähr 1 1/2 Eßlöffel Salz. Über Nacht wird der Kohl Druck ausgesetzt (siehe S. 28). Am nächsten Tag gießen wir das angesammelte Wasser ab und bewahren es für Suppe. Ist der Kohl allzu salzig, waschen wir ihn ab.

Gewürzt wird mit Knoblauch, dann mit frisch geriebenem Ingwer. Wir geben noch einige Sesamsamen hinzu und am Schluß auch noch Cayenne-Pfeffer nach Geschmack. Der Cayenne-Pfeffer ist sehr stark, seine Schärfe kommt aber erst im Nachgeschmack heraus, deshalb sollten wir vorsichtig vorgehen. Nach jedem Würzen probieren wir das Pickle, damit wir feststellen, wie die Dinge stehen – wir können es so scharf machen, wie wir wollen. Nach dem Würzen läßt sich das Pickle in Einmachgläsern im Kühlschrank aufbewahren. Das Aroma verstärkt sich mit zunehmendem Alter noch.

Für die sofortige Verwendung schneiden wir den Kohl sehr dünn, schmecken mit Salz ab und geben dann die übrigen Zutaten hinzu.

Sommersalate

Mit Ausnahme der Aubergine eigenen sich alle Sommer-„Frucht“-Gemüse für Rohkostsalate hervorragend.

Sommersalatplatte

Grüne Paprikaschoten, Gurken, Tomaten, Avocado, Sommerkürbis

Wir schneiden das Gemüse in Scheiben, Keile, Stücke, Streifen – in eine Vielzahl von Formen. Diese Gemüse können mit Salz und Pfeffer allein schon sehr köstlich schmecken; wir können sie auch getrennt in einer Sauce anmachen und sie dann auf der Anrichteplatte auslegen.

Sommersalat mit Sommerkürbis

Sommerkürbis (Zucchini, krummhalsiger Gartenkürbis usw.), Käsestücke, Zwiebel, grüne Paprikaschoten, Salz, Tabasco

Wieder sollten wir herumspielen und feststellen, mit welchem Schnitt wir die schönsten Formen erhalten. Kürbis und Tomaten vielleicht in größere Stücke, Zwiebel und Paprika dagegen kleingehackt. Oder alles in kleine Stücke geschnitten, mit geriebenem Käse? Mit Salz und Tabasco würzen oder mit einem Schuß Essig. Erhalten wir den Geschmack des frischen Gemüses. Schärfer wird es mit Knoblauch, Brunnen- oder Kapuzinerkresse; einen milderen Geschmack ergeben Petersilie oder Minze.

Auberginensalat

1 – 2 Auberginen, Tomaten, Pilze, Oliven, Zitrone;
1/4 kleingehackte Zwiebel, 3 Knoblauchzehen,
4 Eßlöffel Zitronensaft, 1 Teelöffel Salz, 1/4 Teelöffel Pfeffer,
1 Eßlöffel Zucker (Honig)

Wir würfeln die Aubergine und braten sie an (oder wir verwenden bereits gekochte Auberginenreste, aus denen sich gewöhnlich ein noch schmackhafterer Salat herstellen läßt). Wir zerdrücken sie und würzen mit kleingehackter Zwiebel, Knoblauch, Zitronensaft, Salz, Pfeffer und Zucker. Wir geben die Tomaten, Pilze und Oliven dazu und garnieren mit Zitronenschnitzeln.

Gemüse- und Bohnensalate

Gemischter Gemüsesalat

Diesen Salat können wir warm oder kalt essen. Keine seiner Zutaten wird besonders hervorgehoben.

Nach Wahl: Zwiebel, Sellerie, Steckrübe, Mohrrübe, grüne Paprikaschoten, Blumenkohl, Broccoli, Öl, Essig, Salz oder Sojasauce, dunkles Sesamöl

Wir schneiden das Gemüse in dünne Streifen, damit es schneller gekocht werden kann. Wir können 3 oder mehr Gemüsesorten verwenden. Das Öl wird erhitzt, dann braten wir das Gemüse unter ständigem Rühren 3 Minuten an. Wir besprengen mit Essig und Salz oder Sojasauce, decken ab und lassen 3 Minuten dünsten. Wir schmecken ab und servieren oder geben das Gemüse in eine Schüssel und lassen es abkühlen. Beim Servieren mit dunklem Sesamöl beträufeln.

Rote-Bete-Salat

Gekochte rote Bete, Radieschen, Gurke, Olivenöl, Zitronensaft, Salz, Pfeffer, Selleriesamen, Thymian, Dillkraut

Die Salatzutaten werden in Scheiben oder Stücke geschnitten. Wir mischen die Sauce und probieren sie mit Gemüsescheiben. Ist dieser Salat frisch gemischt, haben die Radieschen und Gurken noch ihre eigene Färbung. Später färbt sich alles durch die Rote Bete, aber dann haben die Gemüse dafür auch mehr vom Aroma der Sauce aufgesogen.

Welker Spinatsalat

Dieses Rezept ist schnell zuzubereiten und schmeckt köstlich. Der Spinat wird in mundgerechte Stücke gerupft oder geschnitten.

Spinat, 2 1/2 Liter Tomatensauce, 2 Eßlöffel kleingehackte Trockenzwiebel, 1/3 Tasse Ölivenöl, geriebener Käse

Wir kochen die Zwiebeln in der Tomatensauce etwa 4 Minuten auf niedriger Flamme, bis sie aufgegangen sind. Nun geben wir das Olivenöl hinzu und erhitzen einige Minuten weiter. Als nächstes folgt der Spinat, den wir mit allem mischen. Garniert wird mit geriebenem Käse.

Abwandlungen:
Wir mischen eine Tahin- oder Nußsauce (siehe unter „Saucen") unter den Salat.

Wir garnieren mit gerösteten Nüssen.

Gekochter Gemüse- oder Bohnensalat — mariniert

Rohe oder gekochte Gemüse: Blumenkohl, Broccoli, Erbsen, grüne Bohnen, Spargel
und/oder gekochte Bohnen: Kichererbsen, Linsen, weiße Bohnen, frisches Rohgemüse: Zwiebeln, Sellerie, grüne Paprikaschoten, Mohrrüben, Tomaten, Peterselie, Rettich, Öl-Essig-Sauce, gut gewürzt

Wir mischen die Zutaten und legen sie in die Marinade, von 1/2 Stunde bis 1 ganze Nacht. Das Gemüse und die Bohnen nehmen die Sauce gründlicher auf, wenn sie beim Herrichten damit noch warm sind. Zur gleichen Zeit oder auch später können weitere dünngeschnittene rohe Gemüse oder Gemüsereste dazugegeben werden.

Kichererbsensalat

2 Tassen gekochte Kichererbsen, 2 Stangen Sellerie,
1 grüne Paprikaschote, 1 Dill-Pickle, Radieschen, Tomaten,
1 Mohrrübe, Schalotten, Petersilie, 1/2 Tasse Olivenöl,
1/3 Tasse Weinessig oder Zitronensaft.

Wir mischen die Sauce an und bringen sie mit den warmen Bohnen zusammen oder erhitzen sie mit diesen, damit sie tiefer einziehen kann. Wir können auch einige der Bohnen zerstampfen und mit der Sauce mischen. Abkühlen lassen. Die Tomaten in Keile schneiden und die anderen Gemüse in dünne, wohlgeformte Stücke, oder hacken, raspeln oder reiben. Der Rest der Zutaten kann zu beliebiger Zeit zu den Bohnen gegeben werden, nur die Tomatenkeile und einige andere werden zum Garnieren aufgehoben.

Abwandlungen:
Alle weitere Zutaten wären zu überlegen: Pilze, grüne oder schwarze Oliven, Käse, Nüsse.

Ersatzzutaten finden wir in dem Rezept „Gekochter Gemüse- oder Bohnensalat“ oder in der „Salatzubereitung im Überblick“.

Weitere Ersatzzutaten entnehmen wir dem Grundrezept für die Öl-und-Essig-Sauce (French Dressing, auch als Vinaigrette bekannt).

Zum Würzen der Sauce (die auch heiß gemacht werden kann): Lorbeerblatt, Thymian, Oregano, Petersilie, Senfsamen, Salz, Pfeffer.

Knoblauch, Basilikum, Estragon, Chilipulver, Zucker, Tabasco, Salz, Pfeffer.

Knoblauch, Salz, Selleriesalz oder -samen, Pfeffer, Oregano, Petersilie.

Getreidesalate

In diesen können wir eine Abwandlung des marinierten Salats sehen. Sie lassen sich mit frisch gekochtem Getreide oder mit Resten zubereiten. Es folgen ein paar detaillierte Beispiele:

Curry-Reis-Salat

I. *Reis, Trauben, Mandarinenorangen, Rosinen, Sellerie, Ananas, Currypulver*
Sauce: Sauerrahm, konzentrierter Orangensaft, Chutney

II. *Reis, grüne Paprikaschoten, Piment, Rosinen, Petersilie, Schalotten*
Sauce: Öl-Essig-Sauce mit Currypulver gewürzt
Garniert mit Tomatenkeilen, etwas Blattgemüse

Zwei weitere Reissalate

I. *Gekochter Reis, geriebene Steckrüben, geraspelter Kohl, kleingehackte Zwiebel, geriebene Mohrrübe*
Sauce: Öl, Essig und Sojasauce, Salz (wenn erforderlich)

II. *Reis, grüne Paprikaschoten, Tomaten, Oliven, Piment*
Sauce: Olivenöl, Essig, Salz, Pfeffer, Basilikum, Oregano
Garniert mit: dünngeschnittener Schalotte, geriebenem Käse

Nudelsalat

Auch dies ist ein marinierter Salat. So war unserer einmal:

Gekochte Nudeln, Schalotten, gekochte Kartoffel- oder Yamstücke, Quark oder Rahmfrischkäse, Olivenöl, Salz, Oregano, Dillkraut

Für die Sauce vermischen wir das Öl nach und nach mit dem weich gemachten Quark oder Rahmfrischkäse, bis dieser eine geeignete Konsistenz hat. Danach würzen wir.

Tabbouli

Dieser Getreidesalat wird mit Bulgur-Weizen zubereitet. Der Bulgur kann entweder gekocht oder einfach eingeweicht werden.

Bulgur-Weizen, Wasser, Zwiebeln, grüne Paprikaschoten, Gurken, Tomaten, Sellerie, Rot- oder Grünkohl, Olivenöl, Zitronensaft, Salz, Pfeffer, Minze, Knoblauch

Wir weichen den Bulgur-Weizen in der doppelten Menge Wasser 2 – 4 Stunden ein, bis er weich ist. Nicht aufgenommenes Wasser wird abgegossen, wir heben es für Suppe oder zum Brotbacken auf. Wir schneiden das Gemüse in dünne Scheiben (wir wählen es aus obiger Liste aus), wir können es aber auch würfeln oder kleinhacken. Dann wird es mit dem Bulgar vermischt und mit der Sauce angemacht. Nun schmecken wir die Gewürze ab.

Einige weitere Möglichkeiten:
Schalotten, Spinat, Walnüsse oder Mandeln, Oliven, Avocado, Kapern, in Scheiben geschnittene harte Eier.

Wenn keine Minze vorhanden ist, können wir auch mit Basilikum würzen.

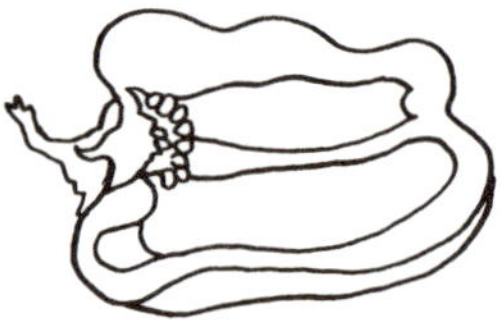

Salatsaucen

Salatsaucen sind eine Geschmacksfrage, doch sollten wir versuchen, etwas den Salat und die gesamte Mahlzeit Ergänzendes herzurichten. Haben wir schon eine Sauce, oder sollte die Tunke sahnig sein? Ist alles andere würzig genug, oder soll die Sauce die Würze liefern? Ob wir den Parmesan vielleicht eher in die Salattunke geben sollen als in die Sauce des Hauptgerichts? Vielleicht eine durchsichtige Sauce, wenn der Salat sehr farbenfroh ist?

Es ist äußerst praktisch, gleich einen größeren Vorrat an Salatsauce – die doppelte gebrauchte Menge oder noch mehr – zuzubereiten, außerdem kann sich das Aroma dann besser entfalten. Wenn wir die Grundsauce einigermaßen einfach halten, können wir später durch Hinzufügen weiterer Zutaten jeweils abwandeln.

Die meisten Salatsaucen in diesem Abschnitt basieren auf Öl und Essig. Doch was kommt noch hinein? Schauen wir es uns an:

Grundrezept für Öl-und-Essig-Sauce (French Dressing)

Öl: Oliven, Distel, Mais
Essig: Weißweinessig, Apfelessig, Rotweinessig, Reisweinessig, Orangen-, Zitronen oder Limonensaft
Salz und Pfeffer

3 Teile Öl auf 1 Teil Essig oder 2 Teile Öl auf 1 Teil Essig. Vielleicht sogar 1 Teil Öl auf 1 Teil Essig. Wir fangen mit einer dieser Möglichkeiten an, würzen behutsam und schmecken ab. Nicht vergessen, die Sauce gründlich zu rühren oder durchzuschütteln, danach tunken wir ein Stück Salat oder Gemüse hinein. Zusätzliches Öl, Essig, Salz oder Pfeffer lassen sich ohne Schwierigkeiten beigeben.

Weitere Gewürze:
Knoblauch und Senfsamen, pulverisierter Ingwer

Wir würzen mit gepreßtem Knoblauch, Senfsamen und/oder pulverisiertem Ingwer. Mein erster Kochlehrer pflegte zu sagen: „Fehlt es an Substanz, geben wir Salz hinzu. Fehlt es an Biß, geben wir Senf hinzu. Fehlt es an Aroma, geben wir Knoblauch hinzu.“ Einer der Köche in Tassajara sagt: „Es ist nicht richtig, wenn ich eine bestimmte Zutat herausschmecken oder -fühlen kann.“

Kräuter, Gewürze, Milchprodukte, anderes

Von diesem Punkt an kann die Salatsauce viele verschiedene Richtungen einschlagen. Es folgen allgemeine und besondere Anleitungen.

Kräuter- und Gewürzsauce

Hier folgt eine Teilliste der möglichen Gewürze für Kräuter- oder Gewürzsaucen. Wir geben die Kräuter oder Gewürze entweder zusätzlich oder anstelle von Knoblauch und Senfsamen hinzu.

Zucker oder Honig
Kräuter: Basilikum, Thymian, Petersilie, Majoran, Estragon, Oregano, Rosmarin, Dillkraut, Salbei, Minze
Gewürze: Anis, Curry, Chili, Zimt, Nelken, Muskatblüte, Koriander, Paprika, Dillkraut

Den Zucker braucht man nicht unbedingt herauszuschmecken, er soll lediglich die Süße des Salats hervorheben.

Versuchen wir außerdem, Kräuter und Gewürze zu verwenden, die nicht nur den Salat allein, sondern auch das ganze Essen ergänzen und abrunden.

Grundsauce

Diese eignet sich hervorragend für die meisten Salate, entweder so, wie sie ist, oder mit den darauffolgenden Ergänzungen.

2/3 Tasse Öl, 1/3 Tasse Zitronensaft, 3/4 Teelöffel Salz,
1/4 Teelöffel Pfeffer, 1/2 Teelöffel Senfsamen,
3/8 Teelöffel trockenes Ingwerpulver, 1 – 2 große Knoblauchzehen

Wir stellen die Zutaten zusammen, schütteln oder rühren sie gründlich und schmecken mit einem Stück Salat ab.

Kräutersauce

Versuchen wir es einmal mit Olivenöl und Rotweinessig. Wir geben Basilikum, Estragon und Majoran oder Thymian hinzu, ebenfalls eine großzügige Menge kleingehackter Petersilie.

Würzige oder pikante Sauce

Wir würzen mit Tabasco, Koriander, Kreuzkümmel, Chilipulver oder Worcestershire-Sauce.

Milde Salatsauce

Die Salatsauce besteht aus Zitronen- oder Limonensaft (Knoblauch und Senf lassen wir weg), gewürzt mit Petersilie, Minze und kleingehackter Schalotte. Zur Verfeinerung des Aromas geben wir ein ganz kleines bißchen Honig hinzu.

Salatsauce Sherman

Die Grundsauce wird mit Currypulver und Anissamen gewürzt.

Käsesauce

Wir beginnen mit einer Öl-und-Essig-Sauce (das Grundrezept eignet sich hervorragend) und geben Rahmfrischkäse oder Quark sowie Dillkraut hinzu. Im Mixer mischen oder den Quark oder Rahmfrischkäse sahniger machen, indem wir nach und nach die Sauce dazugeben. Schließlich geben wir noch Edelpilzkäse in kleinen Stücken dabei.

Obstsalatsauce

Wir verwenden das Grundrezept, lassen aber Knoblauch und Senfsamen aus, verwenden allerdings den pulverisierten Ingwer.

Wir geben 1/3 Tasse Honig mit 1 Eßlöffel oder mehr Mohnsamen dazu. Ebenfalls können wir 1 Teelöffel Zwiebelsaft, kleingehackte oder getrocknete Zwiebel dazugeben.

Einfache Orientalische Sauce

Trotz ihrer Einfachheit ist diese Sauce doch sehr schmackhaft. Wir verwenden sie für zarte Salate oder um eine schwere Mahlzeit etwas leichter zu machen.

6 Eßlöffel Öl, 2 Eßlöffel Reisweinessig, 4 Teelöffel Sojasauce

Die Zutaten werden sorgfältig miteinander vermischt. Wir schmecken ab und würzen bei Bedarf nach.

Abwandlungen:
Wir verwenden eine andere Essigsorte oder Zitronensaft anstelle des Reisweinessigs.

Wir fügen einige Tropfen dunkles Sesamöl hinzu.

Pikanter wird die Sauce durch Hinzufügen von Knoblauch, Senfsamen oder pulverisiertem Ingwer.

Sahnige Saucen

Diese verwenden das Grundrezept für Öl-und-Essig-Sauce in Verbindung mit einem Milchprodukt, Mayonnaise, Avocado oder Honig.

Zusätze für eine sahnigere Sauce:

Rahmfrischkäse oder Quark, Sauerrahm, Edelpilzkäse, geriebener Käse (Parmesan ist besonders vorzüglich), Mayonnaise, Avocado, Ei, Honig oder Zucker, geriebene Zwiebeln, Brunnenkresse, Mohnsamen

Diese können wir hinzugeben, um sowohl Aroma als auch Beschaffenheit zu beeinflussen. Sahnige Salatsauce verwenden wir, um einem Salat oder einer Mahlzeit mehr „Gewicht“ zu verleihen, die uns zu „leicht“ erscheinen.

Mayonnaisesaucen

Mayonnaise enthält bereits Öl und Essig – die wurden in die Eidotter geschlagen. Diese Saucen haben eine angenehme, sahnige Qualität und machen einen Salat „mittelschwer". Sie schmecken zwar auch gut zu Kopfsalat, eignen sich aber besonders für Kartoffel- und andere Gemüsesalate. Wir beginnen mit Mayonnaise und würzen folgendermaßen:

Sojasaucen-Mayonnaise

Wir würzen die Mayonnaise mit Sojasauce. Um noch mehr Würze zu erhalten, können wir auch Curry, Ingwer oder Knoblauch hinzugeben.

Mayonnaise mit Edelpilzkäse

Wir würzen die Mayonnaise mit Edelpilzkäse, Senfsamen, Salz und Pfeffer.

Russische Sauce

Wir würzen die Mayonnaise mit Chilisauce, kleingehacktem Paprika und Zwiebel, Essig, Paprikapulver, Salz und Pfeffer.

Grüne Mayonnaise

Wir würzen mit gehackten grünen Paprikaschoten, Schalotten, Essig oder Zitronensaft, Estragon, Petersilie oder Brunnenkresse, Salz und Pfeffer. Oder mit Avocado, Schalotte, Zitronensaft, Knoblauch, Salz und Pfeffer.

Verschiedene Salatsaucen

Es folgen einige weitere Saucen, die vielleicht zu etwas passen, was wir gerade in der Speisekammer oder im Kühlschrank vorrätig haben.

Joghurtsauce

1/2 Tasse Joghurt, 1 Eßlöffel Orangensaft, 2 Eßlöffel Olivenöl,
1/2 Teelöffel Estragon, Salz, Pfeffer

Wir mischen die Zutaten gründlich und würzen nach Geschmack.

Avocadosaucen

1 Avocado, 2/3 Tasse Buttermilch, Salz, Pfeffer, Knoblauch

Wir zerdrücken die Avocado mit der Buttermilch und würzen nach Geschmack.

Oder:

1 Avocado, 1/2 Tasse Sauerrahm, 2 Eßlöffel Zitronensaft,
Salz, Pfeffer, kleingehackte Zwiebel

Wir zerdrücken die Avocado mit dem Sauerrahm und dem Zitronensaft und würzen.

Erdnußbutter-Salatsauce

6 Eßlöffel Erdnußbutter, 1/2 Tasse Wasser,
1/4 Tasse feingehackte Schalotte, 1 Teelöffel Essig,
1/2 Teelöffel Senfsamen, 1/4 Teelöffel Thymian,
Salz, Knoblauchsalz

Wir vermischen die Zutaten und würzen nach Geschmack.

Tahin-Salatsauce

1/2 Tasse Tahin, 1/4 Tasse Zitronensaft, 1/2 Tasse Wasser, Sojasauce

Wir vermischen alle Zutaten und würzen nach Geschmack.

Suppen

Suppen können entweder eine dicke oder eine dünne Grundlage (Hintergrund) haben. *Dickere Suppen* können auf Bohnen, Kartoffeln, Winterkürbis, Getreide, Nußbutter oder einer mit Mehl angedickten Sauce basieren. *Dünnere Suppen* haben als Hintergrund im allgemeinen Wasser oder Gemüsebrühe mit zusätzlichen Gewürzen.

Dünne Suppen

Das Grundprinzip ist sehr einfach: Gemüse in Flüssigkeit.

Was sich ändert, sind die verwendeten Gemüse und ihre Kochzeiten. Wir können Kohl 5 Minuten köcheln lassen, und er bleibt noch immer etwas knackig; er kann aber auch eine 1/2 Stunde köcheln gelassen werden, dann würzt er die Brühe kräftiger. Wenige Gemüse zu verwenden, kann eine Suppe spärlich oder auch sehr elegant machen. Manche Gemüse können aus einer Suppe einen Hauptgang machen, sie können sie aber auch stark überladen.

Grundanleitung für dünne Suppen

4 Tassen Wasser, Brühe oder Tomatensaft

Wir erhitzen die Brühe. Wollen wir eine Suppe mit viel Gemüse, so beginnen wir mit etwas weniger Flüssigkeit.

In Scheiben, in Stücke oder in Würfel geschnittene Gemüse:
nur wenige oder bis zu 2 1/2 Tassen, oder mehr
(auch gekochte Getreide oder Bohnen anstelle des Gemüses)
Nudeln: geben wir mit dem Gemüse 25 – 30 Minuten
vor dem Servieren hinzu.

Da es deutlich hervortreten wird, sollten wir das Schneiden des Gemüses mit besonderer Sorgfalt durchführen. Wir geben es in die Brühe und lassen es köcheln – nicht kochen! – bis es weich ist.

Oder (für anderes Aroma und schnellere Zubereitung): Wir sautieren das Gemüse zuerst und geben es dann in die Brühe und lassen köcheln.

Gewürze: Salz, Pfeffer
salzig – Sojasauce, Miso;
scharf – Knoblauch, geriebener Ingwer;
spritzig – Zitronensaft oder -schale, Orangensaft oder -schale, Essig;
Kräutergeschmack – Thymian, Majoran, Basilikum, Minze;
süß – Zucker, Honig

Wir würzen leicht und beginnen am Anfang der Zubereitung mit dem Salz und schmecken die anderen Gewürze zum Schluß ab.

Anreicherungen: Eier und Käse
Garnierungen: abgesehen von dem Üblichen, Rettichscheiben, Sprossen, anderes feingeschnittenes Grünzeug oder in dünne Scheiben geschnittene Zitrone oder Apfelsine

Die Zubereitung von Brühe

Wenn wir anstelle von Wasser Gemüsebrühe verwenden, so verleiht dies jeder Suppe ein kräftigeres Aroma. Gemüsebrühen können aus dem Wasser stammen, das wir nach dem Gemüsekochen aufgehoben haben, wir können sie aber auch aus Resten oder frischem Gemüse zubereiten.

Gemüsebrühe

Gemüse: fast alles – Enden, Spitzen, Kuppen, Schalen, Wurzeln, Petersilienstiele, äußere Kohlblätter, welkes Gemüse.
Etwas Behutsamkeit beim Umgang mit dem Kern von grünen Paprikaschoten. Manche Leute finden, daß eine allzu große Menge von Zwiebelhäuten oder Mohrrübenenden ein zu kräftiges Aroma hervorbringen.
Wasser zum Bedecken.

Wir geben alle Gemüseabfälle, die zuerst kleingeschnitten werden können, in eine Kasserole oder einen Suppentopf und bedecken sie mit Wasser. Es ist wichtig, daß diese Brühe nicht kocht, sondern nur leicht köchelt. Köcheln bedeutet, daß einige winzige Bläschen sanft an die Oberfläche hüpfen – ein ruhiger, gedämpft auslaugender Prozeß, während beim Kochen die gesamte Oberfläche in Aufruhr ist und alles sprudelt und schäumt. Gemüse übersteht das Kochen nicht sehr gut und läßt schon bald an kräftigem Aroma und Geschmack nach, deshalb lassen wir die Brühe nur köcheln und drehen dann die Flamme so klein, daß es dabei bleibt, sonst erhalten wir nämlich eine heftig, eher unangenehm schmeckende Brühe.

Falsche Rindfleischbrühe

Dies ergibt eine ausgezeichnete Brühe und auch, abhängig davon, wie wir das Gemüse schneiden, eine sehr schöne.

Zwiebel, Mohrrübe, Sellerie, gemahlener frischer Ingwer oder Knoblauch, 1 Petersiliensträußchen, Sojasauce

Keine Sorge, wenn kein Ingwer und Petersilie vorhanden sein sollten. Die Gemüse allein geben der Brühe auch so einen prächtigen Geschmack. Die Zwiebeln werden gewürfelt, die Karotte in dünne Halbmonde geschnitten, der Sellerie in dünne Stücke. Wasser oder Brühe würzen, bis zum Kochen erhitzen und dann die Gemüse hinzugeben. 10 Minuten köcheln lassen.

Nun folgen Sojasauce, mit Salz wird abgeschmeckt.

Sojasaucenbrühen sind eine besonders gute Grundlage für Eiblumensuppen (siehe S. 228). Mit Erbsen und Schalotten läßt sich Eiblumensuppe

Das Zugeben von Gemüse zu der Suppe

Es gibt zwei Grundmethoden, um Gemüse zu der Suppenzulage zu geben: Es kann zuerst sautiert werden, wir können es aber auch roh in die Suppe geben. (Auch gekochte Gemüsereste können zu der Suppe gegeben werden.) In beiden Fällen sollten wir darauf achten, daß das Gemüse in Suppenlöffelportionen oder noch kleiner geschnitten ist. Das Aroma sowohl der Suppengrundlage und des Gemüses kann variieren, abhängig davon, ob das Gemüse vorher gekocht wurde oder nicht.

Sautiert:
Soll das Gemüse nur kurz in der Suppe kochen, muß es zunächst etwas länger sautiert werden. Soll es länger in der Suppe mitkochen, verlangt es nur nach kurzem Sautieren.

Beim Sautieren des Gemüses beginnen wir mit der Zwiebel, weil diese das Aroma aus anderen Gemüsen herauszieht und sie miteinander vereinigt. Nachdem das Gemüse mehrere Minuten sautiert wurde, können wir einige Löffel Mehl hinzufügen.

Mehl hilft beim Andicken der Suppe und bindet das Gemüse. Wir rühren es ein und kochen es 5 Minuten mit dem Gemüse, dann geben wir alles in die Suppengrundlage. Wir füllen etwas Flüssigkeit zurück in die Pfanne und erhitzen langsam, um zurückgebliebene Säfte, Mehl und Öl aufzunehmen. Dies geben wir dann zur Suppe.

Roh:
Gemüse wie Pilze, Spinat, Mangold und Erbsen, die nur eine kurze Kochzeit benötigen, müssen nicht sautiert werden und können 3 – 5 Minuten vor dem Servieren roh zu der Suppe gegeben werden. Das

gilt auch für feingeschnittenes oder geriebenes Gemüse wie grüne Paprikaschoten oder Mohrrüben.

Wenn wir Rohgemüse zu dem Suppenansatz geben, müssen wir uns überlegen, wie lange alles zum Garwerden braucht.

Das hängt nicht nur davon ab, worum es sich handelt, sondern auch von der Größe der Stücke. Hier folgt eine Grundtabelle für Köcheln-Zeiten von Gemüse. (Für rascheres Kochen schneiden wir das Gemüse in kleinere Stücke.)

Kartoffeln, Rote Bete, Zwiebeln	50 Minuten
Mohrrüben, Broccoli, Blumenkohl	30 Minuten
Sellerie, grüne Bohnen, Spargel	20 Minuten
Mais, Zucchini	10 Minuten
Erbsen, Tomaten, Kohl, Mangold, Spinat, Schalotten, Petersilie	5 Minuten oder weniger

Wenn wir ein wenig auf Kochzeiten achten, behält das Gemüse viel von seinem ursprünglichen Geschmack, seiner Farbe und Beschaffenheit und würzt zudem auch noch die Suppe. Unnötig ist dies bei Gemüsebrei, da füllen wir einfach alles Gemüse auf einmal in den Topf und lassen 1 Stunde kochen.

Einige Gemüsesorten, etwa Tomaten oder Kohl, lassen sich jedoch zu Anfang wie gegen Schluß hineingeben, was unterschiedliche Effekte bewirkt.

Merken wir uns, daß die Kartoffel in Stücke geschnitten den Vordergrund, zu Brei zerstampft jedoch den Hintergrund abgeben kann, und daß Blumenkohl sowohl der Hintergrund als auch die alles krönende Blumenrose sein kann – was immer zu den Zutaten und der jeweiligen Gelegenheit paßt.

Das Würzen von Suppen

Ersparen wir uns selbst eine überwältigende Dosis an Kräutern, Essig, Zucker, Pfeffer. Was gewöhnlich in fast jeder Suppe fehlt ist ... Salz! Das sollten wir als erstes hineingeben, um festzustellen, welche

Geschmacksrichtungen bereits vorhanden sind. Ist die Suppe ein wenig süß, können wir dies beheben, indem wir sie süß-und-pfeffrig oder süß-sauer machen: Pfeffer, Knoblauch, Ingwer oder ein wenig Zitronensaft tun dies. Um eine Gemüsebrühe zu kräftigen, geben wir Thymian, Majoran oder Minze und Nelken hinzu. Andere Mischungen (Gegenmittel) werden in ihrem jeweiligen Zusammenhang erwähnt.

Der Gebrauch von Sojasauce und Miso:
In Tassajara verwenden wir beides häufig, um sowohl dünne als auch dicke Suppen zu würzen. Das geschieht folgendermaßen:

Hinzugeben von Sojasauce:
Das ist eine Geschmacksfrage.

Von leichter Hand gebraucht, braucht die Sojasauce das Aroma der Gemüse nicht zu übertönen sondern unterstreicht es sogar eher. Zusammen mit der Sojasauce geben wir ein wenig Salz hinzu, damit der Sojageschmack nicht zu stark wird.

Hinzugeben von Miso:
Miso ist eine fermentierte Sojabohnenpaste, die leicht verdaulich ist und Proteine und weitere Nährstoffe sowie Aroma spendet. Wie Sojasauce ist auch Miso salzig, wenn es jedoch allein die Suppe salzen soll, wird sein Geschmack ziemlich kräftig sein. Wir mischen es mit einer kleinen Menge heißer Suppe, um es zu verdünnen, dann geben wir es kurz vor dem Servieren zum Rest der Suppe.

Eine andere Möglichkeit besteht darin, daß Miso in ein Sieb zu geben, dieses in die Suppe zu tauchen und das Miso mit der flüssigen Suppe zu verrühren, bis wir es in die Suppe gesiebt haben. Sobald das Miso hinzugefügt wurde, schmecken wir die Suppe ab und stellen fest, ob wir noch ein kräftigeres Miso-Aroma wünschen oder einfach nur mehr Salz.

Anreicherungen

Geriebener Käse: Schweizer, Cheddar, Parmesan, Edamer und andere Käse lassen sich reiben und zu jeder Suppe dazugeben, sei es um die Oberfläche zu garnieren oder um in der Suppe zu verschwinden. Den Käse geben wir erst kurz vor dem Servieren hinein.

Rahmzusatz:
Vorsichtig erhitzter Rahm kann kurz vor dem Servieren in die Suppe geben werden. Danach wird die Suppe noch einmal erhitzt, aber nicht zum Kochen gebracht. Wir schmecken noch einmal ab.

Eidotter und Rahm:
Eine klassische Anreicherung. Natürlich ist es köstlich, aber ist die Suppe nicht bereits schmackhaft genug? Wir verschlagen die Eidotter mit dem Rahm und verrühren allmählich heiße Suppe hinein. Schließlich kommt alles zusammen zurück in die Suppe und wird behutsam erhitzt, wobei wir darauf achten, daß die Suppe nicht wieder zum Kochen kommt.

Ei in der Suppe:
Es gibt zwei Grundmethoden, rohe Eier in die Suppe zu geben.

Die eine ist das „Ei-Tropfen" oder die „Ei-Blumen"-Methode, die andere ein gründliches Vermischen. Außerdem können wir Eier auch in der Suppe pochieren.

Für *Eiblumensuppe*
ist wahrscheinlich eine leichte, eher klare Brühe mit oder ohne Gemüse am besten geeignet. Kurz vor dem Servieren bringen wir die Brühe zu einem leichten Kochen und gießen die nur spärlich geschlagenen Eier hinein. Wir rühren leicht um und beobachten, wie die Eier sich aufblasen und in verschiedenen blumenartigen Formen umherschwimmen.

Um die Ei-Anreicherung in der Suppe zu verstecken, schlagen wir die Eier und mischen kurz vor dem Servieren nach und nach heiße Suppe darunter. Sind die Eier gründlich erwärmt, schlagen wir die ganze Mischung wieder in den Rest der Brühe hinein. Wenn wir jetzt noch weiterkochen, würden wir Rührei oder Eiklumpen erhalten. Wollen wir dies vermeiden, kochen wir nach dem Hinzufügen der Eier nicht weiter.

Anmerkung:
Bevor wir die Eier in die heiße Suppe geben, schlagen wir Sojasauce oder Zitronensaft darunter.

Um eine etwas schaumigere Suppe zu erhalten, trennen wir Eidotter und Eiweiß und schlagen das Eiweiß, bis es steif ist. Wir schlagen 1 Tasse heiße Suppe in die Eidotter (mit Soja oder Zitrone?) und geben diese Mischung wieder in die Gesamtsuppe zurück. Dann ziehen wir das Eiweiß darunter.

Dünne Suppen
in diesem Abschnitt sind: Suppen aus der Kohl-Familie, Rote-Bete-Suppen, Lattich- oder Blattgemüsesuppen, Zwiebelsuppe, Tomatensuppe, Miso- und Sojasaucen-Suppen.

Suppen aus der Kohl-Familie

Verlangt das Rezept nach Kohl, so können wir auch Broccoli, Blumen- oder Rosenkohl verwenden. Denken wir daran – um ein üppiges (und kein aufdringliches) Aroma beizubehalten, sollten wir diese Gemüse eher köcheln lassen als sie zu kochen, und je mehr sie gekocht werden, um so mehr verändert sich auch ihr Aroma.

Einfache Kohlsuppe

4 Tassen Wasser oder Brühe, 1 Zwiebel, 1/2 Kohlkopf,
1 Mohrrübe, Senfgemüseblätter, Salz, Pfeffer,
Selleriesamen, Kümmelkörner, Mohnsamen

Wir schneiden die Gemüse mit Ausnahme der Senfgemüseblätter in Löffelportionen. In der Regel ist es am besten, eine Gemüseart immer in einunddieselbe Form zu schneiden. Wir geben die Gemüse und eine mäßige Menge Gewürze in die Brühe und lassen ungefähr 30 Minuten köcheln. Nun wird das Gewürz abgeschmeckt, und kurz vor dem Servieren geben wir die feingeschnittenen Senfgemüseblätter hinzu.

Abwandlungen:
Wir wenden einen beliebigen Ersatzvorschlag aus der Grundanleitung für dünne Suppen an.

Für *Fünf-Gemüse-Kohl-Suppe*
geben wir Sellerie und Kartoffel hinzu. Wir würzen mit Knoblauch und Majoran, Basilikum oder Thymian.

Wir servieren eine purpurne Suppe!
Für *Rotkohlsuppe* ersetzen wir den Grün- gegen Rotkohl. Eine sehr schlichte Zusammenstellung verwendet noch Zwiebel und garniert mit Radieschenscheiben. Soll der Kohl etwas knackiger bleiben, geben wir ihn erst in den letzten 5 – 10 Minuten dazu.

Für *Kohlsuppe als Hauptgericht*
holen wir die Reste hervor. Es könnte auch ein Eintopf daraus werden. Zusätzlich zur Zwiebel, Mohrrübe und zum Kohl verwenden wir auch Kartoffeln, Steckrüben, Bohnen- oder Getreidereste. Mit Knoblauch würzen, ebenso mit Thymian, 1/2 Lorbeerblatt, 1 Prise gemahlener Nelke und Petersilie. Als erstes geben wir die Zwiebel, die Mohrrüben und die Kartoffeln bei. Nach etwa 20 Minuten folgt der Kohl (Broccoli, Blumenkohl, grüne Bohnen). Wir schmecken ab. Zum Garnieren lassen wir Schüsseln mit in Scheiben geschnittenen, hartgekochten Eiern, geriebenem Käse, Sauerrahm und in Scheiben geschnittene Schalotte herumgehen.

Für *Kohl-Borscht*
würzen wir eine beliebige der voranstehenden Kohlsuppen in den letzten 5 Minuten mit dem Saft von 1 oder 2 Zitronen und 1/4 Tasse Zucker oder Honig. Wir servieren mit Beistellschüsseln voll Sauerrahm oder Joghurt. Anstelle des Essigs können wir auch Zitronensaft verwenden.

Rote-Bete-Suppen

Schon eine sehr kleine Menge Rote Bete verwandelt eine „Kohlsuppe" in eine „Rote-Bete-Suppe". Rote Bete können entweder zusätzlich oder anstelle von Kohl verwendet werden. Gekochte Rote Bete können am Anfang oder auch am Schluß hineinkommen. Sonst beginnen wir 50 – 60 Minuten vor dem Auftischen mit dem Kochen der in Stücke geschnittenen Rote Bete. Wir verwenden eine der Gemüse- oder Gewürzkombinationen, die unter „Kohlsuppen" angeführt sind, den vorhergehenden Kohl-Borscht eingeschlossen.

Einfache Rote-Bete-Suppe

4 Tassen Wasser, 1 Zwiebel, 3 – 4 Rote Bete mit dem Grün, Salz, Pfeffer, Zitronensaft, Zucker oder Honig

Wir bürsten die Rote Bete ab, lassen die Schale daran und reiben oder schneiden sie in kleine Stücke. Die Zwiebeln werden gewürfelt und sautiert und zusammen mit den Rote Bete im Wasser gekocht, bis diese weich sind, was ungefähr 30 – 45 Minuten dauert. Wir würzen mäßig mit Salz, Pfeffer, Zitrone und Zucker. Nun fügen wir das zerteilte Grün der Rote Bete hinzu. Dann kochen wir noch einige Minuten weiter.

Mangold-Suppe

4 Tassen Wasser oder Brühe, 2 Zwiebeln (in Scheiben geschnitten), 1 Bund Mangold (1 Pfund), Salz, Pfeffer, Knoblauch, Petersilie, 2 Eier (verschlagen), Sauerrahm oder Joghurt

Wir schneiden den Mangold einmal der Länge nach durch, dann kreuzweise in 1 cm breiten Abschnitten. Die Stengel schneiden wir in millimeterdicke Scheiben. Die Zwiebel wird sautiert, bis sie durchsichtig geworden ist, dann geben wir sie zusammen mit dem Mangold

in die Brühe. Wir würzen mit Salz, Pfeffer, Knoblauch und Petersilie.
10 – 30 Minuten köcheln lassen. Wir schlagen etwas von der heißen Suppe in die Eier, dann schlagen wir wiederum diese Mischung in die Suppe zurück. Wird sofort serviert, begleitet von Sauerrahm oder Joghurt, falls vorhanden.

Abwandlungen:
Wir verwenden einen der Ersatzvorschläge aus der Grundanleitung für dünne Suppen.

Diese Suppe kann mit Spinat, Senfgemüseblätter, Rosenkohl, Kohl, Lattich und anderen Gemüsen zubereitet werden.

Wir würzen versuchsweise mäßig mit Sojasauce oder Zitronensaft. Diese können wir an die Suppe geben oder in die Eier schlagen, bevor wir letztere hinzufügen.

Zwiebelsuppe

Dies ist eine ganz einfache Suppe, aber Zwiebelliebhaber finden sie fantastisch. Die Zwiebeln werden dabei ziemlich süß.

4 Tassen Wasser oder Brühe, 4 – 6 Zwiebeln (2 1/2 – 3 Tassen), 4 Eßlöffel Mehl, Salz, Pfeffer, Sojasauce, Öl

Wir schneiden die Zwiebeln in dünne Scheiben und braten sie etwa 15 – 20 Minuten, bis sie beginnen sich zu bräunen. Dafür verwenden wir Butter oder Öl. Olivenöl oder Maiskeimöl erhöht das Aroma. Wir streuen Mehl über die Zwiebeln, mischen es darunter, decken ab und lassen 5 – 10 Minuten dünsten, währenddessen wir ein- oder zweimal umrühren.) Wir geben alles zu dem erhitzten Wasser oder der Brühe. Die Bratpfanne säubern wir mit etwas Suppenflüssigkeit, die wir in die Suppe zurückgießen. Wir schmecken mit Salz und Sojasauce und Pfeffer ab. Nun lassen wir mindestens 1/2 Stunde köcheln, damit sich das Aroma entfalten kann. Zwiebeln kann man geradezu ewig kochen. Wir schmecken noch mal ab und servieren.

Manche Leute meinen, daß diese Suppe erst nach dem Tag ihrer Zubereitung vorgesetzt werden sollte, dann schmeckt sie nämlich „noch besser“.

Abwandlungen:
Wir geben vor dem Servieren etwas Butter oder Rahm hinzu.

Wir geben ein wenig Wein oder Branntwein hinzu.

Wir geben Croutons (geröstete Weißbrotstücke) hinzu, die wir in Olivenöl und Knoblauch sautiert haben.

Wir verwenden Parmesankäse zum Garnieren.

Tomatensuppen

Tomaten sind wie rote Bete. Wenn wir sie an eine Gemüsesuppe geben, wird daraus schnell eine Tomatensuppe mit Gemüse. Tomatensauce, Tomatenmark, gekochte und durchgesiebte Tomaten, frische Tomatenstücke können alle verwendet werden, um aus einer Kohlsuppe eine Tomaten-Kohlsuppe zu machen, aus einer Spinatsuppe eine Tomaten-Spinatsuppe. (Wollen wir frische Tomaten nicht durchsieben oder pürieren, schneiden wir sie zu Anfang in kleine Stücke.) Wir können auch Tomatensaft als Brühe verwenden. Es folgen einige weitere einfache Tomatensuppen-Rezepte:

Zwiebel-Tomatensuppe

4 Tassen Wasser oder Brühe, Zwiebeln, Tomaten, Salz, Pfeffer, Oregano oder Majoran, Petersilie, feingeschnittenes Grün, geriebener Parmesankäse

Wir braten die Zwiebeln an. Dann geben wir in Scheiben geschnittene Tomaten hinzu und kochen 5 Minuten. Wir würzen und lassen weitere 15 Minuten köcheln. Um eine glatte Suppe zu erhalten, sieben wir sie durch. Wir geben das Wasser oder die Brühe hinzu und erhitzen. Wir schmecken ab und servieren mit geriebenem Parmesankäse.

Abwandlungen:
Wir verwenden einen der Ersatzvorschläge aus der Grundanleitung für dünne Suppen.

Wir geben erhitzte Milch (mit Rahm) anstelle von Wasser oder Brühe hinzu.

Wir würzen mit Zucker, Basilikum, Salz, Pfeffer und Branntwein.

Wir sautieren Sellerie oder Mohrrüben oder grüne Paprikaschoten mit der Zwiebel, bevor wir die Tomaten hinzugeben.

Kann auch mit Thymian, Salbei oder Basilikum gewürzt werden.

Tomaten bieten sich zu scharfen Gewürzen an: Tabasco-Sauce, Cayenne-Pfeffer, Meerettich, Worcestershire-Sauce.

Dicke Suppen

Bohnensuppen

Haben wir Fragen zur Zubereitung von Bohnen, schauen wir im Abschnitt „Bohnen“ nach. Diese Suppen sind besonders befriedigend bei kaltem Wetter, wenn weniger frische Zutaten zur Verfügung stehen.

Ein Grundrezept für Bohnensuppen

1 Tasse Bohnen: Linsen, Spalterbsen, weiße Bohnen, gefleckte Bohnen, rote Bohnen usw.
5 – 6 Tassen Wasser oder ungesalzene Brühe

Wir spülen die Bohnen ab, weichen sie ein und kochen sie bis sie weich sind, entweder durch köcheln lassen oder im Dampfkochtopf. Wenn wir wollen, können wir die Bohnen abtropfen, zerstampfen oder pürieren und sie wieder in die Kochflüssigkeit geben.

In Würfel oder in Scheiben geschnittene Gemüse: Zwiebeln, grüne Paprikaschoten, Sellerie, Mohrrüben, Kartoffeln, Tomaten, Pilze, andere (auch Reste)
Blattgemüse: feingeschnitten

Das gewürfelte Gemüse wird 3 – 5 Minuten angebraten und dann zu den Bohnen gegeben, die 10 – 15 Minuten kochen. In den letzten 3 – 5 Minuten geben wir das kleingeschnittene Grünzeug hinzu.

Gewürze: Salz, Pfeffer, Kräuter, Knoblauch

Wenn die Bohnen weich sind, würzen wir vorsichtig, dann noch einmal wenige Minuten vor dem Servieren. (Sind sie erst einmal dick geworden, brennen Bohnensuppen leicht an, deshalb sollten wir in der Regel die Hitze niedrig halten.)

Garnierung: Petersilie, Schalotten, geriebener Käse, Luzernensprossen, usw.

Wir garnieren die Suppe, um das Aroma zu steigern, ihren Nährwert oder ihre äußere Appetitlichkeit.

Möglichkeiten:
Zwiebeln sind besonders dazu geeignet, wegen ihres zusätzlichen Aromas zusammen mit den Bohnen gekocht zu werden.

Kartoffeln müssen möglicherweise länger gekocht werden als oben vorgeschlagen. Wir geben sie früher als die anderen Gemüse zu den Bohnen.

Sojasauce kann einen Teil des Salzes ersetzen.

Ein weiterer Zugang zur Bohnensuppe besteht darin, ein beliebiges Bohnengericht aus dem Abschnitt über „Bohnen“ zu übernehmen und zu verdünnen.

Hier folgen einige besondere Abwandlungen:

Linsensuppe

1 Tasse Linsen, 5 – 6 Tassen Wasser, 1 Zwiebel,
1 – 2 Stangen Sellerie, 1 Mohrrübe, Salz, Pfeffer,
1/2 – 1 Lorbeerblatt, 1 – 2 Knoblauchzehen, Thymian,
Rosmarin, ganze Nelken

Wir waschen die Linsen, geben das Wasser und den Knoblauch hinzu und kochen 15 Minuten unter Dampf oder lassen 1 1/2 Stunden köcheln. In der Zwischenzeit schneiden oder würfeln wir das Gemüse und sautieren es 5 Minuten lang. Wenn die Bohnen weich sind, geben wir das angebratene Gemüse hinzu und würzen mit dem Salz, dem Pfeffer und den Kräutern. Wir können die ganzen Nelken und das Lorbeerblatt auch in einen Quarktuchbeutel oder ein metallenes Tee-Ei geben, wenn wir sie vor dem Servieren der Suppe wieder daraus entfernen wollen.

Wir lassen 15 Minuten köcheln. Das Gericht abschmecken und servieren.

Hier sind noch ein paar andere Linsensuppen:

Linsensuppe mit Linsensprossen:
Wir verwenden etwa 1 Tasse Linsensprossen anstelle von oder zusätzlich zum Sellerie oder den Mohrrüben. Wir geben die Sprossen kurz vor dem Servieren hinzu.

Minze-Linsensuppe:
Zum Würzen verwenden wir Salz, Minze und Majoran.

Mit Zitrone:
Wir schneiden eine ungeschälte Zitrone der Länge nach in Viertel, dann im Kreuzschnitt in Scheiben. Die Zitrone wird mit dem sautierten Gemüse zusammen zu den Linsen gegeben. Wir würzen nur leicht oder vermeiden andere Gewürze.

Mit Kartoffeln:
Linsen geben eine vorzügliche Sauce für Kartoffeln ab, sie können aber auch gemeinsam in eine Suppe gegeben werden. Die Kartoffeln

werden gewürfelt und in 1 – 2 Tassen Wasser gekocht, während die Bohnen ebenfalls kochen, dann geben wir alles zusammen. Wir können auch Kartoffelreste aus vohergehenden Mahlzeiten, in Stücke geschnitten oder zerstampft, hinzufügen. Kartoffelsalat-Überreste geben zwar keine sonderlich glückliche Kartoffelsuppe ab, zur Linsensuppe können wir ihn aber verwenden. Wir würzen genauso oder variieren nach Wunsch.

Erbsenpüreesuppe:
Anstelle von Linsen verwenden wir halbe Erbsen. Diese kochen wir zu einer cremigen Suppengrundlage, ohne sie zu zerdrücken, zu pürieren oder zu vermischen.

Erbsenpüreesuppe schmeckt einfach am besten, zusammen mit dem Gewürz für Linsensuppe oder einem der folgenden: (zusätzlich zu Salz und Pfeffer) Basilikum oder Majoran, Kümmel, Fenchel- und Anissamen, Miso.

Mit grünem Blattgemüse:
Erbsenpüree- und Linsensuppen können eine Menge (Gemüse, Schimpfworte, Gewürze) vertragen. Grünes Blattgemüse paßt gut hierhin. Wir schneiden es fein und geben es 3 – 5 Minuten vor dem Auftischen hinzu.

Weiße-Bohnen-Suppe

1 Tasse weiße Bohnen, 2 – 3 Zwiebeln, 2 – 3 Stangen Sellerie, Salz, Salbei, Oregano, Selleriesamen, Sojasauce

Dieses Rezept soll die wirkliche Güte des Bohnenaromas unterstreichen, deshalb lassen wir diesmal die Hände von Knoblauch und Tomaten, da diese die Bohnen leicht übertönen. Wir kochen die Bohnen mit den Zwiebeln, bis sie weich sind. Der Sellerie wird 5 Minuten sautiert und hinzugegeben. Wir würzen sehr vorsichtig und lassen den Bohnen- und Zwiebelgeschmack vorherrschen. Probieren wir mal! Basilikum ist auch gut, vielleicht auch ein wenig Rosmarin. Kann mit Petersilie oder Schalotten garniert werden.

Wir verwenden einen der Vorschläge, die im Grundrezept für Bohnensuppen aufgeführt sind.

Hier sind ein paar:

Limabohnensuppe:
Anstelle der weißen Bohnen verwenden wir Limabohnen. Als Gemüse nehmen wir Pilze und Erbsen. Sind die Bohnen gar, können wir einige davon zerdrücken oder miteinander vermischen. 5 Minuten vor dem Servieren geben wir die Erbsen und die kleingeschnittenen Pilze dazu. Wir schmecken noch einmal das Gewürz ab.

Gemischte Bohnensuppe:
Wir verwenden verschiedene Bohnensorten, insgesamt 1 Tasse – sagen wir mal Walderbsen, rote Feuerbohnen und kleine Limabohnen.

Garbanzo-Bohnensuppe:
Anstelle der weißen Bohnen verwenden wir Garbanzo-Bohnen und würzen, vom Urrezept weiter abweichend, mit: Zitronensaft, Knoblauch, Sojasauce, Tahin (falls vorhanden).

Garniert wird mit reichlich Petersilie.

Ein inoffizielles Minestrone-Rezept

Bohnensuppen sind berühmt wegen ihrer Fähigkeit, Reste zu verwerten. Sie können Gemüse, Getreide, Kartoffeln, Teigwaren, Eier, Käse, altes Brot und sogar Salate aufnehmen. Kommt dabei eine gute Bohnen-Reste-Suppe heraus, entwirft irgend jemand ein Rezept, als würde das Gericht mit frischen Zutaten zubereitet. Das ist eine Minestrone. Kein Wunder, daß die Leute sich nicht einig werden können, was da hineingehört.

Die Minestrone wird zubereitet, indem man den Kühlschrank und den Brotkasten plündert und alles in löffelgerechte Stücke schneidet, um es dann an eine Bohnensuppe mit Tomate, Zwiebel, Knoblauch, Oregano, Thymian, Basilikum zu geben, mit darübergestreutem Parmesankäse. Kochen manche Leute tatsächlich 1/3 Tasse Makkaroni, nur um sie in die Minestrone zu geben? Oder legen sie 1 Woche im voraus ein Brot zur Seite, damit es zur rechten Zeit altbacken ist? Ich hoffe nicht.

Abwandlungen:
Seien wir wählerisch.

Versuchen wir es nächste Woche wieder.

Bohneneintopf:
Ist die Bohnensuppe richtig dick von Gemüse geworden, nennen wir sie „Eintopf“. Wir lassen auf niedriger Hitze köcheln oder stellen das Gericht in den Ofen zum Überbacken.

Getreidesuppen

Diese sind von ihrer Zubereitungsweise den Bohnensuppen sehr ähnlich, wobei das Getreide die Bohnen ersetzt. Obwohl Getreide nicht so zerkocht wie Bohnen, wird es doch um so weicher, je länger wir es kochen, und um so dicker macht es auch die Suppe.

Grundrezept für Getreidesuppe

3/4 Tasse trockenes Getreide:
besonders Reis, Gerste oder Buchweizen
Jedes andere ganze oder geschrotete Getreide:
Bulgur, Weizenschrot, Maismehl, Haferschrot usw.
5 – 6 Tassen Wasser oder Brühe

Wir kochen das gewaschene Gemüse im Wasser oder der Brühe bei leichter Hitze etwa 1 Stunde oder länger.

In Scheiben geschnittene oder gewürfelte Gemüse: Zwiebel, Sellerie, Mohrrübe, Tomate, weitere

Wir geben das Gemüse etwa 1/2 Stunde vor Ende der Kochzeit hinzu. Oder wir sautieren es erst 5 Minuten und geben es die letzten 10 Minuten Kochzeit zu dem Getreide.

Gewürze: Salz, Pfeffer;
Kräuter: oft Thymian, Salbei, Rosmarin und Petersilie;
Knoblauch und Sojasauce

Wir würzen nach Geschmack.

Garnierungen:
geriebener Käse, Petersilie, Schalotten usw.

Diese Suppe ist offensichtlich dafür geschaffen, Getreidereste zu verwenden. Wir ersetzen 1 1/2 – 2 Tassen des ungekochten Getreides mit gekochtem. Wir verwenden auch etwas weniger Wasser, es sei denn, wir merken, daß alles gebraucht wird.

Getreide kann auch dafür verwendet werden, um andere Suppen anzudicken. Ganze Getreide wie Gerste, brauner Reis und Weizenkörner verleihen der Suppe eiae gewisse Kaufähigkeit und dicken sie auch an. Wir ersetzen 1/4 Tasse Bohnen durch 1/4 Tasse Getreide oder geben es zusätzlich zu den Bohnen bei und kochen wie gewohnt.

Für *Nußbutter-Getreidesuppe*
geben wir gegen Ende der Kochzeit 1/4 – 1/2 Tasse Nußbutter hinzu. Diese verdünnen wir zuerst mit ein wenig heißer Suppe und rühren sie dann ein.

Es folgen einige besondere Rezepte und Abwandlungen:

Käse-, Reis- und Tomatensuppe

3/4 Tasse Reis, 5 Tassen Wasser, 1 Zwiebel, 4 – 5 Tomaten,
Salz, Pfeffer, 1/4 Pfund geriebener Käse

Wir beginnen damit, den Reis im Wasser zum Kochen zu bringen, dann schneiden wir die Zwiebel in Scheiben oder würfeln sie und schneiden die Tomaten in kleine Stücke. Die Zwiebel wird 5 – 10 Minuten sautiert, dann geben wir für einige Minuten die Tomaten hinzu. Nachdem der Reis 30 Minuten gekocht hat, fügen wir die Zwiebel und die Tomaten hinzu und lassen weiterhin köcheln. Wir würzen mit Salz und Pfeffer. Kurz vor dem Auftischen rühren wir die Hälfte des geriebenen Käses hinein und verwenden den Rest zur Garnierung.

Abwandlungen:
Wir ersetzen durch einige der anderen Zutaten, wie sie im Grundrezept für Getreidesuppe aufgeführt sind.

Tomatencreme-Reissuppe:
Wir kochen den Reis in 3 Tassen Wasser. Zusammen mit der Zwiebel und den Tomaten geben wir 2 Tassen leicht erhitzter Milch hinzu. Gewürzt wird mit Zucker und Basilikum, dazu Salz und Pfeffer. Um eine glattere Suppe zu erhalten, sieben wir Zwiebeln und Tomaten durch und vermischen sie gründlich, bevor wir sie in den kochenden Reis geben.

Einfache Tomaten-Reissuppe:
Wir kochen den Reis in 3 Tassen Wasser und geben 1 – 3 Tassen erhitzten Tomatensaft hinzu, wenn er weich ist. Es folgen Brotwürfel, die wir mit Knoblauch und Oregano in Butter geröstet haben.

Maismehl-Tomatensuppe:
Anstelle von Reis verwenden wir Maismehl. (Das gart schneller.) Die Tomaten werden in kräftige Keile geschnitten und zusammen mit kleingeschnittenem grünen Paprika ungefähr 6 – 8 Minuten vor dem Auftischen hinzugegeben, damit sie noch ihre leuchtendste Farbe behalten. Wir würzen mit Salz, Pfeffer, Thymian und Chilipulver und garnieren mit gehackter Petersilie oder feingeschnittenen Schalotten sowie Käse.

Gerstensuppe:
Anstelle von Reis verwenden wir Gerste und kochen diese 1 1/2 Stunden. Zusammen mit der Zwiebel und den Tomaten geben wir sautierte Mohrrübe und Steckrübe hinzu.

Kartoffel- oder Kürbissuppen

Im Abschnitt „Winterkürbis“ sind auch einige Winterkürbis-Suppen aufgeführt.

Grundrezept für Kartoffelsuppe

4 mittelgroße Kartoffeln oder Süßkartoffeln oder Yams
(oder 2 Pfund Winterkürbis), Wasser zum Bedecken

Wir bürsten die Kartoffeln und schneiden sie in Viertel oder noch kleiner. Wir bedecken sie mit Wasser, bringen es zum Kochen und lassen solange köcheln, bis die Kartoffeln weich sind. Wir schütten sie ab, bewahren die Kochflüssigkeit auf und zerstampfen die Kartoffeln zu Brei.

1 Tasse oder mehr in Scheiben, Stücke oder Würfel geschnittenes Gemüse: Zwiebeln, Lauch, Sellerie, Mohrrüben, grüne Bohnen, Erbsen, grünes Blattgemüse
1 Tasse oder mehr Milch, Wasser (Rahm, Sauerrahm, Buttermilch)

Wir sautieren das Gemüse beginnend mit der Zwiebel und geben alles zusammen mit der aufbewahrten Kochflüssigkeit und genügend Milch oder Brühe, um der Suppe die gewünschte Dicke zu verleihen, zu den gestampften Kartoffeln.

Gewürze: Salz, Pfeffer, Kerbel, Majoran, Basilikum, Knoblauch

Wir würzen mit Salz, Pfeffer und Kräutern.

Anreicherung und Garnierung:
geriebener Käse, Eier, Rahm, Schalotte, Schnittlauch, Petersilie, Brunnenkresse

Wir bestreuen mit Paprika und kleingeschnittenen Schalotten vor dem Servieren.

Gemüse wie Erbsen, Pilze, Spinat oder Mangold, die nur eine geringe Kochzeit haben, brauchen nicht vorher sautiert zu werden. Wir geben sie statt dessen 4 – 5 Minuten vor dem Auftischen zur Suppe.

Diese Suppe bietet sich zur Verwendung übriggebliebener Kartoffeln an – gestampft, gekocht oder gebraten. Gekochte oder gebratene Kartoffeln zerkleinern wir, ehe wir sie hinzugeben.

Kartoffel-Brunnenkresse-Suppe

4 mittelgroße Kartoffeln, 1 Zwiebel, 2 Bündel Brunnenkresse, 2 Eßlöffel Mehl, 2 Tassen Wasser, 3 Tassen Milch, Salz, Pfeffer

Wir würfeln die Kartoffeln und lassen sie im Wasser kochen. Die Zwiebel wird ebenfalls gewürfelt und die Brunnenkresse wird kleingeschnitten, wobei wir die Stiele kreuzweise feinschneiden. Die Zwiebeln werden mehrere Minuten sautiert, dann geben wir die Brunnenkresse hinzu und kochen weiter.

Vorsichtig erhitzen wir die Milch. Wir geben das Mehl zu dem Gemüse und kochen 3 Minuten, bevor wir langsam die erwärmte Milch hineinrühren. Wenn die Kartoffeln weich sind, gießen wir sie ab und bewahren die Flüssigkeit auf. Die Kartoffeln werden gestampft und mit der aufbewahrten Flüssigkeit und der Gemüse-Milch-Sauce verbunden. Wir würzen mit Salz und Pfeffer und lassen bis zum Servieren köcheln.

Wenn wir eine völlig glatte Suppe wünschen, geben wir nur 1 Tasse Milch an die Zwiebeln und die Brunnenkresse, dann geben wir diese durch ein Sieb oder vermischen sie gründlich, bevor wir sie mit der restlichen Milch und den Kartoffeln verbinden.

Abwandlungen:
Wir verwenden einen der Ersatzvorschläge im Grundrezept für Kartoffelsuppe, einschließlich Süßkartoffeln, Yams oder Winterkürbis anstelle von Kartoffeln und Gemüse.

Käsebeigabe:
Wir sollten einmal geriebenen Käse dazu probieren, mit oder ohne Brunnenkresse. Parmesan oder anderer weißer Käse läßt sich auch einrühren, um die Anreicherung zu verbergen. Cheddarkäse mit kleingeschnittenen Schalotten oder Petersilie gibt eine farbenfrohe Garnierung ab.

Cremesuppen

Wenn eine Suppe eine dicke und „cremige" Konsistenz hat, nennt man sie „Cremesuppe", auch wenn gar keine Milchprodukte dabei verwendet wurden. Cremesuppen werden meistens mit Mehl angedickt. Milch oder Rahm können verwendet werden oder auch nicht.

Grundrezept für Gemüsecremesuppen

Unser Ziel ist es, die Gemüse zuzubereiten und sie zu einer mit Mehl angedickten Sauce zu geben.

3 Eßlöffel Öl:
Mais, Soja, Distel, Oliven; Butter oder Margarine
4 Eßlöffel Mehl:
weißes, Vollweizen, Gerste, Roggen, Buchweizen, Maismehl usw.

Um mit der Sauce zu beginnen, geben wir zuerst das Mehl 2 – 5 Minuten in das Öl, oder auch länger, wenn wir es dunkel gefärbt haben wollen. Wir können das Aroma verändern, indem wir verschiedene Mehl- oder Ölsorten verwenden.

Flüssigkeit: 3 Tassen erhitzte Milch, Wasser, Brühe, Tomatensaft usw.

Wir nehmen die Pfanne vom Feuer und gießen die erhitzte Milch hinein. Wir rühren kräftig und kratzen dabei Boden und Rillen der Pfanne ab, um die ganze Öl-Mehl-Mischung aufzunehmen. Wir würzen und lassen weiter köcheln.

1 Tasse oder mehr in Scheiben, Stücke oder Würfel geschnittenes Gemüse: Zwiebeln, Sellerie, Mohrrüben, grüne Paprikaschoten, Pilze, Blumenkohl, Mais, Spargel usw., 1/2 Tasse Wasser

Das Gemüse wird sautiert, beginnend mit der Zwiebel, und zwar 5 Minuten. Wir geben die 1/2 Tasse Wasser hinzu, decken den Topf ab und dünsten, bis es weich ist. Wenn gewünscht, können wir die Gemüse auch durch ein Sieb geben oder miteinander mixen, bevor wir sie zu der Sauce geben.

Gewürze: Salz, Pfeffer, Muskatnuß oder Muskatblüte, Kräuter

Wir lassen das Gemüse in der Sauce köcheln, während wir die Gewürze abschmecken.

Anreicherung und Garnierung:
geriebener Käse, Eier, Rahm, Schalotte, Schnittlauch, Petersilie, Brunnenkresse

Wir garnieren und servieren.

Dies ist eine jener Suppen, in welchen altes Gemüse verschwinden kann, besonders wenn man es vor der Zugabe zu der Sauce durch ein Sieb püriert. Weitere Würzmöglichkeiten finden sich unter „Saucen“.

Cremesuppe mit Gemüse

3 Eßlöffel Öl, 4 Eßlöffel Mehl, 3 Tassen erhitzte Milch,
1 Zwiebel, 2 Stangen Sellerie, 2 Mohrrüben,
1/2 Tasse Wasser, Salz, Pfeffer, Selleriesamen

Wir schneiden die Zwiebel und den Sellerie in Scheiben, die Mohrrübe in streichholzlange Stücke. Wir bereiten die Sauce zu, wie im Grundrezept für Gemüsecremesuppe angegeben, würzen sie mit Salz, Pfeffer und Selleriesamen uad lassen sie köcheln, während das Gemüse sautiert-gedämpft wird. Wir verbinden Gemüse und Sauce, schmecken die Gewürze ab und garnieren mit kleingehackten Sellerieblättern.

Abwandlungen:
Wir nehmen einige der Ersatzvorschläge aus dem Grundrezept für Gemüsecremesuppe wahr.

Gewürzte Gemüsecremesuppe:
Wir verwenden Zwiebeln und grüne Paprikaschoten und würzen mit Knoblauch und Senfsamen.

Kürbiscremesuppe:
Wir verwenden entweder Sommer- oder Winterkürbis. Er wird sautiert-gedämpft, dann zerstampft und zu der Sauce gegeben. Wir würzen mit Basilikum oder Oregano.

Pilzcremesuppe:
Wir verwenden eine großzügige Menge Pilze (1/2 – 1 Pfund), dazu etwas Zwiebel für das Aroma und 1 kleine Mohrrübe oder Sellerie zum Färben. Die Suppe kann mit gehackten Oliven garniert werden. Branntwein verleiht ihr zusätzliches Aroma.

Spinat- oder Lattich-Cremesuppe

Dieses Rezept soll eine weitere Möglichkeit vorführen, Gemüsecremesuppe zuzubereiten. Das Mehl wird mit dem bratenden Gemüse miterhitzt, dann wird Flüssigkeit hinzugegeben, um die Sauce zu erhalten.

2 Bündel Spinat oder 2 Lattichköpfe, 1 Zwiebel, 1 Knoblauchzehe, kleingehackte Petersilie, Salz, Pfeffer, 4 Eßlöffel Mehl, 2 Tassen Wasser (erhitzt), 2 Tassen Milch oder mehr, Öl zum Sautieren

Wir schneiden Zwiebel und Spinat (oder Lattich) in feine Streifen. Die Zwiebel wird mehrere Minuten in 3 – 4 Eßlöffel Öl oder Butter sautiert. Wir geben Spinat, Salz, Pfeffer, gepreßten Knoblauch und feingehackte Petersilie dazu und kochen weiter, damit das Grünzeug schrumpft. Wir geben das Mehl hinzu und kochen es mehrere Minuten, bevor wir die Pfanne vom Feuer nehmen und das heiße Wasser einrühren. Abdecken und 10 Minuten köcheln lassen. Durch ein feines Sieb geben, im Mixer pürieren (oder so belassen, wie sie ist), danach Milch hinzugeben. Erhitzen und die Gewürze abschmecken. Garnieren mit Petersilie.

Abwandlungen:
Wir versuchen es mit einer der Abänderungen, die im Grundrezept für Gemüsecremesuppen vorgeschlagen werden.

Wir verwenden Lattich, Mangold, Senfgemüseblätter, Kohl, Rosenkohl anstelle des Spinats.

Wir geben 1 – 2 Eier zum Anreichern hinzu.

Möhrencremesuppe:
Anstelle des Spinats verwenden wir geriebene Mohrrüben. Nach Wunsch verwenden wir auch Buchweizenmehl. Diese Suppe wird mit etwas Thymian oder Salbei gewürzt. Auch Weizenkeime schmecken gut dazu.

Tomatencreme mit Pilzen:
Als Gemüse verwenden wir Zwiebeln und Pilze. Tomatensaft ersetzt die Milch. Wir würzen mit Basilikum oder Estragon zusätzlich zu Salz und Pfeffer.

Zwiebelcreme mit Käse:
Wir verwenden 4 – 6 Zwiebeln. 15 Minuten sautieren, bevor wir das Mehl hinzugeben. Würzen mit Knoblauch und 1 – 2 Prisen Ingwerpulver. Kurz vor dem Servieren geriebenen Käse hinzugeben.

Kalte Suppen

Viele der vorhergehenden Suppen lassen sich sowohl kalt als auch heiß servieren. Es folgen nun drei Methoden, durch welche wir Suppen so behandeln können, um sie kalt anzurichten:

1) Hinzufügen von Milch oder Rahm;
2) Hinzufügen von Salatsauce;
3) Süß-sauer machen.

Hinzufügen von Milchprodukten

Vielleicht sind diese Suppen so gut, weil wir mit Kühle Milchprodukte assoziieren. Wir beginnen mit einer Kartoffel- , Erbsenpüree-, Winterkürbis- oder einer Süßkartoffelsuppe. Wenn wir im voraus wissen, daß wir eine kalte Suppe zubereiten wollen, machen wir die Suppengrundlage dicker als gewöhnlich, damit sie sich besser mit Milch oder Rahm verdünnen läßt.

Wir können in diese glatte Suppe Stücke vorgekochten Gemüses hineingeben, können darauf aber auch verzichten.

Warme Suppe: Kartoffeln, Erbsenpüree, Kürbis, Süßkartoffeln

Wir beginnen mit einer dieser Suppen, es können auch Suppenreste sein. Fangen wir ganz von vorne an, bereiten wir sie dicker zu als gewöhnlich.

Gemüse: die gleichen wie für die warme Suppe

Gemüse, wie gewöhnlich zubereitet, läßt sich pürieren oder in kleinen Stücken dazugeben.

Milchprodukte: Milch, Rahm, Joghurt, Sauermilch, Buttermilch

Buttermilch oder Joghurt verleihen diesen Suppen eine schmackhafte Säure. Wir kühlen die Suppe erst ab und fügen dann die Milch hinzu.

Gewürze: Die gleichen wie für die warme Suppe, oder wir wählen zwischen Knoblauch, Dill, Thymian, Pfeffer, Basilikum, Senfsamen, Zitronenschale

Wir schmecken das Gewürz ab.

Garnierung:
Schalotte, Petersilie, Gurke, kleingehacktes hartgekochtes Ei

Wir garnieren mit kleingeschnittener Schalotte usw.

Rohe Gemüse:
gewürfeltes oder feingeschnittenes Rohgemüse kann hinzugegeben werden, um kräftigeres Kauen und frischeres Aroma herzustellen. Zu diesem Zweck werden häufig Zwiebeln, grüne Paprikaschoten und Gurken verwendet.

Joghurtsuppe

Diese kalte Suppe können wir bei der Zubereitung auch gleich mit Joghurt und Milch, Buttermilch und Milch, Joghurt und Buttermilch oder sogar mit nicht gedicktem hausgemachtem Joghurt beginnen. Wir geben rohes, frisch gewürfeltes oder geriebenes Gemüse hinzu – Zwiebel, Sellerie, Paprikaschoten, Gurken, Petersilie, Sommerkürbis, Brunnenkresse. Wir würzen mit Knoblauch, Dill, möglicherweise auch Zitronensaft, sowie mit Salz und Pfeffer. Kühlstellen und dann servieren.

Kaltes Blattgemüse

Zwiebel, Lattich oder Sauerampfer oder Spinat oder Mangold, Salz, Knoblauch

Dieses Rezept basiert auf der Spinatsuppe, S. 246.

Wie in jenem Rezept sautieren wir auch hier die Zwiebel und geben sie zusammen mit dem Knoblauch und dem feingeschnittenen Blattgemüse an 2 Tassen Wasser. Wir lassen 20 Minuten köcheln.

Nun können wir alles pürieren, wenn wir eine homogenere Suppe wünschen. Wir lassen die Suppe abkühlen. Wir geben 2 Tassen oder mehr Sauerrahm, Joghurt, Buttermilch, Milch oder Rahm hinzu. Wir schmecken die Gewürze ab: Salz, Pfeffer, Knoblauch, dazu Thymian und Dill.

Garniert wird mit kleingehacktem hartgekochtem Ei, kleingeschnittenen Schalotten, Petersilie und Gurke, diese können statt dessen aber auch in Schalen getrennt herumgereicht werden.

Hinzufügen von Salatsauce

Diese kalten Suppen sind im Prinzip flüssige Salate: eine ganze Menge feingeschnittenes, im Mixer verrührtes Gemüse mit Salatsauce aromatisiert, dazu zusätzliche Flüssigkeit. Die berühmteste dieser Suppen ist *Gazpacho*. Hier ist ein Grundrezept – für 4 – 6 Personen.

Gazpacho

Gemüse: Zwiebel, Sellerie, grüne Paprikaschote, kleine Gurke, 3 – 4 Tomaten, Petersilie
Flüssigkeit: 2 Tassen Tomatensaft

Das Gemüse wird roh verwendet. Wir würfeln, hacken oder passieren es und geben es an den Tomatensaft.

Sauce: 1/3 Tasse Olivenöl, 3 Eßlöffel Rotweinessig, Knoblauch, Salz, Pfeffer (Tabasco-Sauce), Basilikum, Estragon

Wir mischen die Sauce und verbinden sie gründlich mit den anderen Zutaten. Wir schmecken die Gewürze ab, einschließlich Öl und Essig. Wenn wir Knoblauch mögen, können wir ihn bei diesem Rezept reichlich verwenden. Basilikum oder Estragon paßt gut zu Tomaten.

Abwandlungen
zu diesem Rezept erhalten wir leicht:

Wir verwenden andere Gemüse, die sich roh essen lassen – Mohrrüben, Sommerkürbis, Kohl usw.

Wer Getreide oder Bohnen auf diese Art mag, gibt davon eine mäßige Menge (gekocht) hinzu. Unter anderem lassen sich auch Reis, Bulgur-Weizen, Kichererbsen und Linsen an dieses Rezept anpassen.

Wir würzen die Sauce anders: Wir lassen den Knoblauch weg und würzen mit Minze. Sojasauce nimmt die Stelle von Salz ein. Weitere Ideen finden wir unter „Salatsaucen“.

Süß-saure kalte Suppen

Dies ist eine dritte Methode, um kalte Suppen appetitlich zuzubereiten. Sehen wir bei den Kohl- und Rote-Bete-Suppen nach, wo uns viele Möglichkeiten dazu angeboten werden, ebenso verschiedene Gemüsekombinationen.

Wir kochen die Suppe und würzen spärlich, dann lassen wir abkühlen. Gewürz abschmecken. Oft gibt man Sauerrahm in diese kalten süßen und zugleich sauren Suppen, aber auch gelegentlich Tomatensuppe, Blattgemüsesuppe, Gemüsesuppe usw.

Saucen

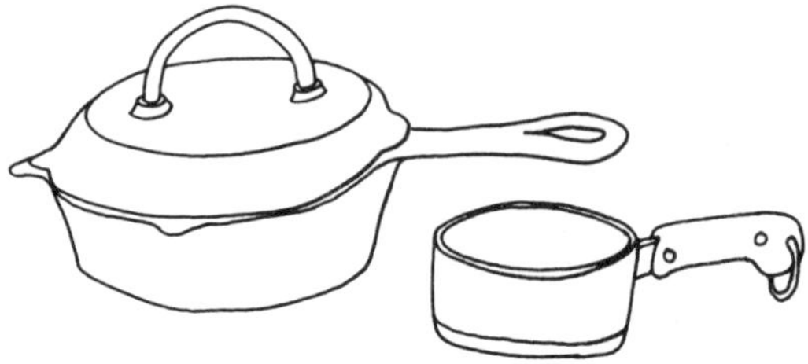

Es gibt viele verschiedene Arten von Saucen, im allgemeinen basieren sie jedoch auf irgendeinem feingemahlenem Stärkemehl, das eine Flüssigkeit zu einer Sauce andickt. Andere Saucenarten haben als Grundlage Tomaten, Nüsse, Bohnen oder Quark bzw. Rahmfrischkäse.

Saucen ergänzen von Natur aus das Trockene und das Feste, und sie haben die Fähigkeit, gleichzeitig besänftigend und anregend zu wirken, beruhigend und belebend. Eine Sauce zu verwenden, bedeutet einen Schritt weiterzugehen – eine neue Perspektive ins Blickfeld zu bringen oder das Essen einfach nur ermüdender zu machen. Deshalb ist auch Umsicht angebracht.

Wir verwenden Saucen, um gefüllte Gemüse oder Pasteten anzurichten, als Begleitung zu Getreide, Teigwarea, Bohnen- oder Gemüsegerichten und um Fehler und ungewollte Schlichtheit zu überdekken.

Mehlsaucen

Die Grundlage einer weißen Sauce ist Butter-Mehl-*Milch*, die Grundlage einer braunen Sauce dagegen Butter-Mehl-*Brühe* oder *Wasser*. Jede Zutat verändert den Namen der Sauce, sofern wir dem französischen System folgen.

Dicke der Sauce:
Das Verhältnis von Mehl zu Flüssigkeit bestimmt die Dicke des Sauce.

1 Eßl. Mehl auf 1 Tasse Flüssigkeit	–	eine dünne Sauce
1 1/2 Eßl. Mehl auf 1 Tasse Flüssigkeit	–	eine mitteldicke Sauce
2 Eßl. Mehl auf 1 Tasse Flüssigkeit	–	eine dicke Sauce
3 Eßl. Mehl auf 1 Tasse Flüssigkeit	–	eine sehr dicke Sauce
4 Eßl. Mehl auf 1 Tasse Flüssigkeit	–	verläßt das Reich der Saucen und betritt dafür das Reich des Puddings

Weiße Sauce

2 Eßlöffel Butter oder Öl: mildes Öl
2 Eßlöffel Mehl: weißes, Reis, Gerste, Maismehl
1 Tasse erhitzte Flüssigkeit: Milch
Grundgewürze: Salz, weißer Pfeffer

Braune Sauce

2 Eßlöffel Butter oder Öl:
Sesam, Erdnuß, Maiskeimöl
2 Eßlöffel Mehl:
weißes, Vollweizen, Gerste, Buchweizen, Roggen, Maismehl
1 Tasse erhitzte Flüssigkeit: Wasser oder Gemüsebrühe
(könnte auch 1/3 Tasse trockener Weißwein sein)
Grundgewürze: Salz, schwarzer Pfeffer

Das Mehl wird in der Butter oder dem Öl erhitzt – nur wenige Minuten für weiße Sauce, damit es nicht roh schmeckt, mehrere Minuten jedoch für braune Sauce, damit das Mehl gut angebräunt wird.

In der Zwischenzeit erhitzen wir Milch, Wasser oder Brühe – die Milch bis zum Sieden, Wasser oder Brühe bis zum Kochen.

Ist das Mehl hinreichend erhitzt worden, nehmen wir die Pfanne vom Herd und warten, bis es aufhört zu brodeln.

Wir gießen die kochende oder fast kochende Flüssigkeit dazu. Aufpassen, Dampf! Hört es auf zu dampfen, schlagen wir die Mischung kräftig mit einem Rührbesen, einer Gabel oder einem Löffel. Mit einem Löffel oder Spatel kratzen wir die Pfanne gründlich aus, so daß die gesamte Mehl-Öl-Mischung vom Wasser aufgenommen wird. Dann stellen wir die Pfanne zurück auf den Ofen und lassen noch einige Minuten köcheln. Wir würzen leicht mit Salz und Pfeffer.

Die Butter oder das Öl dienen einem doppelten Zweck: sie lockern die Mehlteilchen auf und verteilen sie, bis sie in die Flüssigkeit eingekocht sind, gleichzeitig verleihen sie der Sauce Substanz und Aroma. Verwenden wir kein Öl, geben wir vierteltassenweise nach dem Anrösten des Mehls unter ständigem Rühren die Flüssigkeit hinzu.

Das Aromatisieren der Sauce

Weiße und braune Saucen können mit Gemüsen aromatisiert werden, besonders mit Zwiebeln, Knoblauch und Pilzen, mit Wein, Zitronensaft und einer Vielzahl von Kräutern und Gewürzen. Wir sollten zurückhaltend mit den Gewürzen umgehen, bis wir ein Gefühl dafür entwickelt haben, welche Zutat die Sauce auf welche Weise würzt, und einen Geschmack für die Gesamtwirkung unserer Hinzufügungen.

Kräuter:
Manchmal genügt eines, es können aber auch zwei oder mehr miteinander verbunden werden: ungefähr 1/8 Teelöffel – nach Geschmack! – Thymian, Salbei, Majoran, Oregano, Basilikum, Estragon, Kerbel, Dill, Bohnenkraut. Zu der sich erhitzenden Flüssigkeit können wir auch ein Lorbeerblatt geben.

Gewürze:
Oft genügt eines, es können aber auch zwei oder mehr miteinander verbunden werden: ungefähr 1/8 Teelöffel – nach Geschmack (wir beginnen mit weniger) – Senfsamen, pulverisierter Ingwer, Kardamom, Koriander, Muskatblüte, Muskatnuß, Fenchel, Anis.

Wein:
1 Eßlöffel oder mehr: trockener Weißwein, Sherry, trockener Wermut, Weinbrand. Wir verwenden ihn als Gewürz oder um einen Teil der Flüssigkeit einer braunen Sauce dadurch zu ersetzen (besonders durch trockenen Weißwein).

Säure/kräftiger Beigeschmack:
1 Teelöffel oder mehr: Zitronensaft, Limonensaft, Worcestershire-Sauce.

Gemüse:
würfeln und sautieren: Zwiebel, Mohrrübe, Sellerie, grüne Paprikaschote, alles vor dem Hinzugeben an die Sauce. Kleingeschnittene Pilze, gepreßter Knoblauch, Tomatenmark können ohne vorangehendes Kochen dazugegeben werden.

Käse und Rahm:
weiße Saucen oder braune Saucen werden durch Hinzugabe von geriebenem Käse zu *Käsesaucen* oder auch zu *Rahmsaucen*, wenn wir Rahm dazugeben. Wir fügen den geriebenen Käse kurz vor dem Servieren hinzu. Wir verwenden bis zu 30 Gramm Käse auf 1 Tasse Sauce. Da Käse etwas Salz enthält, salzen wir nur sehr wenig, bis wir den Käse dazugegeben haben.

Einige besondere Rezepte und Abwandlungen

Weiße Sauce mit Kräutern:
Wir erhitzen Milch und geben zugleich 1 Lorbeerblatt hinein. Wir würzen die angedickte Sauce mit Thymian, Muskatnuß und Knoblauch.

Pilzsauce:
Wir geben 1/4 Pfund kleingeschnittener Pilze an die köchelnde Sauce (braune oder weiße), und zwar 5 Minuten vor dem Servieren. Wir würzen mit Zitronensaft und kleingehackter Zwiebel.

Pilz-Käse-Sauce:
Wir würzen mit Weinbrand, trockenem Wermut oder Sherry. Den geriebenen Käse geben wir wie üblich kurz vor dem Servieren hinzu.

Käsesaucen:
Wir würzen mit Senfsamen, Muskatblüte oder -nuß. Weitere Gewürze für Käsesaucen sind Knoblauch, Worcestershire-Sauce, pulverisierter Ingwer, ein Kraut nach Wahl.

Käuter-Wein-Sauce:
1/3 der Flüssigkeit für eine braune Sauce ersetzen wir durch trockenen Weißwein. Wir würzen mit Rosmarin, Dill, Estragon, Knoblauch, Zitronensaft und natürlich mit Salz und Pfeffer.

Tassajara Gemüsesauce

1 Tasse weiße oder braune Sauce
gewürfelt: 1/2 Zwiebel, 1/2 Stange Sellerie, 1/2 Mohrrübe,
Thymian, Salbei, Petersilie

Wir bereiten eine weiße oder braune Sauce nach dem Grundrezept zu. Das gewürfelte Gemüse wird sautiert und an die köchelnde Sauce gegeben. Wir würzen mit Thymian, Salbei und kleingehackter Petersilie.

Braune Tassajara-Sauce

Dies ist unsere Lieblingssauce für Kartoffelbrei.

1 Tasse braune Sauce, 1 gewürfelte Zwiebel, Knoblauch,
(frisch geriebener Ingwer), Sojasauce, Salz (wenn erforderlich),
Pfeffer, dunkles Sesamöl (falls vorrätig)

Wir bereiten die Sauce nach dem Grundrezept zu, wobei wir Vollweizen- oder Gerstenmehl verwenden, falls vorhanden, und es gründlich anrösten – bis es gut gebräunt ist. Wir braten die Zwiebel goldbraun an und geben sie an die Sauce. Zuerst würzen wir mit Sojasauce und danach erst nach Bedarf mit Salz. Wir geben Knoblauch, Ingwer und Pfeffer nach Geschmack dazu und kurz vor dem Servieren noch einige Tropfen dunkles Sesamöl.

Eine Möglichkeit, diese Sauce zu verwenden, ist das Überbacken. Wir kochen Getreide, Bohnen oder Kartoffeln vollständig vor. Das Gemüse wird einige Minuten sautiert, bevor wir es mit der Sauce verbinden, dann lassen wir 20 – 30 Minuten bei 175° C überbacken. Mit dieser Methode können wir ein Gericht auch noch vor der Hetze der letzten Minuten vorbereiten.

Obwohl beliebig viele Kombinationen möglich sind, versuchen wir es vielleicht einmal mit folgenden:

Eine *weiße Kräutersauce* mit Gemüse, besonders Blumenkohl, Broccoli, grünen Bohnen, Spargel.

Eine *Pilzsauce* mit Getreide.

Eine *Käsesauce* mit Nudeln.

Mit Maisstärke angedickte Saucen

Maisstärke wird häufig verwendet, um Pasteten und Füllungen anzudicken. Sie ist auch recht nützlich beim Andicken von Gemüsegerichten, die zuviel Flüssigkeit haben, einschließlich der meisten nach chinesischer Art zubereiteten Gemüsegerichte, zu deren Zubereitung das gehört. Maisstärke ist die feinste Form von Maismehl, und Maisstärke-Saucen sind lediglich ein besonderes Beispiel für mit Mehl angedickte Saucen. Bei den nachfolgenden Saucen können anstelle von Maisstärke auch andere Mehlarten oder Pfeilwurzelmehl treten. (Anleitungen zum Gebrauch von Maisstärke finden sich auf S. 29.)

Für Gemüse nach chinesischer Art

Wir würzen das Wasser oder die Brühe mit Sojasauce, Salz, vielleicht etwas Sherry oder Essig und etwas Pfeffer.

Das Gemüse wird mit frischgepreßtem Knoblauch und frisch geriebenem Ingwer (später können wir noch mehr dazugeben) 3 oder 4 Minuten sautiert.

Wir geben die gewürzte Brühe hinzu, decken ab und lassen 5 – 8 Minuten köcheln – dünsten, bis alles fast weich ist. Wir schmecken das Gewürz ab und geben nun die aufgelöste Maisstärke zum Andikken hinzu.

Sollte einige Gemüse eine längere Kochzeit benötigen als andere, sautieren wir sie getrennt eine längere Zeit als diese und geben sie dann mit der gewürzten Flüssigkeit dazu. Haben manche Gemüsesorten eine kürzere Kochzeit (Erbsen, Spinat, Tomaten), geben wir sie erst 5 Minuten vor Ende der Gesamtkochzeit dazu.

Süß-saure Sauce

Eine mächtige Sauce für gebratene Nudeln oder gebratenen Reis, Auberginen und Gemüse-„Burger". Sparsam zu verwenden.

3/4 Tasse Wasser oder Brühe oder Tomatensaft
3/8 Tasse Zucker (Honig oder Rübensirup/Melasse oder brauner Zucker), 1/4 Tasse Essig, 1 1/2 Eßlöffel Maisstärke, in 1/4 Tasse kaltem Wasser aufgelöst,
Sojasauce, Pfeffer oder Tabasco, Knoblauch, Ingwer, dunkles Sesamöl, Worcestershire-Sauce

Wir erhitzen Wasser mit Zucker und Essig. Wenn es kocht, rühren wir die aufgelöste Maisstärke hinein. Mit Sojasauce und Pfeffer oder Tabasco-Sauce würzen. Die anderen Gewürze werden nur nach Wahl verwendet.

Ergänzungen und Abwandlungen:
Wie üblich können wir auch hier sautiertes Gemüse hinzugeben. Wir schneiden das Gemüse in kleine Stücke oder drehen es durch den Wolf oder Mixer. Kurz in Öl sautieren, bevor die Sauce dazukommt. Die Gemüse geben wir entweder vor oder nach Andicken der Sauce hinzu. Mohrrüben, grüne Paprikaschoten und Ananasstücke sind eine gute Ergänzung für süß-saure Saucen, ebenso Zwiebeln.

Tomatensaucen

Diese gleichen Tomatensuppen, sie sind nur dicker. Eine Tomatensauce ließe sich durch Andicken einer Tomatensuppe mit Maisstärke herstellen, aber auch indem wir bei einer braunen Sauce anstelle von anderer Flüssigkeit Tomatensaft verwenden.

Hier folgt eine weitere Zubereitungsart für Tomatensaucen:

Gemüse: Zwiebeln, Sellerie, Paprikaschoten, Pilze, Knoblauch, Öl zum Sautieren: Olivenöl (falls vorhanden), Tomaten: frische oder Tomatensaft aus der Dose oder Tomatenmark, nach Geschmack verdünnt, Wasser nach Bedarf

Das Gemüse wird gewürfelt und in Öl angebraten. Wir geben den Knoblauch hinzu, die frischen oder die Dosentomaten – gewürfelt (oder Tomatensaft oder Tomatenmark). Wir fügen Wasser in gewünschter Saucenmenge dazu.

Gewürze: Salz, Pfeffer, Zucker
Kräuter: Lorbeerblatt, Oregano, Thymian, Basilikum, Petersilie (Rosmarin, Kreuzkümmel)

Wir würzen mit Salz und Pfeffer und danach mäßig mit Kräutern. Wir lassen alles 1/2 Stunde oder länger köcheln. Vor dem Servieren schmecken wir noch einmal die Gewürze ab.

Nach Tassajara-Art:
Wir machen diese Sauce mit gabelgerechten Stücken aus frischgepflücktem Sommergemüse: grüne Bohnen, Zucchini, krummhalsiger Gartenkürbis, Aubergine, grüne Paprikaschoten.

Wir sautieren sie 5 Minuten und geben 20 Minuten vor dem Servieren die Sauce dazu.

Getrocknete Pilze sind eine würzige und gut kaufähige Ergänzung für Tomatensauce. (Zubereitung siehe S. 74)

Andere geriebene Käse außer Parmesan können Tomatensauce farbenfroh und schmackhaft garnieren.

Nuß-Saucen

Diese sind ein Genuß, wenn sie mit Getreide, Teigwaren oder Gemüse (besonders aus der Kohl-Familie, weil es ein kräftiges Aroma besitzt) serviert werden. Nußsaucen geben auch gute Salattunken ab, besonders für Nudel- und Getreidesalat. Wenn wir Nuß- oder Kernbutter haben, lassen sie sich recht einfach zubereiten.

Ein Grundrezept für Nuß-Sauce

Gemüse: Zwiebeln,
1/2 Tasse Nußbutter: Erdnuß, Sesam, Tahin, Cashew, Walnuß, Mandel

Nußsaucen müssen nicht mit Zwiebeln angemacht werden, aber sie schmecken gut so. Wenn wir Zwiebeln verwenden, würfeln wir sie und lassen sie 5 – 10 Minuten sautieren.

3/4 Tasse Wasser oder Brühe (könnte zu 1/4 Tasse auch aus Orangensaft bestehen, zu 2 Eßlöffeln aus Zitronensaft)

Wir verdünnen die Nußbutter allmählich mit der Flüssigkeit und geben sie an die Zwiebeln. Die Mischung lassen wir auf niedriger Hitze köcheln.

Gewürze: Salz, Pfeffer, Sojasauce, Miso, Essig, Knoblauch, Ingwer, rote Paprikaschoten, Kardamom, Koriander, Muskat, Muskatblüte, Kreuzkümmel, Thymian, Salbei

Wir würzen mit Salz und Pfeffer. Wenn wir Sojasauce und/oder Miso verwenden, brauchen wir nicht zu salzen, bevor wir die Sojasauce hinzugeben. Nußsaucen scheinen scharfe Gewürze zu lieben. Ebenso heißen sie kleinere Mengen pfeffriger Gewürze willkommen – Kardamom, Koriander, Muskatnuß oder -blüte, ebenso die durchdringenden Kräuter – Thymian oder Salbei.

Garnierung:
Petersilie, Brunnenkresse, Kapuzinerkresse, Schalotten

Wir garnieren mit Petersilie, Kapuzinerkresse oder Schalotten.

Anmerkungen:
Wir können ganze oder kleingehackte Nüsse daruntermischen.

Mit Nußbutter läßt sich auch weiße oder braune Sauce würzen.

Aufgrund ihrer Feuchtigkeit und Frische sind Sprossen eine gute ergänzende Garnierung für Nußsaucen, die einen eher trockenen Geschmack vermitteln.

Quark-/Rahmfrischkäse-Saucen

Dies ist eine der besten und einfachsten Saucen. Mit ihrer Hilfe werden Zwiebeln, Mohrrüben und Sellerie zu etwas besonderem, und ihr doch recht mildes Aroma macht sie auch geeignet für die geschmacklich etwas feineren Gemüse – Spargel, Kürbisse, Erbsen.

Quark oder Rahmfrischkäse
Kleine Menge Flüssigkeit: heißes Wasser, erwärmte Milch, Gemüsekochflüssigkeit, Zitronensaft, trockener Weißwein
Gewürze: siehe unter weißen und braunen Saucen

Wir glätten den Quark oder Rahmfrischkäse durch Zerdrücken mit einer Gabel oder einem Löffel. Nach und nach mischen wir die Flüssigkeit hinein, um dem Käse eine Saucenkonsistenz zu verleihen. Nun wird gewürzt, und das war es auch schon. In einem Doppelkochtopf sanft erwärmen, damit die Sauce nicht kocht oder ausflockt.

Wir servieren zu Getreide, Nudeln oder Gemüse oder geben die Sauce an überbackene Gerichte.

Gewürzbutter

Diese kann zu Gemüsen oder Getreiden oder zu französischem Brot gereicht werden.

Butter, Gewürze: Knoblauch, Salz, (Kräuter); oder Zitronensaft, Salz, Thymian; oder Selleriesamen, Mohnsamen, Sesamsamen, Salz; oder was auch immer

Wir zerlassen die Butter und würzen sie. Abgeschmeckt wird mit einem Stück Brot oder Gemüse. Als Teil der „Sauce" können wir kleingehackte Zwiebeln oder Paprikaschoten in der zerlassenen Butter zubereiten.

Honigbutter

Dies ist eine weitere Butter, die wir häufig für Pfannkuchen verwenden.

Ungefähr eine Hälfte Butter und eine Hälfte Honig, gemeinsam erhitzt. Kann mit *Orangenschale* gewürzt werden. Pfannkuchen!

Hauptgerichte

Es gehört nicht allzu viel dazu, um aus einem einfachen Gericht ein „Hauptgericht" zu machen – etwas Eiweiß, vielleicht Eier oder Käse und eine gute Aufmachung. So können wir beispielsweise erhitzte, gewürzte Bohnen in eine Auflaufform geben, darüber eine Schicht geriebenen oder in Scheiben geschnittenen Käse.

Oder wir füllen die Bohnen in grüne Paprikaschoten oder Tomaten und backen 20 – 25 Minuten bei 175° C.

Wir vermischen die Bohnen mit etwas verschlagenem Ei und backen (175° C) 25 – 30 Minuten lang. Oder wir geben die heißen Bohnen in eine Auflaufform, machen einige Mulden in die Oberfläche, geben ein Ei in jede Mulde und backen, bis die Eier gar sind (10 – 15 Minuten).

In einer Kasserole bedecken wir die Bohnen mit gemischtem, sautiertem Gemüse, backen dann, um alles durchzuwärmen oder warmzuhalten und streuen zum Schluß Nüsse darüber.

Oder wir überbacken die Bohnen mit einer Nußsauce und bestreuen mit Petersilie.

Wir brauchen uns nur zu überlegen: Was macht aus diesem Gericht eine Hauptmahlzeit? Wodurch wird es vervollständigt? Was gibt ihm Kraft und Energie, was vollen Körper und Nährkraft? Ist diese Erbsensuppe schon Hauptgericht genug? Oder braucht sie etwas Sellerie, Tomatenstücke, Gewürze, geriebenen Käse? Wodurch sollten wir sie begleiten, um sie vollständig zu machen? Mit Knoblauchbrot? Mit Käse darauf anstelle in der Suppe?

Es folgen nun Aufläufe, Pasteten, gefüllte Gemüse, Burger und so weiter. Vergessen wir aber dabei nicht die einfachen Eier- und Bohnengerichte und schließen wir auch nicht Suppen und Salate aus.

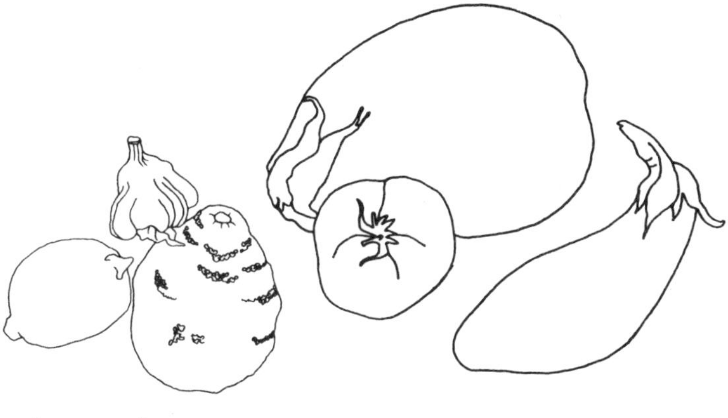

Überbackenes Gemüse

Gemüse läßt sich mit oder ohne Flüssigkeit überbacken – als Gemüseeintopf oder als Gemüseauflauf. Wird es von weißer oder brauner Sauce (mit Pilzen oder Käse) begleitet, ergibt überbackenes Gemüse ein herzhaftes und befriedigendes Hauptgericht. Oft wird Wurzelgemüse zum Überbacken und Schmoren vorgezogen, doch lassen sich auch viele andere Sorten verwenden. So gehen wir dabei vor:

Anleitung für das Überbacken von Gemüsen

Empfohlene Gemüse:

Längere Kochzeit, eines oder mehr:
Zwiebeln, Mohrrüben, Yams, Kartoffeln, Süßkartoffeln, Winterkürbis, weißer Rettich (Daikon), Steckrüben, Auberginen
Kürzere Kochzeit, eines oder mehr:
Sommerkürbis, Sellerie, Blumenkohl, Broccoli, Kohl, Tomaten, Pilze

Wir waschen die Gemüse und schneiden sie in große Stücke, vielleicht in Viertel oder Sechstel. (Die Pilze können wir ganz lassen.) Es sollten genügend Stücke sein, daß jeder von allem etwas abbekommt.

Öl oder Butter; Salz, Pfeffer

Wir ölen eine Backform ein und geben die länger kochenden Gemüse darauf. Großzügig mit Öl oder Butter (vielleicht mit gewürzter Butter oder gewürztem Öl) übergießen und mit Salz und Pfeffer bestreuen. Abgedeckt bei 175° C 60 Minuten backen lassen. Während des Backens mehrfach übergießen, vor allem dann, wenn das Gericht nicht zugedeckt ist. Die Gemüse mit der kürzeren Kochzeit geben wir in den letzten 30 Minuten hinzu.

Eintopf:
Wir geben erhitztes Wasser, Brühe oder Sauce an die Gemüse, bevor wir sie backen, und bedecken sie ungefähr zur Hälfte. Dann decken wir ab und backen ungefähr 40 Minuten oder bis alles weich ist. Gemüse mit kürzerer Kochzeit geben wir 30 Minuten vor dem Servieren hinzu.

Nach dem Backen können wir Wasser oder Brühe abgießen und daraus eine Sauce machen, indem wir sie als Flüssigkeitsgrundlage für weiße oder braune Sauce verwenden. Gewürze abschmecken und dann servieren.

Eine weitere Möglichkeit der Zubereitung von überbackenem Gemüse oder einem Gemüseeintopf besteht darin, das Gemüse 2 oder

3 Minuten zu sautieren, bevor wir es in die Backform geben. Dadurch überzieht es sich mit Öl.

Um *Klöße* zu erhalten, geben wir zusammen mit den kürzer kochenden Gemüsen rettichgroße Klumpen Biskuitteig dazu. Dazu können wir jede Teigart, die später in diesem Abschnitt noch erwähnt wird, verwenden, also etwa Pastetenteig.

Misoeintopf

6 – 8 2 1/2 cm breite Streifen Kombu, Mohrrüben, Zwiebeln, weißer Rettich (Daikon), Klettenwurzel, Wasser oder Brühe, Miso oder Sojasauce, Öl

Wir verwenden jeweils 1 Mohrrübe, Klettenwurzel und Zwiebel pro Person. Ein großer weißer Rettich reicht für ungefähr 4 Personen. Das Kombu wird in einigen Tassen Wasser 10 Minuten gekocht, dann stellen wir das Wasser beiseite. Das Kombu wird kleingeschnitten, dann in Öl gebraten, schließlich legen wir den Kochtopf unten damit aus. Wir schneiden das andere Gemüse in große Stücke und geben diese in den Topf auf das Kombu. Das Kombu-Einweichwasser wird mit Miso oder Sojasauce gewürzt, dann gießen wir es über das Gemüse. Wir bedecken mit einem eng anliegenden Deckel und backen 1 Stunde oder länger bei 175° C.

Um die Flüssigkeit anzudicken gießen wir sie ab, erhitzen bis zum Kochen und geben in kaltem Wasser aufgelöste Maisstärke (siehe S. 257) dazu. Wir können mit Knoblauch oder Ingwer würzen, falls wir dies lieben, doch müßte die Sauce auch ohne bereits kräftig schmecken.

Abwandlungen:
Wenn wir kein Kombu zur Verfügung haben, lassen wir es aus.

Kartoffeln, Auberginen, Winterkürbis, Pilze, Broccoli, Kohl, Blumenkohl und andere Gemüse passen ebenso zu Miso oder Sojasauce.

Schneller kochende Gemüse wir Broccoli, Kohl, Blumenkohl, grüne Bohnen, Erbsen und grünes Blattgemüse können gegen Ende der Kochzeit dazugegeben werden. Nach 20 – 30 Minuten sind sie vollkommen gar.

Fünf-Farben-Eintopf

Damit es bei fünf Farben bleibt, kochen wir die Rote Bete getrennt und geben sie ohne ihre Kochflüssigkeit als letztes hinzu. Pro Person nehmen wir jeweils 1 Stück von dem Wurzelgemüse sowie ausreichend Blattgemüse für alle.

Rote Bete, Kartoffeln, Zwiebeln, Mohrrüben,
das Grün der Rote Bete, Öl, Salz, Pfeffer, Wasser

Wir waschen die Gemüse und lassen mit Ausnahme der Zwiebeln die Schalen daran. Wir schneiden alles in große Stücke. Das Grün der Rote Bete schneiden wir in etwa 2 1/2 cm große Stücke und stellen es beiseite. Alle anderen Gemüse werden in eine eingeölte Backform gegeben, mit Öl begossen und mit Salz und Pfeffer bestreut. Wir gießen 1/2 Tasse oder mehr auf den Fondboden, decken ab und backen ungefähr 45 Minuten.

Nun geben wir das Grün der Rote Bete hinzu, decken erneut ab und backen weitere 5 Minuten.

Wird dieses Gericht oben auf dem Herd und nicht im Backofen zubereitet, verlängert sich die Kochzeit um 5 – 10 Minuten.

Bei Bedarf mehr Wasser hinzugeben.

Abwandlungen:
(Nicht mehr fünf Farben, aber dennoch sehr schmackhaft.)

Wir ersetzen einige Gemüse durch andere: Süßkartoffeln anstatt Kartoffeln, Winterkürbis anstatt Mohrrüben, Spinat anstatt Grün der rote Bete, Pilze anstatt rote Bete.

Auberginеneintopf:
Wir verwenden 1 Aubergine für 3 – 4 Personen, Zwiebeln, grüne oder rote Paprikaschoten, Sellerie und entkernte Oliven. Beginnen sollten wir mit einer großzügigen Menge Olivenöl, das Backen geschieht ohne Hinzugabe von Wasser.

Um das Gericht feuchter zu machen, geben wir Tomatenkeile hinzu. Gewürzt wird mit Knoblauchsalz und Pfeffer.

Tomaten-Kohleintopf:
Wir verwenden Zwiebeln, Sellerie, Kohl, grüne Paprikaschoten (oder Mais) und Tomaten. Das Gemüse wird kleingeschnitten und 2 – 3 Minuten zusammen angebraten – mit Ausnahme der Tomaten. Wir mischen alles, die Tomaten eingeschlossen, und würzen mit Salz, Pfeffer, Knoblauch und Majoran. Wir backen ungefähr 30 Minuten bei 150° C. Zum Servieren garnieren wir mit Eierscheiben.

Die Zubereitung eines Auflaufs

Aufläufe werden in „Auflaufformen" (oder auch „Kasserolen") zubereitet – feuerfestes Geschirr, das auch auf den Tisch gestellt werden kann. Als ich mit dem Kochen begann, bereitete ich wochenlang täglich Aufläufe zu. Sie eignen sich hervorragend zur Verarbeitung von Resten, aber auch für frische Nahrungsmittel.

Mit einer Schicht Käse, Brotkrumen, gehackten Nüssen oder Petersilie bedeckt, bringen Aufläufe ein Element der Spannung auf den Tisch – und hoffentlich auch der freudigen Neugier und der Erwartung dessen, was sie enthalten. Und die Möglichkeiten dessen, was sie enthalten können, sind unbegrenzt. Allgemein gesprochen wird alles, was in einer Auflaufform gekocht wird, zu einem Auflauf werden, die Frage lautet also, wie wir dies mit bestimmten Zutaten bewerkstelligen.

Wenn wir mit *Getreide* oder *Bohnen* beginnen, sollten diese bereits vorgekocht sein.

Kartoffeln können roh oder vorgekocht verwendet werden.

Gemüse, das oft nach leichtem Sautieren dazugegeben wird, verträgt verlängerte Kochzeiten am wenigsten, wenn wir also vorgekochtes Gemüse verwenden, sollten die übrigen Zutaten ebenfalls vorgekocht sein.

Auflaufformen trocknen beim Backen aus, deshalb müssen wir auf die eine oder andere Weise dafür sorgen, daß der Auflauf reichlich

Flüssigkeit bekommt. Diese erhalten wir durch Wasser, Suppe, Milch, Ei mit Milch, Sauce, Gemüsesäfte oder saftige Gemüse, vor allem Tomaten.

Aufläufe werden auf zwei Weisen zusammengestellt. Entweder man mischt alles zusammen und gibt bei Bedarf zusätzlich Flüssigkeit hinzu, würzt und füllt die Zutaten in eine eingefettete Form, einen Topf oder was auch immer. Die Oberfläche wird geglättet und mit einer anderen Schicht von Zutaten bedeckt. Nun wird gebacken. Der Auflauf hat genügend Flüssigkeit, wenn er (wie gekochte Getreideflocken) leicht breiig wird.

Die andere Methode besteht darin, den Auflauf in Schichten aufzubauen. Meistens geben wir Getreide, Bohnen, Teigwaren oder Kartoffeln auf den Boden, damit sie die aromatischen Säfte der darüberliegenden Zutaten aufsaugen können. Darüber geben wir eine Schicht Gemüse, als zusätzliche Flüssigkeit kann Suppe dienen, Sauce, Tomaten oder anderes. Dann wird oben mit einer weiteren Schicht abgedeckt wie zuvor.

Aufläufe lassen sich lange im voraus zubereiten. Sind alle oder die meisten Zutaten kalt, so braucht der Auflauf bei 175° C etwa 1 Stunde, um durch und durch heiß zu werden. Sind die Zutaten bereits heiß, verträgt der Auflauf mühelos 20 – 30 Minuten im Ofen. Soll er mehr als 20 – 30 Minuten backen, versichern wir uns, daß der Auflauf reichlich Flüssigkeit hat – allzu knusprig gebackene Nudeln sind nämlich fürchterlich zäh.

Besonders wenn wir mehrere Gerichte gleichzeitig zubereiten, sollten wir wenigstens eines davon in eine Auflaufform geben, das verschafft uns mehr Zeit und Platz, um die anderen Sachen zuzubereiten.

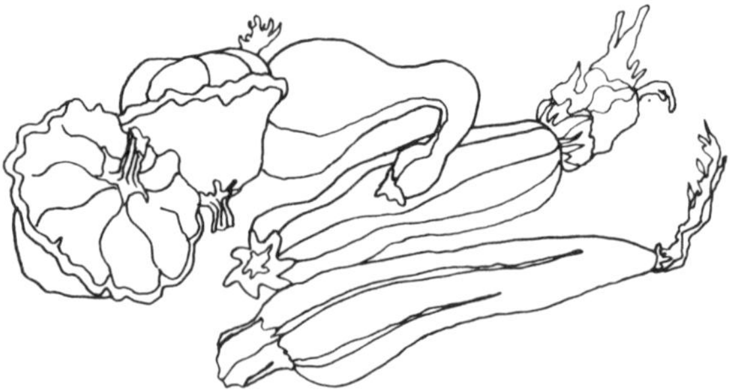

Grundrezept für Aufläufe

Abgesehen von der Flüssigkeit mindestens 1 Tasse Zutaten pro Person.

Wir beginnen mit:
gekochtem Getreide: Reis, Weizenschrot oder Bulgur-Weizen, Gerste, Nudeln, Spaghetti usw.
gekochte Bohnen: Soja, Linsen, weiße Bohnen, rote Feuerbohnen usw.
gekochten oder halbgekochten Gemüsen: Kartoffeln, Zwiebeln, Kohl, Aubergine, Mohrrübe, grüne Bohnen, Spargel usw.

Wir ergänzen mit:
Jeder der obigen Zutaten, oder Zwiebel, Pilze, Tomaten, Sellerie, grüne Paprikaschoten, Nüsse, Trockenobst

Wir befeuchten mit:
Wasser, Brühe oder Kochflüssigkeit, Tomatensauce oder -scheiben oder -mark, Milch (Sauerrahm, Joghurt),
weißer oder brauner Sauce, Ei mit Milch.

Wir würzen mit:
Salz, Pfeffer, Kräutern, Gewürzen, Knoblauch.

Wir geben hinzu oder überziehen mit:
geriebenem Käse, Brotkrumen, Ricotta-Käse, kleingehackten Nüssen.

Zwiebeln, Pilze, Sellerie, Tomaten und grüne Paprikaschoten werden oft verwendet, um zusätzliches Aroma zu erhalten.

Wir mischen die Flüssigkeit mit den zusammengestellten Zutaten, bis sie die Konsistenz von gekochtem Getreide haben, oder wir gießen die Flüssigkeit über die aufgeschichteten Zutaten. Obendrauf geben wir geriebenen Käse, Brotkrumen, kleingehackte Nüsse. Abgedeckt bei 175° C 1 Stunde backen lassen, wenn die Zutaten kalt sind, oder 20 – 30 Minuten oder länger, wenn sie vorgewärmt sind.

Geben wir Käse oben auf den Auflauf, entfernen wir den Deckel für die letzten 5 – 10 Minuten, um ihn leicht zu bräunen. Der Auflauf kann 5 – 10 Minuten vor dem Servieren aus dem Ofen geholt werden – dann kühlt sich die Form leicht ab, während der Inhalt noch heiß bleibt.

Anmerkung:
Die einzelnen Rezepte, die nun folgen, sind Beispiele für verschiedene *Arten* von Aufläufen. Wenn wir uns für eine bestimmte Auflaufart entscheiden, aber die Zutaten verändern, können wir aus diesen Rezepten etwas völlig anderes machen, als sie in ihrer Urform zum Ziel haben. Einige mögliche Veränderungen werden unter „Abwandlungen" vorgeschlagen.

Linsen mit Zwiebeln und Käse

3 – 4 Tassen gekochte Linsen, 2 Zwiebeln, Salz, Pfeffer,
ca. 100 Gramm geriebener Cheddar,
Wasser oder Brühe nach Bedarf

Wir schneiden die Zwiebeln in Scheiben oder würfeln sie und braten sie an, bis sie durchsichtig werden. Wir verbinden sie mit den Linsen und würzen mit Salz und Pfeffer. Die Zwiebelpfanne spülen wir mit etwas Wasser aus und geben dieses zu den Linsen, falls diese nicht feucht genug sein sollten.

Wir fügen die Linsen in eine eingefettete Auflaufform und bedecken mit Käse. Sind die Linsen kalt, backen wir sie 1 Stunde bei 175° C bei abgedeckter Form, erst 5 – 10 Minuten vor dem Servieren entfernen wir den Deckel. Sind die Linsen bereits heiß, genügt eine kürzere Backzeit.

Reicht für 4 Personen.

Abwandlungen:
Zusätzlich zu den Zwiebeln können wir eine oder mehrere der folgenden Zutaten verwenden: Sellerie, Mohrrüben, Pilze, grünes Blattgemüse. Wir schneiden es klein und sautieren es mit den Zwiebeln.

Wir verwenden andere Käsesorten außer Cheddar.

Wir geben eine Schicht in Scheiben geschnittener Tomaten oder gewürzter Tomatensauce auf die Linsen-Zwiebel-Mischung. Mit Käse bedecken.

Anstelle der Linsen verwenden wir andere vorgekochte Bohnen, gekochte Gerste, Reis, Bulgur-Weizen, in Scheiben geschnittene und gekochte oder zerstampfte Kartoffeln, grüne Bohnen, Spargel, Auberginen, Sommer- oder Winterkürbis. Wenn wir Sommerkürbis, grüne Bohnen, Auberginen oder Spargel verwenden, werden diese kurz vor dem Einfüllen in die Auflaufform sautiert oder gedünstet. Wir backen ungefähr 30 Minuten.

Wir können auch 8 – 10 Zwiebeln verwenden, die Bohnen weglassen und mit Tomaten und Käse überziehen. 15 – 30 Minuten überbacken, um das Gericht gründlich durchzuwärmen.

Pilav

2 – 3 Tassen gekochter Bulgur
(1 Tasse oder weniger wenn noch trocken), 1 Zwiebel,
1 – 2 Stangen Sellerie, 1/2 Tasse Rosinen, 1/2 Tasse Nüsse
(Mandeln, Walnüsse, Erdnüsse oder Cashewnüsse), Wasser oder
Brühe nach Bedarf, Gewürze (Salz, Pfeffer, Thymian, Koriander,
Nelken), Garnierung (Brotkrumen oder kleingehackte Nüsse)

Zwiebel und Sellerie werden gewürfelt und 3 – 4 Minuten sautiert, dann zu dem Bulgur-Weizen gegeben, zusammen mit den Nüssen und Rosinen. Wir fügen Flüssigkeit hinzu, um der Mischung eine feuchte Konsistenz zu verleihen. Wir würzen behutsam nach Geschmack. Dann geben wir die Mischung in eine eingefettete Auflaufform und bedecken mit den Brotkrumen oder Nüssen.

Wir überbacken bis zu einer Stunde bei 175° C, um alles gründlich zu erhitzen.

Reicht für 3 – 4 Personen.

Abwandlungen:
Anstelle von Bulgur-Weizen verwenden wir vorgekochten geschroteten Weizen, weißen oder braunen Reis, Hirse oder zum Teil auch Getreidereste.

Zusätzlich zu den angeführten Gemüsen oder an ihrer Stelle verwenden wir grüne Paprikaschoten, Mohrrüben, Schalotten, Erbsen, Äpfel; die Rosinen können durch kleingeschnittene Datteln ersetzt werden.

Gewürzalternativen sind Thymian, Salbei, Knoblauch, Rosmarin, Zimt. Oder auch Ingwer und Muskatblüte.

Wir können die Garnierung weglassen oder durch in Scheiben geschnittene Apfelsinen ersetzen.

Versuchen wir einmal Bohnen anstelle von Bulgur-Weizen, mit Zwiebeln, Pfeffer, Äpfeln und Mohrrüben. Auch Winterkürbis liebt eine solche Behandlung.

Zusammen mit den aufgeführten Zutaten versuchen wir Süßkartoffeln oder geben diesen Ananas, Nüsse, Zimt und Zitronenschale hinzu.

Mögen wir Kartoffeln, lassen wir die süßen Zutaten aus und verwenden Zwiebeln, Erbsen, Sellerie und Nüsse.

Kartoffeln und Bohnen überbacken

1 1/2 Tassen Linsen, 1 – 2 Tassen Kartoffelbrei,
1 1/2 Tassen Sojabohnen, 1 große Zwiebel, Wasser oder Brühe nach Bedarf, Gewürze (Salz, Pfeffer, Knoblauch, Basilikum, Oregano, Petersilie)

Wir schneiden die Zwiebeln klein, ebenso Knoblauch und Pilze und sautieren, wobei wir eine Prise von den Kräutern ins Öl geben. Wir mischen mit den Bohnen und dem Kartoffelbrei. Die Sautierpfanne wird mit 1/2 Tasse Wasser oder Brühe ausgespült, die wir an die Bohnenmischung geben (die einigermaßen feucht sein sollte). Behutsam würzen. Wir füllen die eingefettete Auflaufform und backen bei 175° C, bis alles gut durchgewärmt ist. Vor dem Servieren streuen wir Petersilie darüber.

Dieser Auflauf ist ein gutes Beispiel dafür, wie verschiedene *Hauptbestandteile* miteinander kombiniert werden können.
Reicht für 4 Personen.

Abwandlungen:
Anstelle der Linsen, Sojabohnen oder Kartoffeln verwenden wir andere Bohnenarten und Getreide (Reste, Lieblingsgerichte, Wunschzutaten).

Wie wäre es einmal mit weißen Bohnen mit Zucchini, Spinat und Knoblauch?

Anstelle der Kartoffeln verwenden wir einen Brei aus gekochten Auberginen.

Wir können am ersten Abend einfach nur Linsen und Sojabohnen verwenden, am zweiten die Kartoffeln hinzugeben, am dritten mit Käse garnieren und am vierten gefüllten Kohl zubereiten.

Auberginen-Tomatensauce-Auflauf

1 Aubergine, 2 – 4 Zucchini, Olivenöl,
2 Tassen Tomatensauce mit 1 gewürfelten Zwiebel und
2 grünen Paprikaschoten, gewürzt mit Knoblauch, Basilikum,
Salz und Pfeffer, 1/2 Tasse geriebener Parmesan

Wir bereiten zuerst die Tomatensauce zu: die Zwiebeln und Paprikaschoten werden sautiert, dazu geben wir die Tomatenstücke, die Tomatensauce oder das Tomatenmark, welches wir mit Wasser verdünnt haben. Wir würzen mit Salz, Pfeffer, Knoblauch und Basilikum. (Weitere Tomatensaucen finden wir auf S. 259.) Aubergine und Kürbis werden in große Stücke oder Streifen geschnitten. 3 – 4 Minuten in Olivenöl sautieren. In die eingefettete Auflaufform füllen. Mit Tomatensauce und geriebenem Käse bedecken. Bei 175° C 1 Stunde überbacken. Kann heiß oder kalt serviert werden.
Für 4 Personen.

Abwandlungen:
Anstelle von Zucchini verwenden wir andere Sommerkürbisarten, Mohrrüben, grüne Bohnen, Kohl oder Süßmaiskörner.

Wir geben Pilze an die Tomatensauce.

Wir verwenden andere Gewürze: Knoblauch, Thymian und Estragon; Petersilie, Kreuzkümmel und Oregano.

Wir verwenden andere Käsesorten: Cheddar, Edamer, Gouda, Hüttenkäse, Ricotta usw.

Als Ergänzung zu Aubergine und Zucchini oder auch als Ersatz dafür verwenden wir Nudeln, Kartoffeln, Getreide, Bohnen oder Würfel aus altbackenem Brot.

Pochierter Eierauflauf

Dieser Auflauf ist dem vorhergehenden sehr ähnlich, aber mit einem köstlichen Zusatz.

3 Zwiebeln, 3 grüne Paprikaschoten, 1/2 Kohlkopf,
3 Knoblauchzehen, 3 – 4 Tomaten, Olivenöl, Salz und Pfeffer,
4 – 6 Eier, 1/2 Tasse geriebener Cheddar-Käse

Wir schneiden Zwiebeln und Paprikaschoten in Scheiben oder Würfel, den Kohl in dünne Streifen, die Tomate in Keile oder Scheiben. Wir braten zuerst die Zwiebeln im Olivenöl mit Knoblauch, dann geben wir die Paprikaschoten und den Kohl hinzu. Sind diese weich geworden, folgen die Tomaten und die Pfanne wird abgedeckt; mehrere Minuten behutsam kochen.

Würzen und in die eingefettete Auflaufform geben. In die Oberfläche machen wir 4 – 6 Mulden und schlagen in jede 1 Ei hinein. Mit Käse bestreuen und backen, bis die Eier fest geworden sind, ungefähr 10 – 15 Minuten. Wir achten darauf, daß die anderen Zutaten vor dem Backen bereits erhitzt sind, da sie in der für das Festwerden der Eier benötigten Backzeit sonst nicht durchgehend heiß werden. Wird dieser Auflauf eine ganze Weile im voraus zubereitet, so erhitzen wir ihn 30 – 40 Minuten im Backofen, bevor wir Eier und Käse dazugeben.

Für 4 Personen.

Abwandlungen:
Anstelle von Zwiebeln, Paprikaschoten und Kohl, oder auch als Ergänzung dazu, können wir ferner verwenden: grüne Bohnen, Erbsen, Mohrrüben, Spargel, grünes Blattgemüse. Wir schneiden alles klein und geben es an die sautierten Zutaten.

Anstelle von Tomaten können wir auch Tomatensauce verwenden.

Die Eier können auch bei vorgekochten Spaghetti, Nudeln, Getreide oder Bohnen in Mulden gefüllt werden.

Reis mit Käse und Milch

2 Tassen Milch, 2 Tassen gekochter Reis,
2 Tassen geriebener Cheddar, Salz und Pfeffer

Wir erhitzen die Milch bis kurz vor dem Sieden und mischen sie mit dem Reis. Würzen und in die eingefettete Auflaufform geben. Diese mit Käse überziehen und bedeckt 35 – 40 Minuten backen, dann ohne Deckel weitere 5 – 10 Minuten.

Für 4 Personen.

Abwandlungen:
Anstelle der 2 Tassen Milch verwenden wir 1 1/2 Tassen Milch und 1 1/2 Tassen gekochtes Getreide.

Vor Hinzugabe des Käses können Reis und Milch auch mit einer Schicht Gemüse überdeckt werden: sautierte Zwiebeln und Pilze, Gemüsereste.

Wir verwenden teilweise Milch, teilweise aber auch Ricotta-Käse, Hüttenkäse, Joghurt, Sauerrahm, Rahmfrischkäse/Quark oder Rahm.

Wir würzen mit Knoblauch, Petersilie, Majoran, Basilikum, Thymian oder Oregano oder mit Senfsamen oder Muskatnuß.

Reis saugt sehr viel Flüssigkeit auf. Wenn wir Zutaten verwenden, die dies nicht in diesem Ausmaße tun, verwenden wir auch weniger Milch. Zum Beispiel:

Wir können in Scheiben geschnittene rohe Kartoffeln verwenden, (pro Person 1 mittelgroße Kartoffel). Wir schneiden sie in Scheiben und legen sie mit den sautierten Zwiebeln und etwas von dem geriebenen Käse in der Auflaufform aus. Jede Schicht wird gesalzen und gepfeffert. Wir gießen die erwärmte Milch darüber und überziehen mit geriebenem Käse. Die Milch sollte die Kartoffeln gut zur Hälfte bedecken. Abgedeckt bei 200° C 40 Minuten backen lassen.

Anstelle von Reis verwenden wir ein anderes gekochtes Getreide oder Nudeln.

Kartoffelauflauf mit Sauce

4 mittelgroße Kartoffeln, 2 Zwiebeln,
2 Tassen gewürzte weiße Sauce (siehe S. 253),
1/2 Tasse geriebener Cheddar, Schalotten zum Garnieren

Wir schneiden die Kartoffeln in dicke Kreise oder Stücke. Die Zwiebeln werden zerteilt. Wir geben alles in die eingefettete Auflaufform und begießen mit weißer Sauce. Abdecken und bei 175° C 40 – 50 Minuten überbacken, oder bis die Kartoffeln weich sind. Wir entfernen den Deckel, geben den Käse hinzu und überbacken weitere 5 Minuten. Mit kleingeschnittenen Schalotten garnieren und auf den Tisch bringen.

Für 4 Personen.

Abwandlungen:
Wir verwenden eine braune oder eine Nußsauce.

Wir garnieren mit kleingehackten, entsteinten Oliven.

Wir bestreuen mit Paprika.

Anstelle von rohen Kartoffeln verwenden wir Kartoffelbrei, Süßkartoffeln, gekochtes Getreide, Bohnen, Nudeln, Spinat, Broccoli, Blumenkohl, Sellerie, Mohrrüben, grüne Bohnen, Spargel oder Pilze. Wenn wir Spinat oder andere Grüngemüse verwenden, bringen wir sie in kochendem Salzwasser zunächst zum Welken, dann schneiden wir sie klein und geben sie mit den Zwiebeln in die Auflaufform. Abgesehen von Kartoffeln brauchen die meisten Gemüse nur eine Backzeit von ungefähr 30 Minuten.

Wir können auch allein mit Zwiebeln arbeiten – ungefähr 8 – 10 Stück.

Bulgur-Tahin-Auflauf

3 Tassen gekochter Weizen-Bulgur
(oder etwa 1 Tasse Trockenbulgur), 1 gewürfelte Zwiebel,
2 Knoblauchzehen, 1/3 Tasse Tahin (oder Erdnußbutter),
1/2 Tasse Salz, 2 Eier, verschlagen, 1/4 Tasse Milch

Wir sautieren die Zwiebel mit dem Knoblauch, bis sie durchsichtig ist, oder noch länger, bis sie gebräunt wird. Dann mischen wir die Zwiebel mit den übrigen Zutaten und geben alles in eine eingefettete Auflaufform. War der Weizen bereits erwärmt, backen wir bei 175° C ungefähr 20 Minuten lang. War er kalt, backen wir 50 – 60 Minuten oder solange, bis er gründlich erhitzt ist.

Für 4 Personen.

Abwandlungen:
Wir geben geriebenen Käse hinzu, den wir entweder hineinmischen oder obendrüber streuen.

Anstelle von Milch verwenden wir Brühe oder Tomatensaft.

Wir lassen die Eier weg und geben dafür mehr Flüssigkeit hinzu.

Wir verwenden geriebene Kartoffeln, geriebene Mohrrüben und gewürfelte Zwiebeln. Nach 30 Minuten Backzeit überprüfen.

Anstelle von Zwiebeln oder zusätzlich dazu verwenden wir Lauch, grüne Paprikaschoten, Erbsen, Tomaten oder Sellerie und Mohrrüben. Diese Gemüse geben wir entweder feingeschnitten (gerieben) hinzu oder sautieren sie zuerst.

Anstelle von Weizen-Bulgur verwenden wir gekochten Reis, Gerste, Hirse, Buchweizen, gekochte Bohnen oder ein Gemüse: Spargel, grüne Bohnen, Broccoli, Blumenkohl, Spinat oder Mangold.

Anstelle des Weizen-Bulgurs verwenden wir in Scheiben geschnittene oder zerstampfte Kartoffeln.

Dieses Rezept hat große Ähnlichkeit mit einer Quiche (siehe S. 283), nur daß es weniger Ei und Milch im Verhältnis zu den anderen Zutaten verwendet. Deshalb geben Ei und Milch auch einen unauffälligen Hintergrund, währead sie in einer Quiche eine deutlichere Grundlage für Gemüse oder andere Zutaten bilden. Wenn wir 1 oder 2 Eier zusätzlich hinzufügen und ebenso zwei- bis dreimal so viel Milch, ergibt dies einen sehr quicheähnlichen Auflauf.

Kohlauflauf

1 Kohlkopf, 1 – 2 Tassen Ricotta-Käse, 1 oder 2 Eier, Tomatensauce, etwas Milch bei Bedarf, geriebener Käse, Öl (Oliven oder Mais) oder Butter, Salz, Pfeffer, Knoblauch

Wir schneiden den Kohl auf und sautieren ihn mit Salz, Pfeffer und Knoblauch in Öl. Wir lassen solange kochen, bis der Kohl schlaff geworden ist. (Vielleicht besprengen wir ihn ein wenig mit Weißwein.) Der Ricotta-Käse wird mit den Eiern oder der Milch gemischt, bis er sahnig ist. Wir salzen und pfeffern nach Geschmack (Knoblauchpulver nach Wahl). Wir bereiten eine Tomatensauce zu (siehe S. 259). Die Auflaufform wird zuerst mit Kohl, dann mit der Ricotta-Mischung ausgelegt, dann folgt die Tomatensauce. In der Regel reichen die Zutaten für eine dreimalige Schichtung wie beschrieben, wobei die Tomatensauce den Abschluß bildet. Wir backen ungefähr 1/2 Stunde bei 175° C, dann streuen wir etwas geriebenen Käse (Mozzarella, Cheddar, Parmesan) darüber und überbacken weitere 5 Minuten.

Für 4 Personen.

Abwandlungen:
Anstelle von Ricotta-Käse verwenden wir Hüttenkäse oder geriebenen Käse, mit oder ohne Ei und Milch. (Die Tomatensauce ist Flüssigkeit genug.)

Anstelle von Tomatensauce nehmen wir in Scheiben geschnittene Tomaten. (Kohl, geriebener Cheddar, in Scheiben geschnittene Tomaten und Gewürze ist ein sehr einfaches und köstliches Gericht.)

Vor allem beim Gebrauch von geschnittenen Tomaten anstelle von Tomatensauce können wir weitere Gemüseschichten hinzugeben. Sautierte Zwiebeln, kleingeschnittene Pilze, 1 geschälte und gewürfelte Gurke. Wir geben alles auf den Kohl oder zwischen Kohlschichten.

Anstelle von Kohl können wir Blumenkohlblätter, Kohlblätter, Spinat, Mangold, Auberginen, Sommerkürbis, Broccoli, Blumenkohl, Spargel und/oder grüne Bohnen verwenden. Das härtere Grüngemüse wird 2 – 3 Minuten in kochendes Wasser gegeben, anstatt es zu sautieren.

Anstelle von Kohl verwenden wir Lasagne-Nudeln oder andere Teigwaren. Diese kochen wir, bis sie weich sind und mischen sie gründlich mit Olivenöl, bevor wir die Zubereitung beenden.

Überbackenes Auberginen-Moussaka

Dies ist ein Auflaufgericht, das verschiedene der empfohlenen Möglichkeiten aus den vorhergehenden Rezepten miteinander verbindet. Es ist sehr reichhaltig.

Große Aubergine, Salz

Wir schneiden die Aubergine in etwa 1 cm dicke Stücke. Wir bestreuen mit Salz und lassen 20 Minuten stehen. Die angesammelte Flüssigkeit wird abgeschüttet. Auf einem eingefetten Backblech werden Auberginenscheiben bei 175° C 10 Minuten gebacken.

2 Zwiebeln (gewürfelt), 3 Knoblauchzehen,
1/2 Tasse Olivenöl, 1/2 Tasse Butter

Wir sautieren Zwiebeln und Knoblauch in einer kleinen Menge Öl und Butter.

1/2 Tasse Tomatensauce, 1/2 Tasse Wein, 1/2 Tasse Petersilie,
1 Pfund geriebener Emmentaler

Wir geben Petersilie, Tomatensauce und Wein hinzu. Ist alles erhitzt, nehmen wir es vom Feuer und geben nach und nach den geriebenen Käse dazu.

Wir fetten eine große Auflaufform oder Kuchenform ein. Wir geben die Füllung zwischen Lagen aus Auberginen, die mit der Öl-Butter-Mischung eingerieben wurden.

2 Tassen weiße Sauce (siehe S. 253), 4 Eier, verschlagen

Wir bereiten eine weiße Sauce zu und rühren sie nach und nach in die bereits geschlagenen Eier. Das ganze gießen wir über die Aubergine.

1 Tasse geriebener Parmesan, 1/4 Teelöffel Zimt

Wir bepinseln die Oberfläche mit der restlichen Öl-Butter-Mischung und bestreuen mit geriebenem Parmesan und Zimt. Eine Stunde bei 175° C überbacken.

Für 6 – 8 Personen.

Abwandlungen:
Wir verwenden andere Füllungen oder andere Saucen. So könnten wir beispielsweise zwischen die Auberginenlagen gewürzte Linsenschichten bringen und oben mit einer Nußsauce begießen.

Anstelle von Auberginen verwenden wir Lasagne-Nudeln, Kartoffeln, Zucchini oder Kohl.

Überbackene Eier

Dies ist ein „Auflauf", der ganz einfach nur mit „Anfeuchten" zubereitet wird. Es ist fast ein Soufflé, aber viel leichter herzustellen.

6 Eier, 1 Tasse Milch, 1 Eßlöffel Mehl, Salz und Pfeffer

Wir trennen Eigelb und Eidotter voneinander. Das Eiweiß wird steifgeschlagen. Wir verrühren Eidotter mit Milch, Mehl, Salz und Pfeffer. Nun ziehen wir den größten Teil des Eiweiß darunter und geben alles in eine eingefettete Pasteten- oder Auflaufform. Wir überbacken, bis die Eier fest sind, was bei 175° C ungefähr 20 Minuten dauert. Wir geben das restliche Eiweiß darüber und stellen die Form in den Ofen zurück, bis es leicht gebräunt ist. Eine ausgezeichnete Methode, um vielen Leuten gleichzeitig warme Eier vorzusetzen.

Für 6 Personen.

Abwandlungen:
Wir geben 1/2 Tasse oder mehr geriebenen Käse an die Eidotter.

Wir legen den Boden der Auflaufform mit gebratenem Gemüse aus: Pilzen, Zucchini, Broccoli und anderen.

Wir würzen mit Basilikum, Thymian oder Estragon.

Wir süßen mit eingemachten Erdbeeren. (Die Broccoli lassen wir dann lieber weg ... oder ob das dann vielleicht eine neue Geschmackssensation gäbe?)

Pasteten als Hauptgericht

Pasteten geben elegante Hauptgerichte ab, wir können sie aber auch etwas weniger elegant darbieten – nämlich ohne die Kruste – und statt dessen Aufläufe nennen. Tatsächlich können wir ein Pastetenhauptgericht als Auflauf betrachten, der anstelle des gebräuchlicheren Reis, der Kartoffeln oder der Nudeln einen Boden aus Pastetenteig besitzt. Es bedeutet eine besondere Anstrengung, eine Pastete zuzubereiten, Menschen eine Freude zu machen und sie zu begeistern. Es folgt nun ein Pastetenteig:

Pastetenteig Halb und Halb

Halb weißes und halb Vollweizenmehl, halb Butter und halb Öl. Für 2 mittelgroße Pasteten.

1 Tasse Vollweizenmehl, 1 Tasse Weißmehl, 1 /4 Teelöffel Salz,
1/3 Tasse Butter, 1/3 Tasse Maisöl,
5 – 6 Eßlöffel kaltes (Eis-)Wasser

Wir sieben das Mehl und das Salz gemeinsam durch, dann schneiden wir die Butter hinein. Während wir mit einer Gabel rühren, geben wir das Öl hinzu und dann nach und nach das Wasser in kleinen Portionen. Wir vermengen das ganze wie einen Salat von Hand und formen es rasch zu einer Kugel. Läßt es sich nicht gleich formen, geben wir ein wenig Wasser hinzu. Wir teilen die Kugel entzwei. Mit einem mehlbestäubten Nudelholz auf einem ebenfalls mehlbestäubten Untergrund ausrollen, bis der Teig eine Dicke von 1/2 cm hat. Die Ecken furchen wir etwas ein. Mit der Gabel machen wir Einkerbungen auf dem Boden und an den Seiten, bepinseln auf Wunsch mit verschlagenem Ei und backen 5 – 10 Minuten bei 180° C, es sei denn, daß wir für ein Rezept eine bereits durchgebackene Pastetenkruste brauchen.

Dieser Teig ist leicht zu behandeln. Alle Teigarten aus Vollweizen- oder Weißmehl lassen sich schwieriger handhaben, und Pastetenteig aus Weißmehl muß gewöhnlich 1 Stunde vor Gebrauch in den Kühlschrank gestellt werden.

Abwandlungen:
1 Tasse Vollweizenmehl und 1 Tasse Weißmehl mit 1/2 Tasse Butter und 1/6 Tasse Öl ist ebenfalls gut geeignet.

Wir können kleine Mengen (1/2 Tasse) anderer Mehlsorten zusammen mit 1/2 Tasse Vollweizenmehl und 1 Tasse Weißmehl verwenden.

Anstelle von Butter können wir Margarine oder Backfett verwenden.

Wir können gemahlene Nüsse dazugeben. Diese vermischen wir zunächst mit dem Öl.

Gewürzt werden kann mit Thymian oder Salbei.

Es folgen drei allgemeine Möglichkeiten, um eine Pastete herzustellen:

1) Gemüse und/oder Käse, in Eiern und Milch gebacken (Quiche);
2) gekochtes Gemüse mit Sauce;
3) und Käsepastete.

Grundrezept für Quiche

In Scheiben oder Würfel geschnitten, nach Wahl:
gelbe oder purpurne Zwiebeln, 1 – 2 Stangen Lauch,
einige Schalotten,
1 Pfund kleingeschnittenes Gemüse:
Pilze, Spinat, Mangold, Blumenkohl, Broccoli, Kürbis
Gewürze: Salz, Pfeffer, Zitronensaft, Basilikum

Wir kochen die Zwiebeln einige Minuten in Butter oder Öl. Dann rühren wir das restliche kleingeschnittene Gemüse mit 1 Prise Salz darunter, möglicherweise auch mit etwas Zitronensaft oder anderem Gewürz. Abgedeckt bei mittlerer Hitze kochen lassen, bis das Gemüse etwas weich geworden ist und begonnen hat, seine Feuchtigkeit abzugeben – also etwa 5 Minuten.

Deckel abnehmen und Hitze aufdrehen, um etwas von der überschüssigen Flüssigkeit abzukochen (der Rest kann zu den Eiern und der Milch kommen).

Eimischung: 3 Eier, 1 Tasse Milch (Voll- oder Teilrahm, verdünnter Rahmfrischkäse oder Quark, Ricotta oder Hüttenkäse)
Gewürz: Muskatnuß, Pfeffer
Geriebener Käse, bis zu 1/4 Pfund: meistens Schweizer, kann auch Cheddar, Parmesan usw. sein.

Wir verschlagen die Eier mit der Milch und geben 1 Prise Muskatnuß und Pfeffer hinzu. Nun mischen wir das Gemüse hinein und füllen alles in eine teilgebackene Pastetenschale. Darüber geben wir Käse. Im oberen Teil des Ofens bei 175° C 30 – 40 Minuten überbacken oder bis die Pastete aufgegangen und gebräunt ist.

Pilz-Quiche

1 Zwiebel (kleingeschnitten), 1 Pfund Pilze, Salz, Pfeffer,
1 Teelöffel Zitronensaft, 1 Eßlöffel Portwein oder Sherry

Die Zwiebel wird einige Minuten in Butter oder Öl sautiert. Wir geben die kleingeschnittenen Pilze hinzu und würzen mit Salz, Pfeffer, Zitronensaft und Wein. Auf Wunsch kann auch Knoblauch dazukommen. Bei mittlerer Hitze abgedeckt 5 Minuten kochen. Dann nehmen wir den Deckel ab und erhöhen die Hitze, um etwas von der überschüssigen Flüssigkeit abzukochen.

3 Eier, 1 Tasse Milch, 1/8 – 1/4 Teelöffel Muskatnuß, Pfeffer,
50 – 60 Gramm geriebener Schweizer Käse,
30 Gramm geriebener Parmesan

Wir verschlagen Eier und Milch gemeinsam mit ihren Gewürzen. Wir rühren das Gemüse darunter, ebenso seine Säfte. Nun gießen wir alles in eine teilgebackene Pastetenkruste, bedecken mit Käse und backen bei 175° C, bis die Oberfläche leicht gebräunt ist – 30 – 40 Minuten.

Abwandlungen:
Wenn wir eine besonders herzhafte Quiche herstellen wollen, können wir anstelle der Milch auch verdünnten Rahmfrischkäse oder Quark, Ricotta-Käse oder Rahm verwenden.

Wir können andere Gewürze verwenden, vor allem Ingwer und/ oder Senfsamen.

Anstelle der Pilze verwenden wir andere Gewürze: Mangold, Spinat, Broccoli, Blumenkohl, Kohl, Kürbis, Sellerie, grüne Paprikaschoten, Mohrrüben, Erbsen – jegliches Gemüse. Wenn wir Mangold, Spinat oder Grünkohlblätter verwenden, geben wir das Grüngemüse kurz in kochendes Salzwasser, bis es weich geworden ist. Nach dem Abgießen drücken wir alles zu einem Klumpen zusammen und schneiden es, die Stengel eingeschlossen, in dünne Stücke.

Weitere besonders interessante Quiche-Abwandlungen:

Tassajara Quiche:
zusätzlich zu den Zwiebeln und einem anderen Gemüse verwenden wir 1 1/2 bis 2 Dutzend gut geröstete Mandeln. Vor dem Backen garnieren wir mit mehreren jungen Erbsen und Käse.

Käse-Quiche:
Wir lassen die Gemüse völlig weg, geben ein weiteres Ei hinzu und verwenden 1/2 Pfund oder mehr geriebenen Käse (eine Sorte oder eine Mischung). Wir backen 15 Minuten bei 180° C, dann 10 – 15 Minuten bei 150° C.

Haferschleim-Quiche:
Dies ist eine der einfachsten und besten Methoden, um Reste zu verwerten. Eine Quiche läßt sich zubereiten, indem wir Eier und Milch zu fast jeder Kombination von Resten geben, eingeschlossen Getreide, Bohnen, Nudeln, Spaghetti und Gemüse.

„Löffelbrot"

Hier ist eine Getreide-Quiche ohne Pastetenteig.

1/2 Tasse grobe Maisgrütze, 2 Tassen kochendes Wasser,
1 Tasse Maisschrot, 4 verschlagene Eier, 2 Tassen Milch,
1/2 Teelöffel Backpulver, 1 Eßlöffel oder mehr Butter oder Öl

Wir kochen die Grütze zuerst in kochendem Wasser und dann in einem Doppelkochtopf oder bei niedriger Hitze noch 1/2 Stunde weiter. Wir mischen sie mit den restlichen Zutaten und geben alles in eine mit Butter gefettete Auflaufform und backen bei 175° C 1 Stunde. Wir servieren mit Butter und einem Löffel.

Abwandlungen:
Anstelle von Maisgrütze verwenden wir ungefähr 1 1/2 Tassen eines beliebigen Getreide- oder Getreideflockengerichts.

Anstelle von Maisschrot verwenden wir andere ungekochte Getreideflocken.

Wir geben Zwiebeln, Pilze oder Gemüse hinzu.

Wir mischen etwas Käse hinein.

Gemüsepasteten

Ein Musterrezept:

1 Zwiebel, 1/4 Kohlkopf, 1 Steckrübe, 2 kleine Kartoffeln,
1 Mohrrübe, Salz und Pfeffer, 2 Knoblauchzehen, Thymian,
Basilikum, Estragon, 2 Teelöffel ganzer Dillsamen (nach Wunsch),
1 Tasse weiße Sauce (siehe S. 263),
1 große vorgebackene Pastetenschale

Wir schneiden die Gemüse alle klein in eine Vielzahl von Formen. Die Zwiebel wird angebraten, dann geben wir die Kartoffeln, die Steckrübe und die Mohrrübe dazu. Wir fügen etwas Wasser bei, bedecken und lassen dünsten. 5 Minuten später geben wir den Kohl und die

Gewürze dazu. Wir dämpfen weitere 5 Minuten oder solange, bis die Gemüse weich sind. Wir geben 1 Tasse weiße Sauce zu den Gemüsen und füllen alles in eine *durchgebackene* Pastetenschale oder -kruste. Wir überbacken kurz, um zu erwärmen oder warmzuhalten, falls notwendig.

Abwandlungen:
Als Gemüse verwenden wir Zwiebel, Mohrrübe, 6 – 12 getrocknete Pilze, kleingeschnittene Wasserkastanien. Wir geben eine braune Sauce dazu, die wir mit Sojasauce, Ingwer und Sherry gewürzt haben.

Wir überziehen mit Käse und geschnittenen Tomaten und geben Butterflocken darauf.

Wir streuen oben auf die Pastete: Weizenkeime; geröstete Nüsse; geröstete Sesamsamen oder Mohnsamen.

Wir geben 1/4 Tasse zubereiteten Seetang hinzu oder 1 Blatt Nori, das wir geröstet und mit der Schere in kleine Stücke zerschnitten haben (S. 137).

Anstelle der weißen Sauce verwenden wir geschnittene Tomaten oder eine Tomatensauce.

Käsepastete

1 Zwiebel, 1 Stange Sellerie, 1 kleine Mohrrübe,
ca. 180 Gramm geriebener Käse, 1/2 Tasse Haferflocken,
1/4 Tasse zerlassene Butter oder Margarine, Salz und Pfeffer,
1/2 Teelöffel Senfsamen, Petersilie oder Schalotte zum Garnieren

Wir würfeln das Gemüse und sautieren es, beginnend mit der Zwiebel. Fängt alles an weich zu werden, nehmen wir es aus der Pfanne und geben es zu den restlichen Zutaten, wobei wir nach Geschmack würzen. Wir füllen alles in eine teilgebackene Pastetenschale und backen 20 Minuten bei 180° C. Garnieren und servieren.

Abwandlungen:
Wir verwenden andere Gemüsesorten.

Wir würzen mit Knoblauch, Oregano oder Majoran.

Wir lassen die Haferflocken weg und geben statt dessen 1 Ei dazu.

Gefüllte Gemüse und Pasteten

Dies ist eine köstliche und zeitraubende Methode, Speisen aufzutischen, in denen man sonst „immer nur dasselbe alte Zeug" sehen würde. Zu den Gemüsen, die sich füllen lassen, gehören: Artischokken, Zwiebeln, Tomaten, großer Sommerkürbis, Winterkürbis, Auberginen, grüne Paprikaschoten, Pilze, Kohl, Mangold, Rote Bete. Zu den Pasteten, die sich füllen lassen, gehören Crêpes, Popovers, Empanadas und Piroshki sowie Biskuit- oder Brotteig.

Zuerst wollen wir uns damit befassen, wie die Gemüse vorbereitet und die Pasteten gemacht werden; danach folgt eine Betrachtung darüber, wie wir eine Füllung zusammenstellen.

Gefüllte Gemüse werden meistens zugedeckt in einer kleinen Menge Wasser oder Brühe überbacken. Die Füllung sollte schon am Anfang gut erhitzt werden, da die Gemüse nach dem Füllen nur 30 Minuten oder sogar noch kürzer überbacken werden.

Haben wir keinen Backofen, erhitzen wir das gefüllte Gemüse in einer kleinen Menge Wasser zugedeckt oben auf dem Herd.

Artischocken

Wir schneiden den Stiel mit dem Boden der Artischocke sowie das obere Drittel der Blätter ab, biegen die Blätter auseinander und waschen die Artischocke. Wir stellen sie mit dem Kopf nach unten auf ein Schneidebrett, drücken darauf, damit sich die Blätter noch weiter öffnen. Wir entfernen die gelben Blätter aus dem Inneren der Artischocke. Mit einem robusten Löffel kratzen wir den faserigen Teil des Marks am Boden heraus. Nun beträufeln wir mit Zitronensaft, um ein Verfärben zu verhindern. Wir legen die Artischocken in etwa 2 1/2 cm Wasser eng zusammen, decken ab und lassen ungefähr 30 Minuten köcheln-dünsten, oder bis sie fast weich sind.

Jetzt können die Artischocken gefüllt werden. Wir können auch die Stiele schälen und kochen, um sie für die Füllung zu verwenden. Nach dem Füllen pinseln wir die Artischocken mit Öl ein, geben sie mit 2 1/2 cm Wasser in eine Backform und überbacken sie 30 – 45 Minuten bei 175° C.

Rote Beete

Wir dämpfen, backen oder kochen die Rote Bete ganz in einem Dampfkochtopf. Sind sie gar geworden, höhlen wir das Innere aus, so daß wir eine Schale erhalten, die gefüllt werden kann. Der innere Teil wird zerdrückt und mit der Füllung vermischt, sagen wir mit Käse, Knoblauch, Salz und Pfeffer. Die gefüllten Rote Bete backen wir, um sie gründlich durchzuwärmen.

Kohl und Mangold

Wir waschen einen Kohlkopf und höhlen ihn aus, dann lassen wir ihn in Wasser oder Suppenbrühe 5 Minuten köcheln. Die äußeren Blätter pflücken wir vorsichtig ab und lassen den Rest des Kohlkopfs wieder köcheln, falls die inneren Blätter noch nicht geschmeidig sein sollten. Die Brühe bewahren wir auf.

Wir ordnen ein großes Blatt mit einem kleinen Blatt in der Mitte an. Die Füllung wird auf das kleine Blatt gegeben, wir schlagen die Seiten des großen Blatts ein, biegen den Stengel bis zur Spitze und drehen das Blatt dann zu einer zylindrischen Rolle. Wir geben die Rolle in eine Backform, wobei die lose Klappe auf den Boden kommt. Wir gießen etwas von dem Kohlwasser, Tomatensauce oder eine braune Sauce mit Zwiebeln und Pilzen, die wir mit dem Kohlwasser zubereitet haben, über die Rouladen. Zugedeckt bei 175° C backen, bis sie erhitzt sind – ungefähr 30 Minuten. Mit frisch gehackter Petersilie garnieren.

Gefüllten Mangold erhalten wir, indem wir Mangoldblätter köcheln lassen, bis sie schlaff geworden sind. Wir schneiden die Stengel ab und heben sie für eine spätere Verwendung auf. Gefüllt wird wie beim Kohl.

Aubergine

Hier folgt eine Möglichkeit, Auberginen zum Füllen vorzubereiten. Wir schneiden eine Aubergine der Länge nach in zwei Hälften und machen tiefe Schlitze in das Fleisch. In diese streuen wir Salz und lassen es 1/2 Stunde oder länger ziehen. Nachdem wir die angesammelte Flüssigkeit abgegossen haben, legen wir die Aubergine mit der aufgeschnittenen Seite nach unten in 1/2 cm Wasser und backen 30 Minuten bei 175° C im Ofen oder lassen oben auf dem Herd 20 Minuten bedeckt köcheln. Behutsam heben wir mit einem Löffel den Brei heraus und lassen 1 cm Schale stehen. Das ausgelöffelte Fruchtfleisch können wir für die Füllung verwenden (vielleicht mit Zwiebeln, Pilzen, Tomaten, gewürzten Linsen?). Die Schale wird mit Butter oder Olivenöl eingepinselt, gefüllt und bis zur gründlichen Erwärmung gebacken – 30 Minuten oder länger bei 175° C.

Grüne Paprikaschoten

Wir waschen die Paprikaschoten, schneiden den oberen Teil ab, entfernen die Kerne und das Mark. Das Oberteil kann aufgehoben werden, um es wieder obendrauf zu setzen, wir können es aber auch aufschneiden und in die Füllung geben. Die Innenseite der Schale wird mit Öl eingerieben und mit Salz, Pfeffer und Gewürzen bestreut. Nach dem Füllen backen wir ungefähr 30 Minuten bei 175° C.

Pilze

Falls erhältlich, verwenden wir große Pilze – 8, 10, 12 cm groß! Wir säubern die Pilze und schneiden die Stengel ab, wobei wir gerade soviel stehen lassen, daß kein Loch entsteht.

Die Stiele werden gewürfelt, um in die Füllung gegeben zu werden. Die Pilzhüte sautieren wir 1 – 2 Minuten mit der Oberfläche nach unten in einer großzügigen Menge Butter. Sind sie etwas weich geworden, drehen wir sie um und bestreuen sie einzeln mit Salz, Pfeffer, ein wenig Zucker, Knoblauchpulver – es sei denn, wir haben in der Butter Knoblauch sautiert –, einem vorsichtigen Tropfen Tabasco, mit großzügigen Spritzern Sherry und mit Kräutern. Wir füllen die Pilze, decken sie ab und erwärmen sie durch Dämpfen. Vorsichtig herausheben, damit sie ihren Saft behalten. Gefüllte Pilze können auf einer Getreideplatte mit einer Sauce angerichtet werden.

Zwiebeln

Wir waschen die Zwiebeln und backen sie 25 – 30 Minuten bei 175° C in ihrer Schale. Wir entfernen die Schalen und schneiden am oberen Ende eine Scheibe ab (gegenüber den Wurzelfasern). Die Wurzelfasern werden abgeschnitten, damit die Zwiebel auf einer flachen Grundlage stehen kann. Wir entfernen den größten Teil des Inneren und lassen zwei oder drei Zwiebelhäute zurück. Den inneren Teil können wir für die Füllung verwenden (beispielsweise mit geriebenem Käse, Nüssen und ein oder zwei Eiern). Wir füllen die Zwiebeln und backen bei 175° C bis sie gabelweich sind – ungefähr 30 Minuten.

Kürbis

Handelt es sich um die lange, schmale Art wie etwa eine große Zucchini, schneiden wir sie der Länge nach in zwei Hälften und höhlen das saftige innere Fruchtfleisch aus. Ist es der runde Winterkürbis, schneiden wir den Deckel ab, als wollten wir eine Laterne aus einem Kürbiskopf herstellen. Wir kratzen die Kerne heraus. Sowohl Sommer- als auch Winterkürbis sollte vor dem Gefülltwerden gekocht werden, entweder durch Dämpfen oben auf dem Herd, oder durch Backen im Ofen. Wir bürsten den Kürbis mit einer großzügigen Menge Öl und/oder Butter ab. Sommerkürbis wird 5 – 15 Minuten gedämpft, Winterkürbis 20 Minuten oder 40 – 50 Minuten gebacken. Kürbis füllen, durch Backen gründlich erwärmen – ungefähr 30 Minuten bei 175° C – und die Zubereitung beenden.

Tomaten

Wir schneiden den oberen Teil der Tomate ab, dann lösen wir sorgfältig das Fruchtfleisch und lösen es mit dem Löffel heraus. Das Innere reiben wir mit Olivenöl ein und bestreuen es mit Salz, Pfeffer und Kräutern. Sind die Tomaten gefüllt, geben wir sie in eine Backform und backen sie 20 – 25 Minuten bei mittlerer Hitze.

Pasteten zum Füllen

Crêpes

1 Tasse Mehl, 1 Tasse Milch, 4 Eier, 1/2 Tasse zerlassene Butter,
(2 – 3 Teelöffel weißer Zucker),
(1 – 2 Eßlöffel Weinbrand oder Rum)

Wir verschlagen die Zutaten miteinander, bis sie vollkommen glatt sind. Der Teig sollte sehr dünn sein. Er läßt sich leichter handhaben, wenn wir ihn 1/2 Stunde oder länger kühlen. Wir erhitzen eine Pfanne und reiben sie mit Butter ein.

Für eine Pfanne von 13 – 15 cm Durchmesser verwenden wir etwa 2 1/2 – 3 Eßlöffel Teig. Während wir den Teig (die beschriebene Menge auf einmal) in die Pfanne gießen, halten wir diese schräg, damit sich der Teig darin verteilen kann, bevor er fest wird. Auf jeder Seite ungefähr 1 Minute bräunen. Nach den ersten 1 – 2 Crêpes kleben sie nicht mehr so fest, und wir brauchen ein wenig Butter. Die Crêpes können sofort verwendet oder für späteren Gebrauch gestapelt werden. Wir rollen die Crêpes mit einigen Eßlöffeln Füllung auf. Dann legen wir sie nebeneinander in eine Form, überstreuen sie mit Parmesankäse und überbacken sie 20 Minuten bei 175° C.

„Bärentatzen"

2 Tassen Mehl, 1 Teelöffel Backpulver, Salz und Pfeffer, 3 Eier, 6 Eßlöffel Öl, 1 verschlagenes Ei

Wir sieben das Mehl, das Backpulver und das Salz gemeinsam durch. In die Mitte machen wir ein Loch, geben die ganzen Eier und das Öl hinzu und fangen an durchzumischen. Sollten wir festellen, daß Flüssigkeit fehlt, geben wir etwas Wasser hinzu. Der Teig wird geknetet, um ihn glatt zu machen. Danach rollen wir ihn sehr dünn aus. Mit einer Tasse oder einer Schale stechen wir Kreise aus, dann geben wir in die Mitte jedes Kreises eine Füllung und schlagen die Kanten um. Mit verschlagenem Ei bepinseln und bei 175° C überbacken, bis der Teig sich bräunt.

Häufig habe ich diesen Teig zu *Bärentatzen* geformt. Wir rollen Teigstreifen von ungefähr 12 – 13 cm Breite und 15 – 18 cm Länge aus. Die Füllung wird in die Mitte gegeben, dann falten wir den Teig darüber, so daß die Kanten etwa 1 cm überlappen. Den überlappenden Teil drücken wir fest zusammen. Nachdem wir die Streifen auf ein Backblech gelegt haben, schlitzen wir alle paar Zentimeter die Oberfläche ein und machen Einschnitte in den überlappenden Teil, um die Klauen zu formen.

Piroshki

Sauerrahm-Pastete

1 3/4 Tasse gesiebtes Mehl, 1/4 Tasse Butter, 1/2 Teelöffel Backpulver, 1 Ei, 1/2 Teelöffel, Salz, 1/2 Tasse dicker Sauerrahm oder Joghurt

Wir sieben das Mehl mit dem Backpulver und dem Salz durch. Nun schneiden wir die Butter hinein. Die Eier werden leicht verschlagen und mit dem Sauerrahm vermengt. Wir geben das Mehl hinzu und mischen leicht mit einer Gabel durch. Nun wird der Teig mehrere Male geknetet, damit er glatt, aber nicht so stark, daß er steif wird.

Mit diesem oder einem Pastetenteig mache ich auch *Turnovers* (gefüllte Törtchen). Wir rollen einen Teil des Teigs aus und schneiden ihn in 6 – 9 cm große Quadrate. In die Mitte der Quadrate geben wir etwas Füllung und falten den Teig in der Mitte, so daß er ein Dreieck bildet. Um ihn zu verschließen, drehen wir ihn an den Kanten in regelmäßigen Abständen unter festem Drücken. Bei 175° C 15 – 20 Minuten backen oder bis der Teig gebtäunt ist. (Turnovers aus Pastetenteig können in einer Bratpfanne auch auf beiden Seiten gebräunt werden.)

Füllungen für Gemüse oder Pasteten

Füllungen sind ausgezeichnet dazu geeignet, eine Vielfalt an Nahrungsmitteln zu verwenden, ganz besonders Reste. Das bißchen Spinat oder der harte Brotrest können genau das richtige sein. Und wenn wir nicht das Richtige zur Hand haben, verwenden wir eben etwas anderes. Füllungen sind zum Spielen, ausprobieren und kosten, während die Arbeit voranschreitet.

Halten wir die Zusammenstellungen einfach, so ist der Erfolg wesentlich wahrscheinlicher als wenn wir hastig alles mögliche zusammenwerfen, obwohl auch dies gelingen kann.

Gehen wir nach unserem Gefühl vor. Versuchen wir, die Füllung richtig hinzubekommen, bevor sie so schlecht wird, daß jede weitere Zutat alles nur noch verschlimmert.

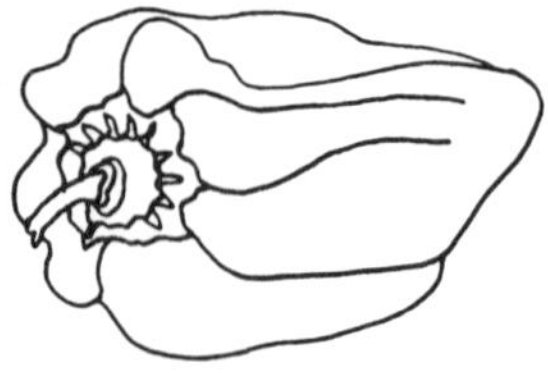

Anleitung für die Zubereitung von Füllungen

Grundlage – eine Sorte oder mehr:
Fruchtfleisch von dem zu füllenden Gemüse
Pilze
Getreide: Reis, Weizenschrot, Bulgur-Weizen, Buchweizen, Maiskörner, Weizenkeime oder -kleie
Bohnen: Linsen, gefleckte Bohnen, weiße Bohnen, rote Feuerbohnen usw.
Gemüse: Zwiebeln, Mohrrüben, Spinat, Tomaten, alle!
Brotwürfel oder Semmelbrösel
Käse: gerieben, Hüttenkäse, Quark/Rahmfrischkäse, Edelpilzkäse, Parmesan
Hartgekochte Eier, kleingehackt
Nüsse, Avocado, Oliven

Wir haben hier eine reiche Auswahl, aber wahrscheinlich werden wir nicht alles gleichzeitig vorrätig haben. Am einfachsten ist es, nachzuschauen, was aufgebraucht werden muß – im Kühlschrank, in der Speisekammer, im Brotkasten. Ist altbackenes Brot vorhanden? Gekochtes Getreide? Bohnen? Gemüse? Beginnen wir eher mit dem, was vorhanden ist, anstatt zu versuchen, uns etwas auszudenken. Das, was da ist, wird uns auch entsprechende Einfälle bescheren.

Wir müssen uns auch darüber Gedanken machen, was eigentlich gefüllt werden soll. Eine Getreide- oder Brotwürfel-Füllung schmeckt wahrscheinlich besser in einem Gemüse als in einem Pastetenteig, während Pasteten ihrerseits gewöhnlich nach einer Gemüse-, Käse- oder Ei-Füllung verlangen.

Die nächste Frage lautet, was wir tun müssen, um eine Füllung daraus zu machen? Hierbei müssen wir zwei Faktoren (Eigenschaften) berücksichtigen:

Die Füllungstruktur:
Am besten wird alles, was wir für die Füllung verwenden in kleine Stücke geschnitten oder gehackt.

Die Konsistenz:
Sie sollte feucht, aber nicht flüssig sein. Getreide und Brotwürfel können einiges an Feuchtigkeit aufsaugen. Wir können Füllungen auch mit Mehl andicken.

Wir feuchten an mit:
Sauerrahm, Joghurt, Tomaten, Eiern, Sauce, Apfelmus, Zitronensaft oder Essig, zerlassene Butter, Sojasauce, Honig oder Sirup

Wir würzen mit: einer Auswahl von
Salz, Pfeffer, Knoblauch, Sojasauce; Kräutern – Petersilie Oregano, Rosmarin; Minze, Currypulver

Die meisten Zutaten, mit denen wir befeuchten, fungieren gleichzeitig auch als Gewürze.

Eier befeuchten gleichzeitig und dicken an. Werden die Eier gebakken, dicken sie an und nehmen Feuchtigkeit auf, bleiben selbst aber immer noch feucht.

Weitere Zutaten:
Diese sind nicht unbedingt erforderlich, vor allem nicht bei einer ausgesprochenen Käse- oder Pilz-Füllung, aber in vielen Fällen sind sie sicherlich recht dienlich.

Sellerie, Zwiebeln, grüne Paprikaschoten,
Äpfel, Rosinen, Sonnenblumenkerne

Die folgenden Rezepte sind den vorangegangenen Rezepten für Aufläufe ziemlich ähnlich, und oft können wir aus dem Rest eines Auflaufs eine Füllung aufbauen. Übriggebliebene Füllungen können mit den gefüllten Gemüsen oder Pasteten gebacken werden, wobei wir sie entweder um diese herum auslegen oder in eine getrennte Auflaufform geben.

Anmerkung:
Es folgen Vorschläge für die Rettung von Füllungen, die uns etwas aus der Kontrolle geraten sind:

Wir würzen die Füllung mit Curcuma (Gelbwurz), Cayenne-Pfeffer oder Currypulver und geben geriebene Kokosnuß darauf.

Wir würzen mit sautierten Zwiebeln, Knoblauch und Sojasauce.

Wir geben geriebenen Käse dazu.

Gemüsefüllung

Gekochtes Gemüse, mit Wein angefeuchtet und mit Brotkrumen angedickt.

1 Zwiebel, 1 grüne Paprikaschote, 2 Tomaten, 1 Apfel,
1/2 Tasse kleingehackte Nüsse, 2 Eßlöffel trockener Wein
oder 1 Eßlöffel Zitronensaft, Salz und Pfeffer, Brotkrumen

Wir würfeln das Gemüse und den Apfel. Zwiebel und Paprika werden in Öl angebraten, bis die Zwiebel glasig wird. Wir geben die übrigen Zutaten hinein und würzen nach Geschmack, während wir bei mittlerer Flamme kochen. Nun geben wir Brotkrumen hinzu, bis die Mischung zusammenhält. Wir schmecken noch einmal ab.

Diese Füllung können wir entweder für Pasteten oder für Gemüse verwenden.

Abwandlungen:
Anstelle der Brotkrumen verwenden wir gekochten Reis, Weizenschrot oder Brotwürfel zum Andicken.

Anstelle der grünen Paprika – oder ergänzend – geben wir kleingehacktes Blattgemüse hinzu – Spinat, Kohl, Mangold.

Anstelle des Apfels verwenden wir Pfirsiche, Aprikosen, Rosinen usw.

Wir geben kleingehackte Petersilie, Brunnenkresse oder Schalotten hinzu.

Das Obst kann weggelassen werden.

Andere Zutaten können die aufgeführten ersetzen: Mohrrüben, Nüsse; Zwiebeln, Auberginen, Kürbis; Zwiebeln, Knoblauch, Nüsse.

Wir streuen Mehl auf das kochende Gemüse, um überschüssige Feuchtigkeit aufzunehmen.

Wir bereiten eine süß-saure Füllung zu, indem wir Honig und (mehr) Zitronensaft nach Geschmack hinzugeben. Anstelle des Apfels ließe sich auch Ananas verwenden.

Füllung mit Hüttenkäse

Der Hintergrund ist hierbei Hüttenkäse, Rahm oder geriebener Käse, den Vordergrund bildet ein Ei und vielleicht noch einige sautierte Gemüse.

1 Pfund Hüttenkäse, 1 Ei, Salz, Pfeffer, Zitronensaft, Zucker, Zimt

Wir würzen den Hüttenkäse und mischen das Ei hinein. Diese Füllung kann für Crêpes oder Gemüse verwendet werden.

Abwandlungen:
Anstelle des Hüttenkäse verwenden wir Quark/Rahmfrischkäse oder geriebenen Käse.

Wenn wir gerne etwas zu kauen haben wollen, geben wir kleingehackte Nüsse oder Oliven hinzu.

Wir geben (gekochten) Gemüsebrei hinzu, den wir ausgehöhlt haben, um Platz für Füllungen zu schaffen.

Wir geben Gemüsereste (trocken und kleingehackt) dazu.

Wir geben gewürfelte, sautierte Zwiebeln, Sellerie und Pilze dazu.

Eier können weggelassen werden.

Wir würzen mit Muskatnuß, Ingwer, Senfsamen oder Knoblauch.

Wir würzen mit Basilikum, Estragon.

Pilzfüllung

Pilze mit diesem und jenem, angedickt nach Wahl.

1 Zwiebel (gewürfelt), 1 – 3 Knoblauchzehen, 2 Tomaten, 1/2 Pfund Pilze, gewürfelt (oder Pilzstiele für die Füllung), (Maisstärke oder Pfeilwurzelmehl), 1/4 – 1/2 Tasse geriebener Parmesankäse, Salz, Pfeffer, Zucker, Majoran

Wir sautieren die Zwiebel und den Knoblauch einige Minuten, dann geben wir die Pilze und Tomaten hinzu. Bei mittlerer Hitze einige Minuten kochen, während wir probeweise würzen (Vorsicht mit dem Salz – der Käse kommt noch). Entweder lassen wir die Flüssigkeit verdunsten oder wir dicken mit Maisstärke (siehe S. 29) an. Wir geben den geriebenen Käse hinzu und schmecken das Gewürz ab.

Diese Füllung läßt sich auch durch Zugabe von Brotkrumen oder -würfeln, Reis oder anderes Getreide andicken.

Ein Teil der Flüssigkeit könnte auch von Quark oder Rahmfrischkäse aufgenommen werden. Zuerst machen wir den Quark oder Rahmfrischkäse in einer getrennten Schüssel weich, indem wir nach und nach Flüssigkeit aus der Pfanne dazugeben.

Diese Füllung eignet sich recht gut sowohl für Pasteten als auch für gefüllte Gemüse.

Abwandlungen:
Wir verwenden Trockenpilze (erfüllen ausgezeichnet ihren Zweck). Wir beginnen mit etwa 30 g Trockengewicht (siehe Seite 74).

Die Tomaten können weggelassen werden.

Wir geben anderes sautiertes, in Würfel geschnittenes Gemüse oder kleingehackte Gemüsereste dazu.

Der Käse kann weggelassen werden – wir können auch eine andere Sorte verwenden.

Wir geben kleingehackte Oliven oder kleingehackte, hartgekochte Eier hinzu.

Andere Möglichkeiten zu würzen: Petersilie, Estragon; Sojasauce anstelle von Salz.

Käsefüllungen

Diese sind leicht zuzubereiten und vielseitig anwendbar.

2 Tassen gemischter Käse, gerieben:
1 Tasse Port Salut, 3/4 Tasse Münster, 1/4 Tasse Provolone
1/3 Tasse feingehackter Sauerampfer oder wilder Ampfer,
2 Knoblauchzehen, zerdrückt,
1 Eßlöffel frische kleingehackte Zwiebel,
1 Teelöffel getrocknete Zwiebel

Wir vermischen die trockenen Zutaten. Wir können damit Gemüse oder Pasteten füllen.

Eine weitere Möglichkeit, diese Füllung zu verwenden, besteht darin, sie zwischen zwei Schichten Pasteten- oder Bärentatzenteig zu geben. Wir verwenden ein Ravioli-Nudelholz, um den Teig in Vierecke zu teilen, oder wir legen in Abständen Eßstäbchen darein und rollen den Teig mit einem gewöhnlichen Nudelholz (oder einer Flasche) aus, wodurch wir tiefe Furchen schaffen. Dann legen wir die Eßstäbchen im rechten Winkel zu diesen Furchen aus und wiederholen das Ausrollen. Wir schneiden Stücke aus jeweils drei oder vier kleinen Vierecken aus. Wir backen ungefähr 30 Minuten bei 190° C oder bis der Teig sich bräunt.

Abwandlungen:
Anstelle des Sauerampfers verwenden wir Mangold, Spinat, kleingehackte Schalotten oder Petersilie.

Wir geben gewürfelte sautierte Zwiebeln und Sellerie hinzu.

Wir verwenden andere Käsesorten. Schon eine geringe Menge Edelpilzkäse verleiht dem ganzen eine Menge Aroma.

Wir würzen mit Senfsamen, Oregano oder Basilikum.

Eine weitere Verwendungsmöglichkeit für dieses Rezept: Wir geben den Käse und die Gewürze zu dem ausgehöhlten Fleisch des Gemüses, das wir füllen wollen.

Brotwürfelfüllung (Getreidefüllung)

Die Brotwürfel brauchen Feuchtigkeit, Gemüse und Gewürze als Begleitung.

2 Tassen frisches oder altbackenes Brot, in Würfel geschnitten,
1 Zwiebel, gewürfelt; 1 Stange Sellerie, in dünne Scheiben geschnitten, 1/2 Tasse getrocknete Pilze, eingeweicht und in dünne Streifen geschnitten (das Einweichwasser aufheben)
1/2 Tasse kleingehackte Petersilie
Gewürze: Knoblauch, Salbei, Thymian, Rosmarin
1/2 Tasse Walnüsse, nicht zu fein zerhackt

Wir sautieren die Zwiebel mit Knoblauch. Nach 1 Minute geben wir den Sellerie hinzu und fahren mit dem Sautieren fort. Nach weiteren 1 – 2 Minuten folgen die Pilze, die Brotwürfel, die Petersilie und die Gewürze. Wird Feuchtigkeit gebraucht, um alles zusammenzuhalten, geben wir etwas von der Pilzeinweichflüssigkeit dazu. Nach Beendigung des Kochens geben wir Walnüsse dazu.

Wenn möglich, lassen wir die Füllung über Nacht stehen, damit das Aroma sich mildert.

Gut geeignet zum Füllen von Kohl, Mangold oder anderem Gemüse.

Abwandlungen:
Anstelle von getrockneten Pilzen verwenden wir frische Pilze.

Wir verwenden andere Gemüsezusammenstellungen: Zwiebeln und Tomaten, grüne Paprika und Mohrrüben.

Wir geben kleingehackte Oliven hinzu.

Wir lassen die Würzkräuter weg oder nehmen andere.

Anstelle von Brotwürfeln können wir auch Semmelbrösel, gekochten Reis, Buchweizengrütze, Weizen-Bulgur und anderes gekochtes Getreide verwenden, auch Getreideflocken.

Wenn wir Reis anstelle von Brotwürfeln verwenden, geben wir etwas Rosinen, Sultaninen oder kleingeschnittene Datteln dazu. Anstelle des Rosmarins würzen wir mit einer Prise Zimt oder Nelken.

Kleingehackte Eierfüllung

3 hartgekochte Eier, kleingehackt, 1 Zwiebel, 6 Mohrrüben, Butter oder Öl, Salz, Pfeffer, 2 Eßlöffel Sauerrahm oder Joghurt

Die Zwiebel wird in Würfel geschnitten, die Mohrrüben werden gerieben. Wir braten sie unter ständigem Rühren ungefähr 5 Minuten in Butter oder Öl an oder solange, bis sie heiß und schlaff geworden sind. Wir würzen mit Salz und Pfeffer und geben vielleicht auch einen Schuß Zitronensaft oder Essig hinzu. Nun lassen wir die Gemüsemischung abkühlen, geben die kleingehackten Eier dazu, befeuchten mit Sauerrahm und schmecken die Gewürze ab. Diese Füllung läßt sich ebenso für Pasteten wie für gefülltes Gemüse verwenden.

Abwandlungen:
Das Gemüse kann gekocht werden, bis es weich ist, dann zerstampfen wir es zu einer glatten Füllung.

Wir verwenden andere Gemüse. Wir geben gekochtes Blattgemüse, Kohl, Sellerie, grüne Bohnen und ähnliches dazu.

Es können auch kleingehackte Nüsse hinzugegeben werden.

Burger

Zwar bereite ich sie nicht sehr häufig zu, sie können aber ein ausgezeichnetes Hauptgericht abgeben.

Grundrezept für Burger

Grundlage (eins oder mehr):
gekochte, gemahlene Sojabohnen; gekochter Haferschrot (dick); Schrot aus Sonnenblumenkernen; geriebene rohe Kartoffel; gekochte Linsen; gekochte Gerste oder Reis

Burger können oft Reste als Grundlage haben. Der erste Schritt besteht darin, die Grundzutat zu mahlen, zu zerdrücken oder zu reiben. Ganzes Getreide braucht nicht gemahlen oder zerstampft zu werden, weil es, besonders Gerste, dem ganzen eine wunderbare Kaukonsistenz gibt.

Zusätzliche Gemüse:
Zwiebel, Sellerie, Mohrrübe

Die Gemüsezusätze können entweder gerieben oder sautiert werden, bevor wir sie dazugeben.

Befeuchtung:
Eier

Eier befeuchten und binden die Zutaten.

Andicken:
Brotkrumen, Mehl, Weizenkleie, Weizenkeime, trockener Haferschrot

Diese verleihen dem Gericht Masse und dicken es an. Wir verwenden Eier und Dickmittel nach Bedarf, um eine Mischung herzustellen, die sich zu dicken Fladen (oder flachen Frikadellen) formen läßt – entweder mit der Hand oder zwei Spachteln, großen Löffeln oder Reisschaufeln.

Gewürz:
Salz, Pfeffer, Petersilie, Knoblauch, Thymian, Salbei, andere

Wir würzen mit Salz und Pfeffer. Nach Wunsch können wir Knoblauch, Petersilie und weitere Kräuter verwenden.

Wenn wir dadurch besser mit den Fladen zurechtkommen, bestäuben wir sie mit Mehl. Sind sie besonders feucht, können wir sie einfach von einem Löffel in die Bratpfanne gleiten lassen.) Wir braten sie in Öl bei mittlerer Hitze auf beiden Seiten braun. Wir servieren mit Tomatensauce, weißer Sauce oder einer anderen.

Kartoffelpuffer

4 mittelgroße Kartoffeln (roh), 2 Eßlöffel Weizenkleie oder Weizenkeime, 1 Ei, Salz und Pfeffer, geriebene Zwiebel, kleingehackte Petersilie, (1/2 Teelöffel Backpulver)

Wir lassen die Schalen an den Kartoffeln, waschen und reiben sie und vermischen sie dann mit den restlichen Zutaten. Ist die Mischung zu fest, geben wir zusätzlich noch 1 Ei hinein, ist sie zu feucht, fügen wir Weizenkeime hinzu.

Es kann recht schwierig sein, aus dieser Mischung Pufferfladen zu formen. Statt dessen können wir sie löffelweise in eine heiße, geölte Bratpfanne geben und darin mit einem Spatel glätten. Wir sollten sie möglichst dünn (1 cm oder weniger) machen, damit die Kartoffeln richtig gar werden. Wir braten bei mäßger Hitze, bis beide Seiten braun sind. Wir servieren heiß mit kalter Apfelsauce oder mit Quark- bzw. Rahmfrischkäse-Sauce.

Abwandlungen:
Anstelle der rohen Kartoffeln (oder eines Teils davon) können wir etwas Kartoffelbrei hinzugeben.

Wir geben anderes Gemüse dazu: Sellerie, Mohrrüben, Pilze. Die Mohrrüben und der Sellerie werden am besten gar, wenn wir sie reiben oder vorher sautieren. Da Pilze schneller gar werden, können wir sie kleinschneiden oder hacken und roh dazugeben.

Für *Sonnenburger* lassen wir Kartoffeln und Weizenkleie weg. Wir verwenden 3 Tassen Schrot aus Sonnenblumenkernen, entweder gekauften oder selbstgemahlenen. Den Schrot mischen wir mit geriebener oder sautierter Zwiebel, mit Salz und Pfeffer und genügend Ei, um die Mischung zusammenzuhalten. Mächtig prächtige Burger! Wir können sie auch mit zerstampften Bohnen oder mit Kartoffelbrei zusammenhalten.

Sojaburger

2 Tassen zerstampfte oder durch den Mixer gerührte, gekochte Sojabohnen, 1 Tasse gekochten Reis, 1 Zwiebel, 1 Mohrrübe, 1 Stange Sellerie, Salz, Pfeffer, 2 Knoblauchzehen, Thymian, Dillkraut, 2 Eier, 1/2 Tasse Weizenkeime

Wir schneiden das Gemüse sehr fein oder reiben es. (Lassen wir es in größeren Stücken, sautieren wir es, bevor wir es an die anderen Zutaten geben.) Ist die Mischung noch nicht fest genug, um daraus Bratlinge zu formen, geben wir weitere Weizenkeime hinzu. Wir braten auf beiden Seiten, bis sie gut gebräunt sind.

Die Bratlinge können auch gebacken oder gegrillt werden – wir wenden sie einmal um und bräunen sie auf beiden Seiten. Serviert werden sie mit einer weißen oder braunen Sauce.

Linsen und Gerste sind eine besonders gute Zusammenstellung, mit der wir den Reis ersetzen können, und *Haferschrot-Sojaburger* sind überraschend schmackhaft.

Würz-Beilagen zu Hauptgerichten

Wir servieren ein einfaches Hauptgericht mit einer Vielzahl von Zugaben nach Wahl, die jeder nach seinem eigenen Geschmack verwenden kann. Würzbeilagen machen ein Gericht interessant und vergnüglich, und wir sollten uns nicht darauf beschränken, sie nur zu Currygerichten zu reichen. Es folgen drei von fast zahllosen Möglichkeiten.

Gebackene Kartoffeln

Wir servieren gebackene Kartoffeln mit Beilagen wie Butter, Salz, Pfeffer, Sauerrahm, geriebenem Cheddar-Käse, kleingeschnittenen Schalotten, gehackten Walnüssen oder Cashewnüssen.

Wir tun das gleiche mit *Kartoffelpuffern*.

Japanisches Nudelgericht

Wir kochen die Nudeln, bis sie fast gar sind, lassen sie abtropfen und geben sie in eine große Schüssel oder ein Steingutgefäß. Kurz vor dem Servieren gießen wir kochendes Wasser über die Nudeln. Wir servieren mit Falscher Rindfleischbrühe (siehe S.), rohen oder kleingeschnittenen, hartgekochten Eiern, kleingeschnittenen Schalotten, gerösteten Sesamsamen, gerösteten *Nori* (siehe S.).

Anstelle des Wassers können wir auch die heiße Sojasaucenbrühe über die Nudeln gießen.

Salatbeilage „Küchenmeister"

Wir machen den Kopfsalat oder gemischtes Blattgemüse an und servieren mit einer Auswahl an Begleitzutaten: geriebenes oder in dünne Scheiben geschnittenes Gemüse wie Rettich, Mohrrüben, Schalotten, grüne Paprikaschoten; Obst; geröstete Nüsse; Käse, entweder gerieben, in Würfeln oder in Scheiben geschnitten; Sprossen; Croutons; marinierte Bohnen.

Auch andere Gemüsereste oder Spaghetti eignen sich hierfür sehr gut.

Das Planen von Mahlzeiten

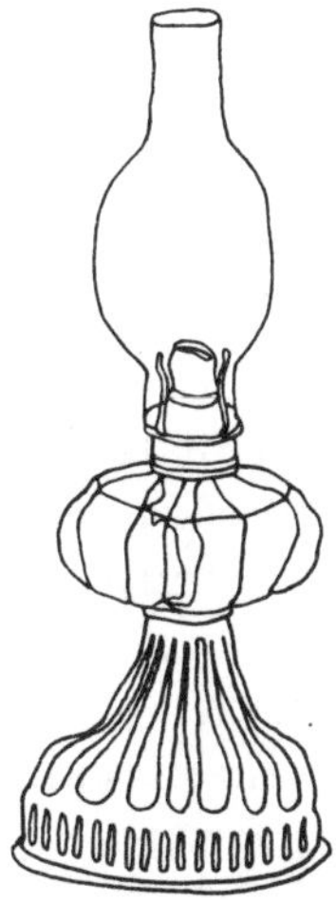

Ist nichts mehr in der Küche übrig, außer einigen Resten, die wir erst aus dem Kühlschrank hervorkramen müssen? Oder stehen wir auf dem Markt vor einer schier unbegrenzten Auswahl? So oder so müssen wir nehmen, was da ist. Zuerst erschreckt es uns. Später genießen wir es.

Gehen wir auf jedes Ding ein, auf jedes Gemüse, auf jede Situation. Beginnen wir immer häufiger mit dem, was tatsächlich da ist, anstatt uns vorher auf etwas festzulegen. So entwickelt ein Koch wirkliche Kreativität und Selbstvertrauen. Indem wir lernen, mehr zu akzeptieren und mehr zu schätzen, lernen wir so zu kochen, wie wir es wollen, und auch, für andere zu kochen.

Wenn wir das nehmen, was da ist, und damit arbeiten, dann gehört dazu, einen Versuchsplan aufzustellen, ein Versuchsmenü. Haben wir erst einmal angefangen, verwandelt es sich vielleicht, und möglicherweise müssen auch wir uns verwandeln.

Welche Faktoren sind zu beachten, wenn wir uns für ein Essen entscheiden wollen? Wir müssen bestimmten Menschen zu einer bestimmten Zeit (des Tages, des Wetters, des Lebens) Nahrung geben, und es stehen uns bestimmte Nahrungsmittel zur Verfügung, es steht uns eine bestimmte Zeit für die Zubereitung zur Verfügung und ein bestimmter Raum, in dem wir arbeiten können. Auch ein gewisses Talent steht zur Verfügung. Stellen wir bei letzterem nicht unser Licht unter den Scheffel, indem wir alles ausschließen, was wir noch nie gemacht haben oder womit wir schon einmal Schwierigkeiten hatten. Versuchen wir eine ehrliche Einschätzung, die uns noch genügend Raum läßt, um uns zu entwickeln und neue, vielleicht schwierige Gebiete zu erforschen.

Als nächstes prüfen wir, in welchem Zustand sich das Gemüse befindet. Gemüse, das nicht mehr sehr frisch ist, sollten wir am besten kochen. Haben wir irgend etwas da, das geeignet für einen Salat aussieht? Vielleicht sollte der Kopfsalat heute aufgebraucht werden – solange er noch verwendbar ist. Es ist nicht notwendig alles zu verwenden. Es sollte nur genug sein.

Während wir anfangen zu entscheiden, was es geben soll, treten weitere Faktoren auf: Wie ergänzen die verschiedenen Gerichte einander? Vom Aussehen her? Von ihrer Beschaffenheit her? Von ihrem Geschmack? Vom Gefühl? Drei Schleimsuppen gleichzeitig aufzutischen, wird nicht gerade sehr appetitanregend wirken. Stellen wir ein gewisses Gleichgewicht zwischen dem Einfachen und dem Komplizierten, dem Trockenen und dem Saftigen, dem Knackigen und dem Weichen her. Und vergessen wir auch die Farbe nicht. Wir wollen doch nicht etwa Kartoffeln auftischen, Blumenkohl mit Zwiebeln und weißer Sauce und zum Nachtisch einen Tapioka-Pudding, oder?

Was macht eine Mahlzeit zu einer Mahlzeit? Es folgen einige Anregungen, was wir bedenken können. Stellen wir uns vor, daß wir von folgenden Zutaten ausgehen könaen: Käse, Reis, Tomaten, Kopfsalat, Kohl, Zwiebeln, Mohrrüben, Sonnenblumenkernen und Rosinen. Dazu kommen noch Salz, Pfeffer, Öl, Essig und vielleicht einige andere Gewürze.

Besonders wenn wir daran gewöhnt sind, Fleisch zu essen, möchten wir in den Mittelpunkt der Mahlzeit meist ein *Hauptgericht* stellen. Die anderen Gerichte unseres Essens sollen dieses Hauptgericht ergänzen und die „Eß-Erfahrung“ vervollständigen.

Zuerst einmal ein *Auflauf-Essen*:
Hauptgericht: Käse, Tomaten, Reis
Gemüse: sautierte Mohrrüben mit Zwiebeln
und Sonnenblumenkernen
Zweites Gemüse: gedämpfter Kohl
Salat: Kopfsalat mit Rosinengarnierung

Oder ein Hauptgericht aus Käse, Tomaten, Kohl; sautierte Mohrrüben mit Sonnenblumenkernen und Rosinen als Gemüsebeilage; Reis als Beilage; dazu ein Kopfsalat.

Oder wie wäre es mit einem *Essen mit gefülltem Gemüse*: Tomaten, gefüllt mit Reis, Sonnenblumenkernen und Rosinen; sautierter Kohl mit Zwiebeln und Mohrrüben; Kopfsalat mit geriebenem Käse.

Oder eine Tomate, die wir mit Käse, Reis, Zwiebeln und Mohrrüben füllen; dazu sautierter Kohl; Kopfsalat mit Sonnenblumenkernen und Rosinen.

Wir könnten aber auch die Zwiebeln (oder die Kohlblätter) füllen, um die Tomaten als Salat oder als heißes Gemüsegericht zu servieren.

Wir können eine Mahlzeit auch auf andere Weise planen, indem wir sie nämlich um ein *Grundnahrungsmittel* herum aufbauen – um ein einfaches Getreide-, Kartoffel- oder Teigwarengericht. Dies ist unser geschmackliches „Zuhause" – ein schlichter Grundgeschmack, von dem wir ausgehen, um verschiedene Erfahrungen zu machen: süßsauer, salzig, reichhaltig, was auch immer. Von Zeit zu Zeit können wir nach Hause zurückkehren, um unseren Geschmack zu erneuern und für weitere Abenteuer zu erfrischen. Das Zuhause ist in der Regel recht schlicht und wenig interessant, damit wir uns dort etwas erholen können.

Es folgen einige Mahlzeiten, die um ein Grundnahrungsmittel (Reis) herum angelegt sind und die gleichen neun Zutaten verwenden, mit denen wir angefangen haben:

Tomaten mit Zwiebeln und Mohrrüben (sautiert); Reis; Kohlsalat mit Sonnenblumenkernen und Rosinen.

Oder Mohrrüben mit Zwiebeln und Sonnenblumenkernen; Reis; Kohlsalat mit Tomaten und geriebenem Käse.

Oder Zwiebeln mit Tomaten und geriebenem Käse; Reis; dünn

geschnittener Kohl und Mohrrüben mit Sonnenblumenkernen und Rosinen.

Oder wir kochen das Kohlgericht und geben vielleicht einen Kopfsalat hinzu.

Anstelle von Reis könnte die Mahlzeit auch um schlichten Kohl herum aufgebaut werden:

Kohl; gebratener Reis mit Zwiebeln, Mohrrüben, Rosinen, Sonnenblumenkernen; Kopfsalat mit Tomaten und Käse.

Kohl; Reis mit Käse und Tomatensauce (mit Zwiebeln und Mohrrüben); Kopfsalat mit Sonnenblumenkernen und Rosinen als Salatbeigabe.

Die Abwandlungen, Kombinationen und Verbesserungen gehen weiter und weiter und weiter.

Inzwischen sollte klar geworden sein, daß ein Essen mit einem Hauptgericht gut durch ein schlichtes Gericht ergänzt wird und daß ein Gericht mit einem „Zuhause“ nicht ausschließen muß, daß wir auch ein Hauptgericht auftischen.

Haben wir eine Mahlzeit erst einmal geplant und sind wir uns unsicher, wie wir vorgehen sollen, stellen wir eine Liste jener Dinge auf, die wir tun müssen, und zwar auch in der Reihenfolge, in der sie erledigt werden sollen. Was hat die längste Kochzeit? Gestehen wir uns auch einen gewissen Spielraum für Irrtümer zu und sorgen wir dafür, daß wir so viel wie möglich im voraus erledigen können, um die Hektik der letzten Minuten zu vermeiden. Diese ist zwar fast unvermeidlich, dennoch sollten wir es versuchen. Legen wir alle Zutaten und Arbeitsgeräte griffbereit zurecht, bevor wir mit dem Kochen beginnen. Geben wir die Gemüse in einer Sauce in einen Doppelkochtopf oder stellen wir sie in den Backofen. Bereiten wir die Salatsauce eine ganze Zeit im voraus zu.

Wenn wir jeden Schritt sorgfältig durchführen, wissen wir auch, wann wir aufhören müssen.

Gute Freunde

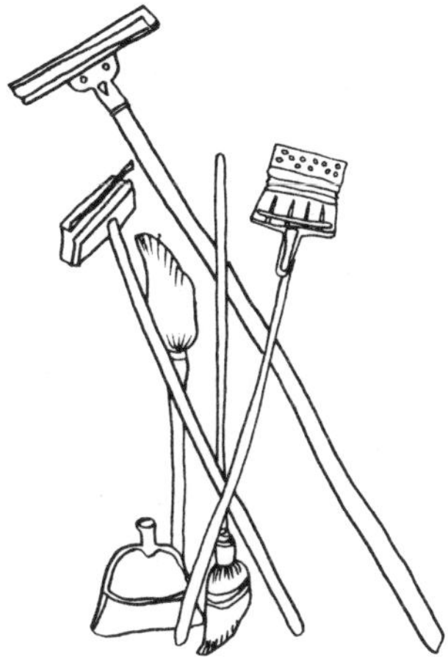

Egal welche Kochgeräte wir auch verwenden mögen, wir sollten sie stets mit Sorgfalt behandeln und ihnen ein Heim geben. Es folgen einige Vorschläge zur Pflege zweier Arten von Küchengeräten.

Gegenstände aus Holz

Schneidebretter, Brotbretter, Salat- und Hackschüsseln, Löffel und so weiter:

Holz ist lebendig – es saugt Feuchtigkeit auf, Luft, Öle, und gibt sie auch wieder ab. Waschen wir es zuviel oder falsch, trocknet es aus und bricht. Holzgeräte sollten wir nicht einweichen und auch nicht mit Seife reinigen.

Wird das Holz andererseits zu wenig gewaschen, wird es speckig und weist einen Rückstand an Öl und Nahrungsteilchen auf. Es wird oft empfohlen, Holzschalen mit einem feuchten Handtuch auszuwischen, manchmal müssen sie aber auch kurz mit warmem Wasser ausgespült werden, ja sogar gescheuert, um dann sofort wieder trockengerieben zu werden.

Nahrungsreste und Öl setzen sich unweigerlich auf Schneidebrettern fest, dagegen hilft ein kräftiges Kratzen mit einem Spatel. Wir können diese Holzoberflächen auch mit einer Scheuerbürste oder einem seifenfreien Putzschwamm reinigen, wobei wir zum Scheuern

Essig verwenden können, der eine milde bleichende Wirkung hat. Soll es schäumen, geben wir etwas Natron auf das Brett und scheuern mit Essig. Danach gründlich abspülen und trockenreiben.

Holzgeräte können von Zeit zu Zeit eingeölt werden. Wir scheuern etwaige Rückstände weg und reiben dann sparsam ein leichtes Mineralöl (Babyöl) ein. (Pflanzenöle werden im Holz ranzig, und Leinsamenöl ist nicht sehr gut für uns.)

Metallpfannen

Bratpfannen aus Gußeisen, Woks, Backbleche, Brotpfannen und andere Backformen:

Wenn wir diese Geräte sorgfältig pflegen, rosten sie nicht und das Essen klebt auch dann nicht daran fest. Hier sind die wichtigsten Punkte, die es zu beachten gilt:

Sind diese Geräte neu oder frisch mit Seife gereinigt oder gescheuert worden, sollten wir sie „härten“, was dadurch geschieht, daß wir einige Schichten Pflanzenöl in die Pfanne einkochen oder -braten. Dazu erwärmen wir die Pfanne oben auf dem Herd oder 5 Minuten im Ofen bei 150° C. Wir reiben das Öl dünn und gleichmäßig ein und backen 20 – 30 Minuten bei 150° C im Ofen oder bis das Öl braun geworden ist. Wir wiederholen das Einreiben mit Öl und das Backen.

Wenn wir die Geräte richtig reinigen, bleibt diese Schutzschicht intakt. Beim Spülen verwenden wir keine Seifen oder übermäßig schmirgelnde Reinigungsschwämme. Statt dessen verwenden wir eine Bürste oder einen Reinigungsschwamm aus Plastik, um die Essensteilchen zu entfernen. Wenn erforderlich, können wir diese Geräte auch einweichen und danach sauberwischen oder -bürsten.

Sollte eine Pfanne, ein Blech oder eine Form ein beträchtlichen Teil seiner Ölschicht einbüßen, oder wird die Oberfläche speckig, ist es Zeit für eine gründliche Reinigung mit Seife, danach wird wieder erhärtet.

Gute Freunde sein

„Alle Schüler sollten sein wie Milch und Wasser.
Wir alle sind Freunde aus unseren früheren Leben.“
– Suzuki-Roshi

Kochen macht Reinigen möglich, Reinigen macht Kochen möglich. Es ist genau das gleiche, wenn wir gut freund mit uns selbst und mit der Welt um uns herum sind. Um gut freund mit uns selbst und anderen, mit Reis und Kohl, mit Töpfen und Pfannen zu sein, brauchen wir vielleicht ein paar hilfreiche Richtlinien:

Machen wir alles sauber, ehe wir gehen.

Seien wir unseren Messern ein Freund, indem wir sie nach Gebrauch reinigen und wieder in das Messergestell zurückgeben.

Seien wir dem Schwamm ein guter Freund, indem wir ihn durchspülen und auswringen; und auch den Handtüchern, falten wir sie und hängen wir sie auf, waschen wir sie, wenn sie schmutzig sind oder schon vorher.

Seien wir gut freund mit der Arbeitsplatte, wischen wir sie nach Gebrauch ab und schrubben wir sie gelegentlich; den Boden, fegen wir ihn und wischen wir ihn auf. Gehen wir auch in die Ecken, und stellen wir den Besen, wenn wir fertig sind, umgekehrt hin oder hängen wir ihn an einen Haken. Wenn wir einen fettigen Fußboden gereinigt haben, streuen wir etwas Salz an die Stellen, wo er noch immer schlüpfrig ist.

Seien wir dem Geschirrschwamm ein Freund, verwenden wir ihn nicht für den Boden. Verwenden wir das Geschirrhandtuch für das Geschirr und ein anderes für Gesicht und Hände.

Seien wir den Abfällen gut freund und machen wir eine Brühe daraus.

Reinigen wir das Spülbecken! Säubern wir den Abfluß!

Seien wir unseren Freunden Freund.

Danksagung

Viele Menschen (und Dinge) haben dieses Buch geschrieben. Zum Glück brauchte niemand alles alleine zu machen.

Viele Leute baten mich darum, ein weiteres Buch zu schreiben. Als Del Carlson sich erbot, die Illustrationen zu zeichnen, willigte ich schließlich ein: „Fantastisch, wenn du die Abbildungen malst, erledige ich das Schreiben." Und tatsächlich kamen zuerst die Bilder, erst danach das Buch.

Das Schreiben erwies sich als eine Möglichkeit, mit Menschen Zeit zu verbringen, Erfahrungen miteinander zu teilen, auf verschiedenste Weise miteinander zusammenzuarbeiten. Es folgen einige der Menschen, die gemeinsam Zeit damit verbracht haben, dieses Buch zu schreiben (oder mich zusammenzureißen, damit ich dieses Buch schrieb):

Suzuki-Roshi steckte das Terrain ab. „Was wirst du nun tun?" fragte er.

Tim Buckley spielte die Rolle des Redakteurs, Lektors, Herausgebers, Beraters, Freundes, Dichters, der es mir ermöglichte, mich auf das Schreiben zu konzentrieren. Möge er gesegnet sein.

Robert Lytle machte den Kaffee, sprach und hörte zu, tippte, las Korrektur, erstellte das Register, fungierte für Lichen und mich als Babysitter.

Meg brachte unser Baby und unseren Garten zur Welt und ernährte beide, und gab ihren Ehemann zugunsten des Schriftstellers auf.

Athur Mayeno war während eines Großteils der Zeit, da ich dieses Buch schrieb, wegen seines schlimmen Rückens bettlägerig. Da dachte ich mir, wenn er die ganze Zeit auf dem Rücken liegen konnte, konnte ich ja wohl auch schreiben.

Rebecca Mayeno kümmerte sich um Athur. Wenn sie das tun konnte, konnte ich ja wohl auch schreiben.

Bob Boni machte die Fotos, ein freundliches, gütiges Angebot.

Dan Welch zeichnete die Illustrationen für das Titelblatt der Originalausgabe.

Hal Hershey, Red Dog Pieface, Haru und Andrew Main arbeiteten an dem Design des Buchs.

Sam Bercholz von Shambhala schaffte es trotz Zeitdruck, mir Ermutigung, Rat und Vertrauen zu spenden.

Baker-Roshi half uns allen während der ganzen Zeit.

Viele Menschen haben inzwischen die Erfahrung gemacht, Koch im Zen Center zu sein. Viele von ihnen haben mit mir über das Buch gesprochen: Angie Runyon, Beverly Horowitz, Debbie Madison, Rick Levine, Bruce McAllister, Tommy Dorsey, Jeffrey Sherman, Sue Isaacson, Mary Williams, Myra Litman, Naome Radar, Gail Strizich, Liz Horowitz, Pamela Chernoff.

Rezepte und Vorschläge haben zudem meine Schwägerin Judy Brown und meine Mutter Anne Brown beigesteuert.

Mein Respekt und meine Dankbarkeit für die Bemühungen aller.

Ed Brown
Berkeley Zen Center
im August 1973

Tassajara ....

heißt der Ort, wo sich das Zen Mountain Center befindet, ein Zentrum für zenbuddhistische Praxis, das im Jahre 1967 gegründet wurde. Ungefähr fünfzig Schüler, sowohl Männer als auch Frauen, leben rund ums Jahr dort.

Während der Sommermonate ist Tassajara für Besucher geöffnet, die entweder als Schüler oder als Gäste kommen können. Schüler folgen einem vorgeschriebenen Arbeits- und Lehrplan, während Gäste ihren eigenen haben.

Nahrung, die nicht in Tassajara angebaut wird, muß über die Gebirgsstraße heraufgeholt werden – das bedeutet eine ganztägige Expedition.

Durch das Eingehen auf die Bedürfnisse und Wünsche sowohl von Schülern als auch von Gästen ist die Einstellung zur vegetarischen Küche in Tassajara vom Geist der Praxis genährt und beeinflußt worden.

Register